U0905263

新时代基层工会工作实践探索

王　静　文　丽　著

中国财经出版传媒集团
中国财政经济出版社

图书在版编目（CIP）数据

新时代基层工会工作实践探索 / 王静，文丽著. —北京：中国财政经济出版社，2018.11

ISBN 978-7-5095-8293-0

Ⅰ.①新… Ⅱ.①王… Ⅲ.①基层组织-工会工作-研究-中国
Ⅳ.①D412.6

中国版本图书馆 CIP 数据核字（2018）第 118756 号

责任编辑：卢元孝　刘孺泾　　　　责任印制：刘春年
封面设计：孙俪铭　　　　　　　　责任校对：李　丽

中国财政经济出版社 出版

URL：http：//www.cfeph.cn

E-mail：cfeph@cfeph.cn

社址：北京市海淀区阜成路甲 28 号　邮政编码：100142

营销中心电话：010-88191537　北京财经书店电话：64033436　84041336

北京财经印刷厂印装　各地新华书店经销

710×1000 毫米　16 开　13.75 印张　226 000 字

2018 年 11 月第 1 版　2018 年 11 月北京第 1 次印刷

定价：58.00 元

ISBN 978-7-5095-8293-0

（图书出现印装问题，本社负责调换）

本社质量投诉电话：010-88190744

打击盗版举报热线：010-88191661　QQ：2242791300

前　言

当前，我国正处于全面建成小康社会决胜阶段、中国特色社会主义进入新时代的关键时期。我国的社会生产力水平显著提高，各项事业取得辉煌成就；人民对美好生活的向往更加强烈，人民群众的需要呈现多样化、多层次、多方面的特点。我国社会主要矛盾已经转化为人民日益增长的美好生活需要和不平衡不充分的发展之间的矛盾。站在新的历史起点，迈入新的发展阶段，全党全国人民必须团结一心、抓住新机遇、迎接新挑战、攻克新难关，坚持不懈地推动改革发展，着力解决好发展不平衡不充分的问题，大力提升发展质量和效益，更好地满足人民日益增长的美好生活需要，更好地推动人的全面发展、社会全面进步。

党的十八大以来，习近平总书记对工人阶级和工会工作多次做出重要论述，党的十九大对工会工作提出了新使命、新要求。工会作为我们党领导的职工自愿结合的工人阶级群众组织，是党联系职工群众的桥梁和纽带，要认真学习宣传和全面贯彻落实党的十九大精神，以习近平新时代中国特色社会主义思想统一思想和行动，坚定不移地走中国特色社会主义工会发展道路。牢牢把握“为实现中华民族伟大复兴的中国梦而奋斗”这一我国工人运动的时代主题，团结动员广大职工为决胜全面建成小康社会、奋力夺取新时代中国特色社会主义伟大胜利建功立业。坚持党全心全意为人民服务的宗旨，切实维护职工合法权益，保持和增强政治性、先进性、群众性，主动适应社会形势和职工队伍新变化，研究解决工会工作的新问题，以更大力度更实举措推动工会改革向纵深发展、向基层延伸，让改革发展成果更多、更公平的惠及全体职工，以新时代的新作为开创工会工作新局面。

基层工会作为工会组织的细胞，是距离职工最近，联系职工最直接，团结职工最紧密，服务职工最具体的工会组织；是各项工会工作的组织者、推动者和实践者，是工会组织履行职责和发挥作用的关键所在。多年来，基层工会按照“扩大覆盖面、增强凝聚力”的要求，坚持“党建带动工建、工建服务党建”的原则，大力加强工会组建工作，不断扩大工会工作覆盖面，增强工会组织凝聚力，基层工会建设呈现出蓬勃发展的态势。各地基层工会坚持以职工为本，坚持以问题为导向，主动依法依规维权，认真履行职能职责，维护职工合法权益迈上新台阶；深入实施送温暖工程，不断完善困难职工帮扶机制，困难职工帮扶体系逐步完善；深入实施“素质建设”工程和“建功立业”工程，积极引领职工为改革发展做贡献；坚持工运理论研究，创新和丰富工运理论研究成果，不断推动工会事业持续发展，基层工会工作取得了有目共睹的突出成绩。

但是与此同时，我们不难看到，在不断适应新时代、新形势、新要求，逐步建立健全维权机制、参与机制、协调机制、运作机制、保障机制的过程中，基层工会还是暴露出一些与党政期望、职工期盼和社会发展不相适应的问题。这些问题中有些是历史遗留问题，有些是我国经济社会发展和演变过程中出现的新问题，如定位不够明确，工作方向发生偏离；组织建设滞后，工会影响力受限；维护职能缺失，职工权益有所受损；工作方式落后，服务职工效率不高；队伍建设不够，工作落实不到位等。这些问题不仅对发挥工会作用产生了消极影响，破坏了工会组织在职工群众心中的形象；同时在一定程度上也损害了职工群众的利益，不利于维护和巩固和谐稳定的党群关系。加强和改进基层工会工作，切实保持和增强工会组织和工会工作的政治性、先进性和群众性，已经成为我国今后一段时期迫切需要解决的问题。

俗话说：“基础不牢，地动山摇。”在我国经济发展进入新常态，供给侧结构性改革不断推进，职工结构分层化和利益多元化等新时代背景下，基层工会要充分发挥党联系职工群众的桥梁纽带作用，唱响主旋律、打好主动仗、传播正能量，大力弘扬劳模精神、劳动精神、工匠精神，激励广大职工“干一行、爱一行、钻一行”，为决胜全面建成小康社会、夺取新时代中国特色社会主义伟大胜利建功立业，将广大职工紧密团结在党的周围，成为我们党执政的坚定可靠政治力量。要牢牢把握一切为了职工，一切服务职工的基本理念，坚定根基在职工、血脉在职工、力量在职工的认识，在思想上尊重职工，在感情上凝聚职工，在工作上依靠职工，进而在行动和服务上贴近职工。要明确目标任务，聚焦主责主业，以职工需要为第一选择，以职工满意为第一标准，把维护广大职工利益作为出发点和落脚点，为职工提供科学化、多元化、精准化服务。要着力破解工作难题，进一步健全工会组织、加强队伍建设、完善工作机制、创新服务方式、增强服务效果，让基层工会工作更好地与职工意愿同频共振，不断满足职工对美好生活的向往，从而为党分忧、为民解困，做党政信任的有力助手，做职工最信赖的“娘家人”。

本书尊重历史，立足现实，面向未来。坚持以问题为导向，在认真梳理我国工会运动和基层工会历史发展脉络的基础上，以马克思主义基本理论为指导，以中国特色社会主义新时代为背景，以基层工会工作为研究视角，围绕服务大局和服务职工，致力于探索新时代、新时期、新形势下基层工会工作实践的创新和发展，为基层工会的组织建设、民主管理、服务职工、队伍建设、经费管理等方面工作提供新的对策和思路。同时，为了促进理论与实践的相互结合，在理论分析和研究的基础上，本书还抛砖引玉，在各章结尾处罗列了相关工会工作的成功典型案例，为其他基层工会提供参考和借鉴。

在编写本书的过程中，我们参考了本领域已有的大量相关著作，吸收了国内学者最新的研究成果，在此谨向所有丛书和著作的作者表示深深的敬意和感谢。本书的出版得到了重庆工商大学和中国财政经济出版社的大力支持，在此致以诚挚谢意。由于编者水平有限，加之时间比较仓促，本书难免会存在失误或思考欠周之处，敬请读者不吝提出批评、意见，以便在今后的研究和实践中加以吸收和改正。

作者

2018 年春

目　　录

第一章 绪 论

一、研究背景与意义

经过40年的改革开放，当前我国正处于全面建设小康社会决胜阶段、中国特色社会主义进入新时代的关键时期，我国经济社会的发展阶段和经济体制正在发生根本性转变。从社会发展阶段来看，目前我国正处于向社会主义现代化迈进的关键时期，我国的工业化、城镇化、信息化和农业现代化正在加速发展；从经济发展阶段来看，已由高速增长阶段转向高质量发展阶段，正处于转变发展方式、优化经济结构、转换增长动力的攻关期。从经济体制来看，社会主义市场经济体制基本建立，但是计划经济体制的弊端还未完全清除，建设市场机制有效、微观主体有活力、宏观调控有度的社会主义市场经济依然艰巨。

（一）研究背景

在新时代，我国社会各领域、各行业、各方面工作都面临着前所未有的机遇和挑战，工会组织和工会工作也同样如此。一方面，随着我国民主化、法治化国家建设的全面推进，人们参与民主管理和民主监督的意识极大觉醒，法治意识和观念日渐形成，法律素养和法治能力日渐提高。基层工会对自身的职能、地位和服务对象更加明确，对职工群众的服务意识和能力也有了极大提升；职工会员遵纪守法、遵守章程的自觉性、主动性有了明显改善，依法办事、依法维护自身权益的意识和能力也有了极大改善，这些对基层工会和职工会员建立良好的服务关系有极大裨益。另一方面，随着社会的发展和进步，职工赋予基层工会的期盼和要求也随之增多，对基层工会服务职工群众的能力和水平有了更高的要求。一些基层工会由于意识不到位、服务不到位，发展不到位，不能及时满足会员的需求，不能很好地代表工人的利益，导致基层工会和职工会员之间出现一些误会和矛盾，导致工会组织和职工会员之间的关系紧张。因此，如何适应新时代的新变化，应势而行，因势而动，顺势而为，转变工作思路，创新工作模式，改变工会脱离群众现状，有效解决各种劳资矛盾，更好地为职工会员提供个性化、精准化、科学化服务，是当前基层工会亟待解决的重要问题。

党的十八大提出了“两个一百年”的奋斗目标，习近平总书记指出：实现中华民族伟大复兴的中国梦，实现我们党确定的宏伟目标，根本上要靠全体人民的劳动、创造、奉献，必须加强和改进党的群团工作，更好组织动员群众、教育引导群众、联系服务群众、维护群众合法权益，充分激发蕴藏在人民群众中的巨大创造力，凝聚起实现“两个一百年”奋斗目标和中国梦的磅礴力量。2014 年 12 月 29 日，中央政治局会议审议通过的《关于加强和改进党的群团工作的意见》提出，“新形势下党的群团工作更为重要和紧迫，只能加强、不能削弱，只能改进提高、不能停滞不前”。2015 年 7 月 6 日，中央党的群团工作会议在北京举行，这是我们党历史上第一次由中央召开党的群团工作会议。这次会议分析研究了新形势下党的群团工作面临的新情况、新问题，围绕贯彻落实《关于加强和改进党的群团工作的意见》，总结成功经验，解决突出问题，推动改革创新，努力开创党的群团工作新局面。2015 年 11 月 9 日中央全面深化改革领导小组第十八次会议审议通过了群团改革试点方案，并强调推进党的群团改革，必须紧紧围绕保持和增强政治性、先进性、群众性这条主线，强化问题意识、改革意识，着力解决突出问题，把群团组织建设得更加充满活力、更加坚强有力。2017 年 10 月 18 日党的十九大胜利召开，习近平总书记深刻指出，要增强群众工作本领，创新群众工作体制机制和方式方法，推动工会、共青团、妇联等群团组织增强政治性、先进性，群众性，发挥联系群众的桥梁纽带作用，组织动员广大人民群众坚定不移跟党走。① 为此，本书立足于新时代我国社会发展的新特点、新趋势和新要求，对群团组织的重要组成部分——工会组织进行研究，尤其针对基层工

① 习近平．决胜全面建成小康社会　夺取新时代中国特色社会主义伟大胜利——在中国共产党第十九次全国代表大会上的报告［M］．北京：人民出版社，2017：37.

会如何将中央的群团改革精神真正落实在服务职工、服务群众的工作实践之中进行探索，以推动基层工会更好地履行社会职能，保持和增强工会组织的“政治性、先进性、群众性”，彻底去除“机关化、行政化、贵族化、娱乐化”倾向，广泛团结引领职工群众，维护社会的和谐稳定发展，为实现“两个一百年”的奋斗目标凝聚智慧和贡献力量。

（二）研究意义

党的十八大以来，党和国家事业发生了历史性变革，中国特色社会主义进入新时代。我国职工队伍进一步壮大，职工结构和需求发生新变化，职工队伍内部各种不同利益正在调整，工会所处的社会环境发生了深刻变化。这就迫切需要作为职工群众性组织的基层工会在社会利益调整、劳动关系协调、职工权益保障等方面发挥更加重要的作用。然而，当前我国基层工会工作与新时代、新要求仍存在不小的差距，还不能完全满足服务大局、服务发展、服务职工的需求。主要体现在：一是基层工会的组织建设与职工队伍的不断壮大不相适应；二是基层工会的履职能力与职工的美好愿望不相适应；三是基层工会的工作机制模式与社会经济改革发展的要求不相适应；四是基层工会干部队伍的素质与提升工会服务质量的要求不相适应。为此，认真研究和积极探索新时代基层工会工作，对推动工会理论与实践的研究，指导基层工会工作创新发展具有十分重要的理论价值和实践意义。

1. 理论价值

我国工会是中国共产党领导的职工自愿结合的工人阶级群众组织，是党联系职工群众的桥梁和纽带，是国家政权的重要社会支柱，是会员和职工利益的代表。[①] 工会的阶级性决定了它不同于一般的社会组织，它是在中国共产党领导下的社会主义政治体制中不可或缺的重要组成部分，在国家的民主政治生活中发挥着不可替代的作用；它的群众性又使其区别于党和政府的其他组织，它必须密切联系群众，代表和维护职工群众利益，并通过自身扎实有效的工作，把广大职工群众紧密地团结在党的周围，听党话、跟党走，使

① 《中国工会章程学习读本》编写组．中国工会章程学习读本［M］．北京：红旗出版社，2008：14.

工会组织成为党联系职工群众的桥梁和纽带。

工会理论研究是开展工会工作的理论源泉，在工会的建设发展中起着重要指导作用。加强工会理论研究是做好工会工作的基本前提，也是维护我国社会稳定和经济发展的重要保障。从工会建立至今，围绕工会的改革发展，形成了多样化的理论来源和一系列工会理论实践问题。从理论与实践的关系来看，一方面，工会理论研究的最终目的是能够更好地指导工会工作的实践；另一方面，工会理论研究成果的正确性也要通过具体的工会工作实践来进一步证实，才能够更好地丰富和发展工会理论研究。

从中国工会理论研究的整个体系来看，开展新时代基层工会工作的研究，结合现阶段社会发展形势和职工需求的变化，提出与之相适应的工作思路，有助于进一步完善工会研究理论框架，丰富和深化工会理论研究内容，拓展工会理论研究领域和环节，为基层工会坚持党的领导，全心全意依靠和服务职工群众，走中国特色社会主义工会道路提供强有力的理论支撑；同时也有助于我们在继承马克思主义工会理论的前提下，批判地吸收和借鉴国外工会理论的研究成果，丰富和发展马克思主义工会理论的思想内涵；拓展和延伸马克思主义工会理论的研究内容，深化中国特色社会主义工会理论研究，使工会理论研究的现实意义更加突出，为当代中国工会理论的发展和马克思主义中国化的研究添上浓墨重彩的一笔。

2. 实践意义

基层工会是我国工会组织体系中的组成细胞，是工会工作的坚实基础和重要环节，是工会组织密切联系职工，开展工会工作、发挥工会作用的承载者和实践者。基层工会的工作状况直接关系到广大职工对工会组织的感情，关系到工会组织能否发挥党联系职工群众的桥梁纽带作用和国家政权的重要社会支柱作用。因此，如何增强基层工会活力、发挥基层工会作用一直是工会理论研究者着力研究的重要课题。然而，现阶段随着社会主义市场经济的确立和完善，我国的经济发展、社会结构和利益分配格局也发生了一些新变化。尤其在全面深化改革的过程中，各种社会矛盾日益凸显，复杂多变的社会关系和艰巨繁重的建设任务给基层工会带来了前所未有的挑战。习近平总书记 2015 年在庆祝“五一”国际劳动节暨表彰全国劳动模范和先进工作者大会上提出：“工会工作只能加强，不能削弱；只能改进提高，不能停滞不前。”因此，进一步认清新形势下工人阶级和工会组织的地位与作用，在实践中提高基层工会的履职能力和水平，推动基层工会工作的创新发展，积累丰富的基层工会工作经验，是充分发挥工会组织作用，协调各种矛盾和关系，建设社会主义和谐社会的迫切需要。

本书在认真梳理我国工会运动和基层工会历史发展脉络的基础上，以马克思主义基本理论为指导，以新时代为背景，以基层工会为研究视角，以服务大局和服务职工为中心，致力于探索新时代、新时期、新形势下基层工会工作实践的创新和发展。为基层工会顺应时代要求，适应社会发展，坚持党的领导，履行社会职能，维护职工权益，转变工作作风，创新工作模式，提高服务质量，满足职工需求，打造与时俱进的工会工作模式，提供新的对策和思路。就当前形势而言，本书一是有助于基层工会坚定工作信念，明确自身的地位和作用，肩负起新的使命和担当，在思想上、政治上、行动上要始终与以习近平同志为总书记的党中央保持高度一致。当好党的助手、行政的帮手、职工的保护神，推动工会工作展现新作为、形成新气象。二是有助于密切联系群众，成为党联系群众的桥梁和纽带。要充分发挥上情下达、下情上传的作用，搭建各种平台以畅通与群众联系、沟通的渠道，关注群众心声，收集群众意见，反映群众诉求。同时也要积极向广大职工宣传党的方针路线和政策决定，团结和引领广大职工听党话、跟党走。三是有助于强化服务意识，突出维护重点，提升基层工会干部的履职能力，提高服务职工群众的水平和质量，满足职工追求美好生活的向往，成为职工群众信赖的娘家人。四是有助于处理好劳动关系，协调劳资矛盾，激发职工群众创新、创业、创优活力，在决胜全面建成小康社会、全面建设社会主义现代化国家新征程中展现工人阶级新作为；最大限度地发挥潜能推动社会经济发展，使其成为构建社会主义和谐社会的重要力量，在推进中国特色社会主义道路的建设中再立新功。

二、研究综述

当前，国内外关于工会组织和工会工作的理论研究成果非常丰富，从理论实证研究到应用实践分析，学术界已经积累了大量的研究成果。但是其中关于基层工会工作实践的全面系统研究却相对较少，尤其针对我国新时代基层工会转变和创新的研究更少。对前期相关工会研究成果进行梳理和述评，有助于对这些研究成果形成更加清晰完整的认识，从宏观上把握本书的基础性资源。

（一）国外研究情况

国外对工会理论研究开始较早，西方学者研究的重点主要集中于理论研究，并且形成了较为完整的工会理论体系。西方工会理论的研究大致可以分成两大类：一是包括马克思、恩格斯、韦伯夫妇等在内的早期马克思主义者和社会主义者；二是包括邓洛普、康门斯等在内的各类学科专家。虽然他们有不同的视角、不同的派别，但是各流派的观点相互借鉴、吸收，并围绕着劳动关系展开研究，使得西方工会理论随着社会形势不断变化，不断影响着工会运动的发展。

1. 马列主义的工会理论

马克思主义的工会理论认为，工会是一个以维护和代表职工合法权益为职责的群众性组织。恩格斯指出："工会及其所组织的罢工，是工人的军事学校。"① 马克思曾指出："工会是社会主义的学校。"② 通过马克思、恩格斯上述论断，我们可以看到，工会首先是一所学校，是一所斗争学校、社会主义学校，是一所吸引、训练、教育工人阶级，培养斗争精神，激发阶级觉悟，认识自身力量，准备积极投入未来的伟大斗争，为工人阶级的彻底解放而斗争的学校。

列宁从总结国际共产主义运动历史经验的高度，从工会与无产阶级政党，从工会与无产阶级专政国家的高度指出："不应当忘记，工会现在还是将来，在一个长时期内也还是一所必要的'共产主义'学校。"③ 列宁曾在多部著作中反复阐明，工会是一个教育的组织，吸引训练的组织，是学习管理主持经济的学校，是共产主义的学校。列宁还提出社会主义条件下工会的基本任务是"新生活的建设者，做千百万人的教育者"。④ 工会要吸引工人群众从事生产建设和参加管理并学会管理经济；要保护工人物质利益和精神利益并同官僚主义做斗争；要通过工会各种活动对工人群众进行教育。这些论断对社会

① 《马克思恩格斯全集》第2卷．北京：人民出版社，1957：512.
② 邓朴．马克思主义政党执政研究［D］．四川：电子科技大学，2011.
③ 顾玉兰．列宁社会发展理论研究［D］．江苏：南京师范大学，2003.
④ 王晓明．新中国成立前后的工会理论探析［J］．求实，2010/S1.

主义工会来说具有普遍的指导意义。

2. 其他流派的工会研究

悉德尼·韦伯同其夫人比阿特丽丝·韦伯被称为是西方工会理论研究的先驱者，是英国费边社的理论家和领导人，主要著作有《工会运动史》（1894 年）和《产业民主制》（1897 年）。韦伯夫妇提出的产业民主理论的主要主张是劳工运动既要有政治方向，又要有经济方向。作为社会主义者，就阶级矛盾和斗争的问题上，他们对马克思主义的论点给予了充分的认同和肯定。但是，他们所认为的阶级矛盾和斗争，不是通过阶级对立的形式直至对方消亡而产生的，而是通过工人阶级和资产阶级以代表谈判的形式来结束这种阶级斗争和矛盾。为此，工会是将民主带进产业内的主要机制。在市场经济活动中，大多数的西方发达国家都被韦伯夫妇的产业民主理论所影响。

美国著名的经济学家和社会学家约翰·T. 邓洛普接受了美国结构功能学派的创始人帕森斯的社会学思想，在工会理论方面受到韦伯模式的影响。作为多元论派的代表人物，他的主要贡献在于将以往的工会思想系统化。1958 年约翰·T. 邓洛普出版了《产业关系制度》，在分析产业关系时，他从社会学理论的角度，认为在产业关系中工会、资方与政府地位对等，并且发挥着几乎相同的重要作用。产业关系的正常运转一方面依靠法律法规的强制作用，另一方面依靠集体谈判，集体谈判也是解决矛盾的主要手段，工会从事的集体谈判活动将带来产业社会的稳定。此理论受到西方各国工会组织的欢迎，并在西方国家的工会理论中占有重要席位，成为早期工会理论和当代工会理论的分水岭。

美国威斯康星学派的约翰·R. 康门斯受韦伯夫妇所影响，对工会理论进行了分析和论证。但是与马克思的阶级思想相悖，约翰·R. 康门斯指出工人的抵抗是源于他们与雇主在工资问题上存在严重分歧，不能达成一致，而非阶级意识的表现。康门斯在《集体行动的经济学》一书中指出，工会是资本主义民主的体现，而非政府政策的传达者。

哈佛大学经济学教授理查德·B. 弗里曼和詹姆斯·L. 梅多夫所著的《工会是做什么的？——美国的经验》是关于美国工会作用研究的经典之作。[①] 它挑战了此前一些关于工人运动的普遍观点，基于美国工会实际运行

① 李飙，赖德胜．理查德·弗里曼对劳动经济学的贡献［J］．经济学动态．2017（1）．

的大量数据，首次对工会的作用做了一个经济学角度的全面鉴定。通过利用数以千计的个人和商业企业的数据，他们发现，工会在改善工作环境、提高劳动生产率以及减少经济体系的不平等等方面发挥着至关重要的有益作用。总体而言，工会的存在有利于提高国家经济系统的效率。

英国人法恩和皮姆特是单一派的主要代表人物。他们非常著名的言论是“让我们一起走，我们站在同一条船上”。换句话说，他们认为劳资双方是相互依赖、不可分割的伙伴，有着共同利益不存在矛盾，因此，可以而且应该避免不必要、多余的矛盾和冲突。但是单一派也同时认为：作为一个政治权利机构，工会能够破坏现存合法的社会结构、政治结构和经济结构。因而单一派认为在 20 世纪工会再没有必要保护雇员的权益。

英国的社会学家罗克伍德在分析了战后工人阶级状况的基础上，提出了不同于邓洛普的工会理论，他否定帕森斯的功能派理论，从社会冲突论的角度论证了工会在产业关系中的地位与作用。他认为工会不仅应在经济领域，而且也应在政治领域中发挥作用。① 罗克伍德的理论对于西欧工会有一定影响。

日本的工会理论家松岛静雄和大河内一男提出的企业工会理论，在日本国内产生了一定影响。受新自由主义的影响，专家和学者们对工会改革提出建议，提出了“超越集体主义的工会运动”和“战略工联主义”。美国工会理论研究方面的专家和学者，对眼下的社会环境进行了剖析，究其原因是当下的工会把小团体的利益摆在首要位置上，对广大职工群众的根本利益漠不关心，对社会发展产生了不利的影响。

（二）国内研究情况

国内工会理论研究伴随着党领导中国革命、建设和改革开放的伟大实践而产生和发展。特别是党的十一届三中全会以来，随着我国企业数量的不断增多，工人阶级队伍不断壮大，工会问题引起了理论界和工会界的普遍关注。从统计数据来看，国内从政治学尤其是从科学社会主义理论方面对工会组织进行阶级性、群众性探讨得比较多。它们主要以马克思主义的阶级理论作为分析方法，从马克思主义经典著作中梳理出与工会有关的内容，运用科学社

① 赵炜．西方工会理论给我们的几点启示［J］．中国工运．1997（1）．

会主义理论，分析工会的产生、宗旨、性质、地位、职能、作用、组织体制、自身建设以及工会与国家、政党、行政的关系等，探讨工会改革发展的问题，带有较强烈的意识形态和政治色彩，而吸收相关社会科学方法和理论研究成果相对较少。有一些研究对西方劳资关系或产业关系理论进行了抽象描述，对中国工会的问题也仅限于粗浅的现象描述，简单提出借鉴国外理论与经验的建议，缺乏结合中国工会体制与国外工会体制的差异而进行的深入分析，可借鉴性和参考价值不太强。同时，系统研究新时代基层工会的文章不多，尤其是直接以“新时代基层工会工作实践”为研究对象的著作几乎空白，只有少数文章对此进行了间接研究。总体来说，国内关于工会理论和实践的研究主要集中在以下几个方面：

1. 关于马列主义工会理论的研究

周新军在《马克思主义劳资关系理论与当代社会》（2001）中，对马克思主义劳资关系理论的形成与发展、劳资关系理论的特征以及如何从当代社会的变化来审视马克思的劳资关系理论进行了研究。郑桥在《列宁斯大林工会理论比较研究——兼析执政党工会理论方针的经验教训》（2002）中，对列宁关于工会的定位、本质职能和新经济政策时期列宁研究工会理论的角度进行了分析，并对斯大林的工会理论及其异化进行了研究。他认为，在社会主义条件下，执政党工会理论方针是否正确与社会主义的命运、与执政党的命运密切相关。曹峰旗、田芝健在《因果追问：马克思恩格斯工会维权理论初探》（2006）中，研究了工会的产生、职能以及工会维权的历史局限等问题，并在此基础上研究了马克思、恩格斯关于工会维权理论的特点。孙玫贞在《列宁社会主义工会维权思想探析》（2008）中，研究了列宁工会维权思想建构发展思路、关于过渡时期工会维权必要性的阐述以及工会维权思想的实现措施。李姮在《马克思恩格斯工会理论及其当代价值》（2010）中，对马克思恩格斯工会理论的形成、发展、主要观点及其基本特征进行了梳理；对工会的产生、职能和维权的局限性进行了深入分析，并提出马克思恩格斯工会理论的基本特征是具有强烈的实践性、科学性和革命性。张春花在《列宁工会建设思想研究》（2013）中，对列宁在苏维埃社会主义政权建立之初提出的利用工会实现人民管理国家的思想和社会主义时期工会的地位和作用进行了研究，并认为列宁工会建设思想既有理论建树，又有应用实践，它是探索和构建马克思主义工会学在当代中国发展的新阶段——中国特色社会主义工会理论的重要思想源泉。

2. 关于工人阶级状况的研究

徐文谋在《我国工人阶级内部阶层的发展变化及其深刻影响和挑战》（2004）中，对有关工人阶级的理论进行了研究分析。他认为，在社会转型时期，不同群体的出现及其利益的分化，使工会的工作对象、工作内容、工作方式等发生了一系列变化。同时指出不同群体的出现，要求工会有针对性地开展群众工作；工会工作内容的变化，要求工会维权工作必须不断扩大覆盖面，并且指出工会组建方式也要做出新的尝试。黄任民、任琴琴在《经济转型中的农民工身份认同差异与不平等待遇》（2007）中，从“农民工是否是工人阶级一部分”这一命题入手，对中国出现农民工及其身份认同方面存在差异的原因进行了研究分析，并从理论上提出了“转型期工人”的概念。2006 年 12 月中华全国总工会（以下简称“全总”）十四届十一次主席团（扩大）会议提出了农民工是工人阶级队伍的重要组成部分的思想，是我们党对农民工阶级属性的新论断，标志着我国工人阶级队伍更加壮大。沈琴琴、高爱娣在《农村工业化以来新兴工人阶级的发展状况》（2006）中指出，在农村工业化过程中，从传统农村农业转移出来的，从事非农产业并以工资收入为基本生活来源的劳动者，是中国社会转型时期一个新兴工人阶级：人数庞大，已经成为除农业从业人员以外第二大社会群体；具备了工人阶级的基本特征；但由于农民身份的桎梏，未能顺利实现工人身份的转换，处在城市的边缘和社会的底层；阶级意识和组织意识正在觉醒。

3. 关于中国特色社会主义工会的研究

2005 年 7 月全总十四届六次主席团扩大会议审议通过了《关于坚持走中国特色社会主义工会发展道路的决议》，确立了这条道路七个方面的基本内涵，明确提出坚持走中国特色社会主义工会发展道路的实质，就是要坚持中国工会的正确发展方向，从根本上解决“建设什么样的工会、怎样建设工会”的重大问题。四川省总工会课题组在《中国特色社会主义工会发展道路与中国特色社会主义道路的内在关系思考》（2009）中指出，中国特色社会主义道路统领着、指导着中国特色社会主义工会；中国特色社会主义工会发展道路实践着、体现着中国特色社会主义发展道路；两者在内涵方面具有高度一致性。赵曜在《中国特色社会主义工会发展道路的基本内涵》（2010）

中把中国特色社会主义工会发展道路的基本内涵概括为五个方面的内容。即坚持党的领导和马克思主义的指导；服从和服务于党和国家的工作大局；切实维护广大职工的合法权益；坚持工人阶级队伍和工会组织的团结统一；坚持独立自主地开展对外交往。刘红军在《中国特色社会主义工会理论的历史演进》（2016）中，认为中国特色社会主义工会理论源起于马克思恩格斯的工会思想，奠基于毛泽东的工会理论与工运实践，形成于改革开放初期的工会工作实践，以及在新时期得以进一步的创新和完善。曲延志在《中国特色社会主义工会发展道路的探索与经验》（2011）中，从坚持党对工会的领导，坚持服务大局，坚持与时俱进，坚持突出维护职能，坚持解放思想五个方面总结了中国工会在探索中国特色社会主义发展道路过程中积累的成功经验。

4. 关于工会履行职能的研究

孙玫贞在《社会主义市场经济条件下的工会维权职能研究》（2005）中，从加强法制化建设，依法维权；大力发展工会会员，加强工会组织建设；加快推进工会维权的制度建设；加快培养一支高素质的工会干部队伍四个方面，提出加强工会维权能力建设。张龙在《新时期我国地方工会的职能研究》（2009）中，按照我国工会组织历史发展的萌芽阶段、斗争阶段、探索阶段、迷失阶段、发展阶段、凸显阶段六个阶段，分析了工会职能的演变。王慧民在《创建服务型工会：工会职能的中国式发展》（2009）中提出，创建服务型工会是工会根据我国社会结构变化，适应职工队伍发展和劳动关系现状，参与社会管理和公共服务的一大举措，也是建设中国特色社会主义工会，履行工会职责、彰显工会职能的中国式发展。张建丽在《新时期河北省基层工会组织职能研究》（2013）中，对河北省基层工会组织履行职能取得的成就进行了总结，也分析了河北省基层工会组织履行职能过程中出现的问题，并由此提出个人的建议。盛忠雄、黄林毅等在《对新形势下建立和完善工会维权机制的思考》（2007）中，探讨了工会维权机制的基本形式和存在的主要问题，并提出了工会建立维权机制的对策建议。任国友在《中国工会维权机制探索研究》（2010）中对中国工会维权的现实困境进行分析后指出，创新工会维权机制，最大限度地维护职工合法权益，是当前工会走出维权困境的根本路径。

5. 关于工会工作模式的研究

孟宪明、周清嫄、杨淑清、刘新宇在《实行以工会职能为主导的工会、妇女、计划生育工作合署办公模式初探》（1998）中，分析了吉林工学院工会、妇委会、计划生育办公室合署办公模式的基础、结合点和工作成效。姜风雷在《以服务站为载体创新工会工作模式》（2009）中，介绍了怀柔区总工会自2007年起，就开始着手建设工会服务站，并指出服务站切实发挥作用，坚持“建成一个，完善一个”的原则，逐渐摸索出一条具有鲜明区域特色的工会服务站的发展模式。迟月萍在《新形势下基层工会工作模式探索》（2012）中，提出工会工作只有坚持在继承中创新，在创新中发展，努力探索新的工作模式，才能为推进改革、促进发展、保持稳定提供强有力的服务。具体措施为：推动法律制度落实，履行好工会的维护基本职责；推动职工素质提升，发挥好职工的主力军作用；推动工会自身建设，为履行好职责提供坚实的保证。薛丁齐、乔昕在《关于创新互联网＋工会工作模式探索》（2016）中，强调工会要主动适应互联网时代的新媒体信息传播方式，加快工会网络建设，建立云端平台，用互联网来完善工会的生态圈，通过网络使工会内部各级组织与机构互联互通，把亿万职工“连接”在一起，挖掘“工会大数据”，共享信息资源和财富。

（三）研究述评

综上所述，我国的工会理论研究始终围绕党和国家的工作大局展开，取得了丰硕成果。然而，从目前对工会工作实践的研究来看，学者们对研究基层工会工作的重要性认识还没有达到应有的高度，也没有突出基层工会建设在推动工会组织履行社会职能，服务大局、服务职工中的关键性地位，导致关于基层工会工作的现有研究尚显粗浅和凌乱。具体而言，存在以下不足：

（1）从研究内容来看，现有基层工会工作的零星研究，内容比较狭窄，大多局限于简单探讨创新工会工作的重要性和必要性。虽然对基层工会工作存在的问题和不足有所提及，但是缺乏全面而深入地分析和挖掘；虽然对创新和改善基层工会工作方式有所思考，但是思路不够清晰，措施不够具体，存在以点概面、以偏概全的现象，说服力不强，不能对新时代的基层工会工作实践发挥指导性作用。

(2) 从研究角度来看，现有的大多数研究都是从个案出发，介绍或总结分析某个地区、企业或高校工会组织的具体做法；或是仅从基层工会工作的某个环节、工作点谈论如何创新改善工作。研究视野不够开阔，缺乏大工会的思维，研究案例的代表性、典型性不强，对案例缺乏深入、多角度的理论分析，对工会工作的本质和客观规律揭示少，理论支撑明显不足，未能提出基层工会工作的整体架构，也未能系统分析基层工会工作的具体内容和具体运行。

(3) 从研究层次来看，关于基层工会工作实践的现有研究还比较粗浅、零散，现象描述的多，规律总结和理论研究的少；主要是对基层企事业单位的一些现有做法进行介绍，大多停留在经验总结的层面，提出问题的多，深入分析的少，提出的建设性意见和有效性措施更是缺乏，尚未形成规律性和理论性强的研究成果，更无法谈及形成系统、完整、可操作的基层工会工作理论研究系统。

(4) 从研究方法来看，目前显得比较单一，大多仅从政治学的角度，运用马克思主义的辩证方法进行思考和总结，对基层工会工作的研究缺乏实证调研，即便是对某个先进经验的提炼和总结也不够完善，尤其缺乏对工作服务对象——职工群众满意度的调研，也未能综合利用社会学、经济学、历史学等理论研究方法进行分析，因而无法令人对其提出的观念和建议产生认同感。

三、研究设计

(一) 研究思路

本书主要基于以下的基本假设：一是在我国进入新时代的大背景下，职工队伍会受到经济、政治、文化等各方面因素的影响。从目前来看，社会经济的快速发展，一方面，导致了职工队伍规模的不断扩大，大量新生代农民工的加入，改变了过去职工队伍的结构状况；另一方面，随着“80后”“90后”青年职工逐渐成为职工队伍的主体，职工队伍的思想观念发生了变化，他们的需求变得更加多样化、复杂化、个性化，从过去的以解决温饱问题为主的物质需求，逐渐转变为参与国家民主管理、实现个人全面发展为主要内容的精神需求。二是随着广大职工受教育程度的提高、道德品质和文明素养的提升以及国际文化视野的开阔，他们对工会组织的期望和要求也越来越高。作为直接为广大职工提供服务的群众性组织，基层工会的工作能力和服务水平，将直接影响广大职工对工会组织的判断和认可，还会影响国家和政府在广大老百姓心中的形象。因此，基层工会应该主动适应社会发展的新形势、新变化、新要求，始终坚持以职工为本，在党的领导下，不断创新和改善服务职工工作，提高职工群众对工会工作的满意度。

本书以唯物史观和中国特色社会主义理论体系为指导，认真梳理总结中国基层工会兴起、确立、发展过程中，在不同历史阶段的宗旨、职责和任务，以及为履行职责、完成任务而采用的主要工作方式方法。同时通过认真学习马克思、恩格斯、列宁等人的经典著作、中国工会历次代表大会文献和党的历代领导集体关于工会工作的重要论述，在对中国特色社会主义工会理论进行历史考察和对中国特色社会主义工会道路进行现实分析的基础上，结合新时代我国社会发展、利益格局、职工队伍等出现的新特征，总结概括出基层工会工作的主要内容及其理论贡献。同时，注重理论与实践的相互结合，在理论分析的基础上，对各地基层工会的典型案例进行实证分析，形成研究成果的整体逻辑框架。

（二）框架内容

1. 研究框架

本书以中国特色社会主义进行新时代作为逻辑分析起点，通过分析解构我国社会发展的新阶段、新特征和新要求对基层工会工作带来的影响，透视职工队伍规模、结构、需求的变化和基层工会改革创新的路径选择。这既涉及对新时代的把握和理解，又涉及对工会职能职责的确定及其工作方式的选择问题。对前者，重点是把握新时代出现的新特点和具体表现，以及它是如何从社会层面对职工队伍产生影响的。对后者，主要采用历史分析法和比较分析法，通过梳理中国工会运动和基层工会发展历史，分析基层工会在不同历史阶段的主要任务和职能职责，以及为了完成任务和履行职能所采用的具体方式和途径。同时，要全面梳理和总结新时代基层工会组织建设和履行职能所取得的突出成就以及亟待进一步解决和改善的问题，着重分析基层工会的服务对象——职工队伍所发生的变化和呈现出的鲜明特征，尤其需要弄清职工群众的现实状况和实际需求，以便针对性地提出新时代基层工会在继承和发扬工会组织优良传统的基础上，为广大职工群众提供精准、科学、个性、高效的服务，搭建起新时代与职工群众变化之间最直接的逻辑通道，由此进一步建立基层工会工作实践的理论框架（见图1－1）。

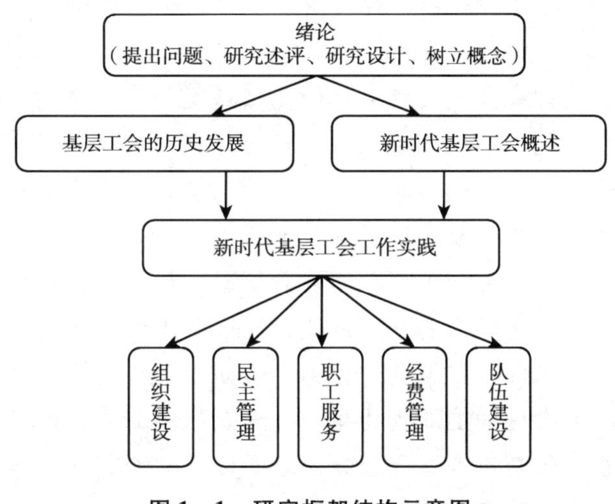

图1－1 研究框架结构示意图

2. 研究内容

本书除绪论外一共分为三个部分七个章节。第一个部分为第二章我国基层工会的历史发展。主要从历史和现实的角度，梳理我国工人运动与基层工会兴起、确立、发展的历史脉络，理清在不同发展阶段基层工会的主要任务、工作方式及其典型经验和优良传统。通过全面总结现阶段基层工会发展取得的突出成就，并深入分析和查找新时代基层工会工作存在的问题和不足，为后期基层工会工作的改革创新提供思路。

第二部分为第三章新时代基层工会概述。首先，弄清新时代基层工会建设的重要性和必要性，使基层工会干部统一思想，提高认识，增强改革创新工会工作的责任感和使命感，强化危机意识和主人翁意识，将改革创新工会工作转变为个人和组织的主观选择和自觉行为。其次，探讨新时代我国基层工会面临的机遇和挑战，使基层工会一方面抓住机遇，顺势而上，成为推进国家治理体系和治理能力现代化的重要力量；另一方面清醒认识面临的挑战，正确评估抗风险能力，科学谋划应对挑战的举措。再次，提出新时代基层工会工作的指导思想和主要原则，明确基层工会在社会主义建设事业中的地位和作用，明确服务大局、服务职工的着力点，确保今后基层工会工作的方向性、科学性、长效性。最后，探讨新时代基层工会的职能职责和工作任务，推进基层工会及其领导干部明确新时代背景下工会所肩负的历史使命和时代责任，并进一步调动基层工会维护职工合法权益、服务职工群众的积极性和主动性，为提高工会工作效率，提升服务职工实效，提供一些具体操作层面可资借鉴的建议。

第三部分为第四章至第八章新时代我国基层工会工作实践探索。基层工会是职工群众温馨的“职工之家”，工会干部是职工信赖的“娘家人”。在新时代背景下，由于职工规模不断扩大，职工结构日益复杂，职工需求更加多样化，作为服务职工最重要的基层群众组织，工会将面临更加艰巨而复杂的工作任务，工会组织和工会干部都面临着更新工作理念、转变工作作风、创新工作方式、提升业务能力的巨大挑战，而这些工作理念、工作作风和工作能力最终都会落脚和体现在工会干部为广大职工提供的服务之中。因此，本部分主要以基层工会的职能职责为主线，分别从组织建设、民主管理、职工服务、队伍建设、经费管理五个部分，全面详细地论述各部分工作应该包含的工作内容、工作思路和方法，以及应该达到的工作目标和理想状态。同时，为了帮助和推动基层工会对本研究工作思路和观点的理解，实现从理论学习到工作实践的顺利过渡，达到理论和实践的完美结合，本部分在每一章结尾都会列举现阶段我国基层工会工作典型案例，加强对具体工作的指导和参考。总之，基层工会要认真贯彻落实党的十九大精神，把做好工会工作作为贯彻落实党的十九大精神的具体实践，努力寻找切入点和着力点，团结动员广大职工在新征程的伟大实践中锐意进取，埋头苦干，建功立业。要时刻牢记全心全意为职工服务的宗旨，切实维护职工合法权益，当好职工群众的“娘家人”，有力推进新时代工会工作创新发展。

（三）研究方法与技术路线

1. 研究方法

鉴于基层工会工作是一项涵盖职工衣食住行的基础性、专业性服务群众工作，也是一项涉及政治、经济、文化等方方面面的综合性、系统性的群众人心工程，本书力求高屋建瓴，注重研究的宏观性、大视野和学理性，采用理论与实践相结合、宏观与微观相结合、定性与定量相结合的方法，一方面梳理有关理论，借用理论进行综合分析，解答“应该是什么”；另一方面对复杂现实和个体特点进行实证研究，解答“为什么应该是这样”。从中国的国情和传统出发，从当前的社会现实和工会工作实践出发，采用马克思主义的立场、观点和方法，总结实践经验和教训，提出建设性的解决意见。具体来说，本书综合采用了以下几种方法：

（1）文献资料法。新时代的基层工会工作，虽然表面上只涉及现阶段工会工作的改革和创新，但事实上它需要纵观历史和横向对比，通过阅读大量的历史文献、研究著作和期刊论文，梳理并运用国内外的最新理论成果，探寻工会发展的理论渊源，分析工会与国家、政党、职工之间的相互关系。同时通过总结我国基层工会发展过程中的经验教训，研究国家政策制度、社会文化传统等因素对工会功能发挥产生的影响，从中予以借鉴合理成分，为新时代我国基层工会工作的改革创新提供理论基础和现实依据。本书的文献资料主要包括：关于中国工会和工运研究的各种文献资料；《中国统计年鉴》《中国劳动年鉴》《中国工会年鉴》以及地方相关工作的统计资料和普查材料；《中华人民共和国工会法》（以下简称《工会法》）《中国工会章程》（以下简称《工会章程》）《中华人民共和国劳动法》（以下简称《劳动法》）等相关法律法规和历代国家领导集体有关工会组织与工会工作的讲话；报纸、网络等媒体宣传报道的各地基层工会工作典型案例。

（2）调查研究法。根据研究拟要解决的主要问题，调查组将走访一些区县、乡镇、国有企事业单位的工会组织和职工群众，了解和掌握基层工会的组织建设和工作现状，针对职工群众对工会工作知晓度、参与度、满意度调查的基础上，探明基层工会工作存在的问题和有待改进的地方，并结合历史和现实深入分析产生这些问题的原因，为后期探索基层工会工作改革创新的思路提供现实依据。

（3）历史分析法。我国基层工会从20世纪初建立以来，在不同的历史阶段有着不同的历史使命和责任，也有着与之相适应的工作方法和模式。经过近一个世纪的努力发展，尤其是在改革开放后的40年里，基层工会在党的正确领导下，做了大量卓有成效的工作，积累了丰富的工作经验。通过对我国基层工会在不同历史时期的运行轨迹、成效、经验进行梳理分析，推动基层工会组织继承和发扬优良传统，并为新时代基层工会工作的改革创新提供历史经验。

（4）案例分析法。本书将结合各部分研究重点，积极挖掘在全国各地基层工会中具有非常突出的典型性、代表性以及产生广泛社会影响的真实案例，通过对这些成功案例的深入分析和仔细研究，力求总结出新时代基层工会行之有效的具有普遍推广价值的工作思路和方法，为其他基层工会提供参考和借鉴。

2. 技术路线

技术路线详见图 1－2 所示。

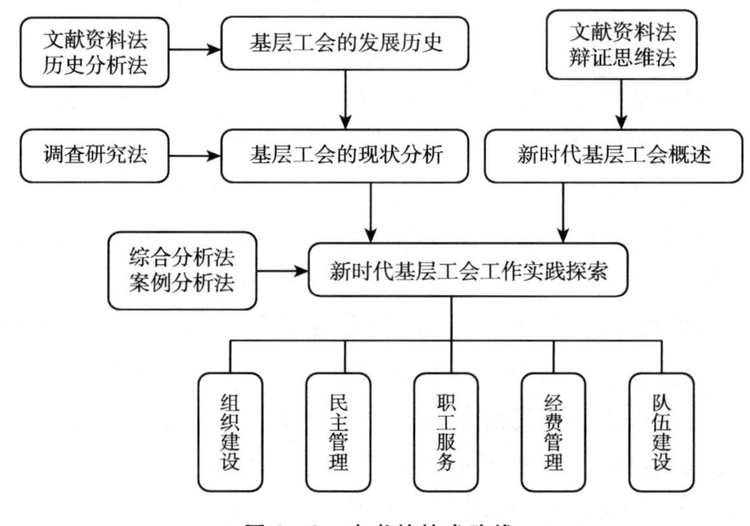

图 1－2　本书的技术路线

四、研究的创新与不足

（一）创新之处

1. 研究视野开阔

本书立足于新时代我国经济社会发生历史巨变的宏大视野，分析研究 3 亿职工在新时代出现的新变化、新需求，为 275.3 万个基层工会更好地履行服务大局、服务职工的工作探求具有普遍现实意义的工作思路。这对于过去单纯针对个别地区或企事业单位工作经验总结式的粗浅研究，或就工会工作其中一项具体事务进行分析，提出改善思路，具有更加开阔的研究视野。

2. 研究角度新颖

已有的工会研究视角，或集中于工运史和工会组织的历史发展；或仅从工会组织履行某个职能，为职工提供某种服务，如协调劳资关系，参与社会治理，开展职业培训等；或对某个地区或企事业单位予以总结工作经验等，而立足于为职工提供一线服务的基层工会的角度，全面探讨工会工作的改革创新研究几乎为空白。本书以职工为本，紧紧围绕职能需求，从组织建设、民主管理、职工服务、队伍建设和经费管理五个方面为广大基层工会提供具有可行性和实效性的工会工作思路，从而推动基层工会工作的良性循环和持续发展。

3. 研究方法有突破

前期的工会研究方法多以马克思主义的历史观、唯物观和辩证法为主，具体方法以文献资料法为主；而较少综合运用政治学、经济学、法学、社会学、管理学等方面的基础知识。本书力争改变过去单一的研究方法局限性，不仅综合利用社会学、经济学和政治学等方面的理论知识，还会灵活运用文献资料法、调查研究法、历史分析法和案例分析法等具体研究方法。既注重历史经验的总结，也注重现实社会的分析；既注重宏观层面的研究，也注重个别案例的分析；既注重规律、理论的提炼，也注重实践、实际的操作。尽可能多方吸纳和思考有利于推动新时代基层工会工作改革的经验和做法，创新中国工会研究理论。

4. 研究结果有新意

本书目标明确，思路清晰，方法得当，因此有关基层工会工作实践的研究结果既有理论与实践的充分结合，也有历史和现实的对比分析和相互借鉴；对现实工会工作的指导也同时具有普遍性和针对性。这较之过去大多数研究把历史和现实分割开来的研究结果具有较大的创新性和进步性。同时，本书在提出基层工会工作思路以后，会附以相应的典型案例进行分析佐证，从而进一步增强研究结果的可信度。

（二）不足之处

1. 历史研究深度不够

由于对过去各个历史阶段中国工会的研究，尤其是基层工会的研究，只能从各个时期的文献资料中进行挖掘，加之很多关于工会工作的观点和材料都散落在各个时期不同人物的著作之中，对基层工会的系统研究和梳理材料非常稀少。因此这方面，本书会面临着历史文献资料搜索有所疏漏，对工会历史的梳理和历史经验、优秀传统提炼不够的缺陷，从而无法充分吸取和继承先进历史传统为当前改革创新基层工会工作所用。

2. 现实研究尚需提升

目前，国内关于中国特色社会主义工会理论这方面的研究较少，针对基层工会比较系统、全面的工作研究更是几乎空白，所以本书可参考借鉴的现有成果不多，加之笔者的研究能力有限，因此针对新时代所提出的改进和创新基层工会工作的对策和建议尚存一些不足和缺陷，需要在今后的研究中进一步予以提升和完善。

第二章　基层工会的历史发展

现实与历史往往有着紧密联系的逻辑关系，分析研究现实离不开对历史的追根溯源。我们对中国基层工会现状的探讨同样需要追寻其历史起点和发展脉络。只有这样，我们才能对我国工人运动和基层工会有全面理性的认识，才能从它的过去客观分析现代工会取得的伟大成就和存在的问题，从而为新时代基层工会工作实践的改革创新提供有价值的参考和借鉴，进一步促进基层工会的科学持续发展。

一、基层工会发展的历史沿革

工会是工人阶级斗争的产物，工人阶级是伴随着资本主义的萌芽、发展而出现的。虽然中国资本主义萌芽于 16 世纪中后期，但资本主义的真正产生、发展却是在半殖民地半封建社会时期。鸦片战争以后，在西方列强的侵略下，西方资本主义工业逐步传入中国，在洋务运动的推动下，一大批破产的农民进入城市，与破产的手工业者一起成为中国最早的产业工人。第一次世界大战时期，中国民族工业获得发展的良机，民族资本主义快速发展，中国产业工人也迅速壮大。据统计至 1919 年五四运动爆发前，全国产业工人约有 26 万人,[①] 中国工人阶级作为一个新生阶级已经产生了。

（一）新民主主义革命时期（1919～1949 年）

在中国近代工业产生和发展的过程中，工人们长期遭受中外资本家的残

① 中国工运研究所．中国工会读本［M］．北京：中国工人出版社，2014：15.

酷剥削和压迫，不仅工作时间长、工资收入低，而且劳动条件恶劣、劳动强度大，工伤事故经常发生，工人们过着十分悲惨的生活。这一时期由于清政府和北洋军阀严禁工人集会、结社、罢工，工人为了寻求保护和帮助，只能加入民间传统的行会、帮口和秘密结社组织。因此，早期工人为改善生活和工作条件而进行的斗争，大多数是在行帮的组织和领导下进行的。从某种意义上说，行帮是在工会出现之前工人参加的群众性组织，它是近代工会发展的组织基础。

五四运动前，由于民族危机的加深和阶级矛盾的激化，加之当时近代工业短期的蓬勃发展，中国工人阶级的队伍迅速壮大。1917 年俄国十月革命的胜利，对中国革命产生了巨大而深远的影响。此后，李大钊、陈独秀、邓中夏、毛泽东等共产主义知识分子，先后通过创办工人学校和工人刊物等形式，积极投身于动员和教育工人阶级的活动中，中国工人运动逐步接受新思想的指导，开始了它的历史性转折。1919 年上半年，巴黎和会上中国外交的失败，引爆了以青年学生为先锋，以工人阶级为主力军的五四运动。这标志着中国工人阶级正式登上了历史舞台，中国工会运动也开始由自发逐渐向自觉转变。

1921 年 7 月 23 日，中国共产党第一次全国代表大会（以下简称“中共一大”）在上海召开，明确中国共产党的中心任务是领导、组织和推进工人运动，基本任务是“成立产业工会”。中共一大结束后，建立了中国劳动组合书记部，作为中共公开领导全国工人运动的工作机构。通过出版工人刊物、举办工人学校，对工人进行宣传教育，提高工人群众的阶级觉悟，帮助工人按产业建立自己的工会，开展罢工斗争。1922 年 5 月，第一次全国劳动大会在广州召开，做出了成立全国总工会的决议，为全国工人运动和工会组织逐渐走向团结统一创造了条件。随后，在共产党的领导下，中国掀起了近代历史上第一次全国性的罢工高潮，如香港海员大罢工、安源路矿工人大罢工等。全国工人运动虽然最后以 1923 年 2 月京汉铁路大罢工的失败而转入低潮，但在短短的 13 个月中，全国共发生大小罢工 187 次之多，[①] 参加罢工的工人人数达到 30 万人以上。这次罢工高潮不仅再一次展现了工人阶级的伟大力量，还使年轻的共产党深刻认识到，工人运动要取得胜利，不能单靠工人阶级流血牺牲闯天下，必须依靠同盟军的力量。因此它促进了后期的国共合作，开

① 肖效钦，李良志．中国革命史（上册）[M]．北京：红旗出版社，1983：57.

启了工人革命新篇章。

在第一次国共合作后不久，1924 年 11 月，孙中山亲自颁布了《工会条例》，这是中国历史上第一个以政府名义颁布的工会法规，承认了工人有组织工会和言论、出版、罢工等自由。1925 年 5 月 1 日，在中国共产党的领导下，第二次全国劳动大会在广州召开，宣告成立中华全国总工会，通过了《工人阶级与政治斗争决议案》《经济斗争决议案》《组织问题决议案》《工农联合决议案》《铲除工贼决议案》《中华全国总工会总章》等 30 多个决议案，并宣布加入世界工人阶级的总组织——赤色职工国际。第二次全国劳动大会的召开和中华全国总工会的成立，推动了全国工会运动的蓬勃发展，成为团结全国职工和工会组织的一面旗帜。此后，全国总工会领导下的工会组织迅速发展壮大，所属基层工会和会员人数，1925 年为 166 个、54 万人，1926 年达到 699 个、124 万人，1927 年达到 290 万人。[①] 各地工会组织和广大工人在全国总工会的领导下积极开展罢工活动，迎来了席卷全国、规模空前的五卅反帝运动和中国、世界罢工史上坚持时间最长的工人罢工——省港大罢工。1926 年 5 月 1 日，中华全国总工会在广州召开第三次全国劳动大会，提出工人阶级是国民革命的领导阶级，要督促和援助广东国民政府北伐，消灭封建军阀，以期早日完成国民革命，统一中国。北伐战争期间，各地工会组织积极响应，领导工人全力支持北伐战争，把大革命中的工人运动推向了高潮。

然而，孙中山去世后，北伐胜利成为国共合作的转折点。1927 年，蒋介石发动“四·一二”反革命政变，疯狂镇压革命的工人运动，严禁工人罢工、怠工、集会、游行。各地工人组织或被查封解散，或被迫转到地下，轰轰烈烈的工人运动也遭到反动派残酷镇压，由此转入低潮，进入空前艰难的时机。1932 年年底，全国总工会领导机关被迫迁到苏区，白区工会工作几乎陷入停顿，中国工会在特殊的历史背景下艰难求索。

抗日战争时期，工人运动与敌后游击战争、建立敌后抗日根据地等任务紧密结合起来，以武装斗争的形式直接参加到民族解放战争的行列中。在“隐蔽精干、长期埋伏、积蓄力量、以待时机”十六字工人运动方针的指引下，共产党要求国统区和沦陷区的工运干部职业化、社会化，积极利用一切合法机会，采取灵活多样的形式，不露行迹地组织群众开展革命斗争。虽然

---

① 归鸿倩．天津市工会帮扶工作研究［D］．天津：天津大学，2012：5.

处于极其不利的恶劣环境下，但国统区和沦陷区的工人运动仍然得到了发展，有效牵制了敌人的力量，支援了与敌奋战的八路军和新四军。在党的正确领导下，敌后根据地建立了完善的工会组织机构，成立了中共中央职工运动委员会，工会会员发展到92万，工人运动得到了良性发展。根据地工会发动和组织工人积极投入大生产运动，踊跃参加八路军，参加反扫荡战斗，对工人开展马列主义教育和形势宣传。不仅因地制宜实现了自给自足，还打破了敌人的经济封锁，有力支援了敌后抗战。

抗日战争结束后，解放区工会号召工人积极生产，武装自己，巩固后方，支援前线。1948年8月，第六次全国劳动大会召开，恢复了“中华全国总工会”，实现了全国工会组织的统一。大会通过了《关于中国职工运动当前任务的决议》，明确了工人阶级在民主革命中的领导地位和历史任务。解放区和国统区的工人阶级积极行动起来，全力支援人民解放战争，为夺取全国解放做出了不可磨灭的贡献。

（二）社会主义革命和建设时期（1949～1978年）

新中国成立伊始，中国工人阶级和工会组织面临的形势极其严峻，国民经济千疮百孔，人民生活极为困难。1949年7月，中华全国总工会在北平召开全国工会工作会议。会议明确提出：“当前工会工作的中心任务，是在一年左右的时间内，把全国工人阶级首先是把产业工人组织起来，担负起新中国政权建设和经济建设赋予工人阶级的历史使命。”① 为调动工人阶级的积极性，1950年6月，国家制定颁布了《中华人民共和国工会法》，以法律形式确定了工会组织在人民民主政权中的地位、作用，明确规定了工会应有的权利、职责和任务，为各级工会组织开展工作和活动提供了法律依据和保证。1951年2月，党和政府又颁布了《中华人民共和国劳动保险条例》，进一步激发工人阶级的主人翁责任感，调动他们参加生产建设的积极性、主动性。此后，各地基层工会团结、带领广大工人群众纷纷投入热火朝天的社会主义改造事业之中。1953年5月，中国工会第七次全国人民代表大会在北京召开，对工人阶级在夺取民主革命胜利、恢复国民经济和巩固人民民主专政的伟大事业中所作的卓越贡献给予了高度评价，同时也提出了国家建设时期的工会工作任

① 中国工运研究所．中国工会读本［M］．北京：中国工人出版社，2014：151.

务，即巩固工人联盟、教育工人群众、积极发展生产、改善人民生活。

经过一段时间的艰苦奋斗，工人运动和工会工作在中国共产党的领导下，进入一个新的历史发展时期。工人阶级成为新民主主义国家的领导阶级和国家经济建设的主力军；作为工人阶级群众组织的工会，已经成为新生人民政权最坚定的社会支柱，成为党联系群众的桥梁和纽带，成为国家政权最亲密的合作者。一批产业、地方和众多的基层工会迅速建立起来，到 1950 年年底，全国的工会会员从 1949 年的 237 万多人发展到 517 万人，建立了 16 个全国性的产业工会领导机构。到 1952 年年底，全国的工会会员人数达到了 1 002.3 万人，主要大中城市 90% 以上的产业工人都加入了工会，全国性产业工会增加到 23 个，[①] 基层工会发展了 20.7 万个，专职工会干部达 5.3 万人。我国工会在政权建设、生产建设和教育职工等方面，为新中国的建设创立了不朽的功勋。

1956 年，我国基本完成了对生产资料的社会主义改造，社会主义制度已经建立。但在这一年，国际和国内都出现了一些不安定的因素。国际上，苏共二十大揭露了斯大林的错误，在社会主义阵营引发了混乱，波兰和匈牙利先后出现了工人罢工和骚乱事件，帝国主义趁机掀起反共反社会主义的浪潮。在国内，由于在社会主义改造过程中，各种社会矛盾交织在一起，未能得到及时解决和妥善处理，一些地区和城市也出现了工人、农民、学生闹事的情况。面对这些新情况，中国共产党开始积极探索中国的社会主义发展道路，基层工会工作也面临着新的挑战。

1956 年 9 月，中共八大在北京举行，党的工作重心由抓阶级斗争转移到搞经济建设，为工会组织在社会主义建设事业中发挥更大的作用提出了新要求。1957 年 2 月，毛泽东发表了《关于正确处理人民内部矛盾的问题》的重要讲话，并在全党开展了以正确处理人民内部矛盾为主题的整风运动。1957 年 12 月，中国工会八大在北京召开，坚持和重申了工会七大所确定的基本方针，取得了一定的成绩。但是由于受“左”倾思想的影响，工会七大以来的一些正确主张并未得到真正地贯彻执行。

1958 年，中共八大二次会议后，全国范围内各条战线开始了阶级斗争扩大化运动。在人民公社化等运动中，“左”的错误严重泛滥，工会系统刮起

---

① 中华全国总工会．新中国建立初期工会运动重要统计资料［M］．/中国工会运动史料全书（电子版）综合第六卷附录五．北京：中国职工音像出版社，1997.

了“工会消亡”风，提出“为工会消亡而斗争”的口号。在全总党组第三次扩大会议后，实行工会权力下放，改变工会体制，大力精简机构，导致工会的作用大大削弱，使得基层工会工作遭到了严重挫折。在工会与党的关系问题上，把工会接受党的领导同发挥工会的作用区别开来，只强调工会必须绝对服从党的领导，不提工会的群众性和组织上应有的独立性。在工会与行政的关系上，只强调工会与行政的一致性，不提工会要维护职工的经济利益和民主权利，行使监督、管理职能以及与官僚主义现象斗争。在工会与群众的关系上，只强调工会在动员职工发展生产、维护国家利益方面的任务和作用，不提工会在代表职工群众、维护职工切身利益方面的任务和作用。由于思想认识上的片面性，阻碍了各地基层工会工作的深入开展和作用发挥。

1966～1976 年的“文化大革命”期间，全国总工会要求各级工会组织把“文化大革命”放在一切工作的首位，严重影响了各地基层工会业务工作的正常运转。“文化大革命”开始后，工会组织受到各种诋毁和污蔑，全总的各项工作陷入瘫痪，各地基层工会均遭到严重破坏，许多工会组织的领导权被造反派所篡改。尤其令人痛心的是，一些对社会有突出贡献的工运领袖、工会干部以及劳动模范惨遭厄运，工人之间也因为参加了不同的派系组织而相互攻击、残害，中国工运事业蒙受了巨大的损失。

粉碎“四人帮”后，全国总工会开展了清算“四人帮”的揭批查运动。1977 年 8 月，中共十一大提出要加强党对工会的领导，把工会整顿好、建设好，充分发挥工会应有的作用。揭批查运动使基层工会干部和广大职工群众从思想上辨明了是非，从精神上激发了他们参加经济建设、为实现四化贡献力量的热情。随着 1978 年全国总工会八届七次执委会和全国劳模座谈会的召开，全总机关、各地方工会和各产业工会开始恢复活动，我国基层工会也随之再次进入了一个新的发展阶段。

（三）改革开放及中国特色社会主义新时代（1978 年至今）

十年“文化大革命”的结束，为我国政治经济生活步入正轨创造了有利条件，也为工运事业的发展提供了新机遇，饱受磨难的工运事业迎来了历史性转机，逐步恢复了正常运行。1978 年 10 月，中国工会第九次全国代表大会在北京隆重召开。邓小平代表中央和国务院向大会致辞，充分肯定了新中国成立以来工人运动和工会工作所取得的成绩，并对工会工作和工会组织提出了殷切期望和具体要求。他指出，工会组织必须密切联系群众，使广大工人都感到工会确实是工人自己的组织，是工人信得过的、能替工人说话、为工人办事的组织，是不会对工人说瞎话、拿工人的会费做官当老爷、替少数人谋私利的组织。[①] 工会要为工人的民主权利而奋斗，反对形形色色的官僚主义，要做好全体会员的教育工作，努力改善工人的劳动条件和福利待遇。工会九大还论述了工人阶级新的历史使命，提出了新时期工会工作的基本方针是把工会工作重心转到经济建设上来。本次大会是中国工会一次继往开来的成功大会。此后，全国工会系统的拨乱反正全面展开，各地基层工会根据实事求是、有错必纠的原则，对“文化大革命”前的一些重大案件进行了复查甄别，对工运领域的冤假错案进行平反，我国工会运动从此掀开了崭新的一页。

1978 年 12 月，中共中央召开了具有重要历史意义的十一届三中全会，提出把党的工作重点转移到实现四个现代化上来，对我国工人运动和工会工作的发展产生了深远影响。1979 年 2 月，全总常委扩大会议提出：“工会的一切工作、一切活动都应当紧紧围绕着社会主义现代化建设这个中心进行。”[②] 1979 年 10 ~ 11 月，全总九届二次执委扩大会议进一步明确了工会维护职工合法权益不是“经济主义”，反映职工呼声、要求不是“工团主义”。由此，推动了工会指导思想的拨乱反正，各地工会组织得以恢复，工会会员人数激增，从 1957 年的 1 630 万人，增至 1984 年的 8 029 万人，占职工总数的 60% ~70% ,[③] 基层工会工作开始沿着正确的方向前进。

改革开放以后，中国工会迅速适应社会发展新形势，不断探索创新工会理论，并逐步开启了工会转型发展的新道路。1983 年 10 月，中国工会十大提出，新时期工人运动的根本任务就是把我国建设成为现代化的、高度文明、高度民主的社会主义国家。要把工会建设成为中国共产党领导的，独立自主、充分民主、职工信赖的工人阶级群众组织，在国家和社会生活中发挥重要作用的社会政治团体。要加强对职工的思想政治教育和文化技术教育，建设一支有理想、有道德、有文化、守纪律的职工队伍，充分发挥工人阶级在社会主义物质文明和精神文明建设中的主力军作用。为探索新时期工会工作的新路子，全总十届六次主席团会议提出了各级工会参政议政的工作任务。在国

---

① 中国工运研究所．工会工作拨乱反正［N］．工人日报：2015 - 04 - 13（01）．

② 中国工运研究所．中国工会读本［M］．北京：中国工人出版社，2014：253.

③ 王小波．经济全球化条件下的中国劳动关系与工会改革［D］．上海：复旦大学，2007：93.

家深化经济体制改革的大背景下，各地基层工会积极参与本单位的宏观决策，大力推进企业民主管理、积极参加分配制度和福利制度改革，充分发挥工会组织在推动经济体制改革中的作用。为此，全总党组向中共中央、国务院提出《关于工会参加党和政府有关会议和工作机构的请示》，使工会组织参政议政得到中央和地方各级党政的同意支持与社会的普遍认同；同时也积极参与各地机关部门和企事业单位的民主管理和决策工作，从源头上反映职工的呼声，维护职工的利益，为我国基层工会工作的发展开辟了一条重要途径。

但是，随后经济体制改革中厂长负责制的全面推开，带来了工人的地位失落感和企业干群关系的紧张。为了维护社会政治稳定，党和国家开始正视劳动关系的协调，并要求中国工会进行改革，在维护全国人民总体利益的同时，能够更好地表达和维护职工群众的具体利益。1988 年 9 月，全总十届六次执委会议通过了《工会改革的基本设想》，明确了工会的“维护、建设、参与、教育”四项基本职能，强调工会在全面履行四项职能时，要突出维护职能；在工作方式上，要防止和克服行政化的倾向，努力实现工会的群众化和民主化。1988 年 10 月召开的中国工会十一大，进一步确认了这一工会改革的基本思路，提出了工会的“一个中心、两个维护、四项职能”。1989 年 12 月，《中共中央关于加强和改善党对工会、共青团、妇联工作领导的通知》中强调，工青妇等群众组织应受同级党委和上级组织双重领导，以同级党委领导为主。至此，基层工会开始在同级党委和上级工会的双重领导下开展各项工作。

1992 年年初邓小平同志的南方谈话和 10 月党的十四大胜利召开，为我国工会事业的改革和发展带来了新的机遇和挑战。全国总工会推动全国人大于 1992 年通过了新《工会法》，明确规定“维护职工合法权益是工会的基本职责”，新《工会法》的贯彻实施，进一步推动了基层工会的改革和建设。1993 年 10 月中国工会十二大召开，党中央向工会提出了“积极探索有中国特色社会主义工会工作的新路子，努力开创工会工作新局面”的要求，推动了向市场经济转型中工会工作新思路的探索与实践。大会重新确立了一个中心、两个维护、全面履行四项职能的指导思想。1994 年《劳动法》颁布实施，全国总工会以此为契机和突破口，进一步突出工会的维护职能，再次强调维护职工的合法权益是工会的基本职责。1998 年 10 月中国工会十三大召开，党中央要求工会把自觉接受党的领导与独立开展工作结合起来，全面履行社会职能，切实把维护职工合法权益放在突出位置，使工会真正成为“职工之家”。随后，全总又围绕这一思路，相继提出“五突破一加强”的基本工作框架、“三个最大限度”的工作目标和“抓机制、办实事、转作风、求实效、促发展”的工作思路，强调一手抓调整劳动关系的机制建设，一手抓为职工群众办实事的工作策略，以更好地保护、调动和发挥广大职工群众投身改革和发展的积极性和创造性，提高工会工作的整体水平，为我国基层工会顺利进入21世纪奠定了良好的基础。

为适应市场经济发展所带来的新变化，21世纪以来，我国工会在工运理论与工作方针方面进行了许多新探索。2004年12月，全总十四届二次执委会议上，正式将“组织起来、切实维权”确立为工会工作方针。2005年7月，全总十四届六次主席团会议审议通过了《关于坚持走中国特色社会主义工会发展道路的决议》，从根本上解决“建设什么样的工会，怎样建设工会”的重大问题。2006年7月，全总十四届九次主席团会议明确了“促进企业发展、维护职工权益”的企业工会工作原则。2006年12月，全总十四届十一次主席团会议提出了“以职工为本，主动依法科学维权”的中国特色社会主义工会维权观。2008年10月中国工会十五大提出我国工会要坚持走中国特色社会主义工会道路，努力建设中国特色社会主义工会。中国工会十五大后，各地基层工会紧紧围绕中国特色社会主义工会发展道路这一主线，继续坚持理论和实践的探索开拓，不断得到新的升华和完善。

2010年2月，全总发布《关于加强和改进新形势下工会自身建设的决定》，着力打造一支政治坚定、业务扎实、作风过硬、廉洁自律的工会干部队伍。为了密切与职工群众的关系，2012年各级工会组织开展了“面对面、心贴心、实打实服务职工在基层”的活动。2013年10月中国工会十六大提出，要牢牢把握为实现中华民族伟大复兴的中国梦而奋斗这个工人运动的时代主题，围绕全面深化改革的新要求和全面建成小康社会的新任务，回应职工群众的新期待，坚持改革创新，振奋精神，真抓实干，努力开创工会工作新局面。工会十六大激励着各级工会组织团结引领广大职工立足本职建功立业，积极投身于为实现中国梦而奋斗的火热实践中，谱写了我国工运事业的新篇章。2015年7月，中央党的群团工作会议分析研究了新形势下党的群团工作面临的新情况、新问题，并要求工会组织和工会工作要切实保持和增强政治性、先进性、群众性，彻底去除机关化、行政化、贵族化、娱乐化倾向，提高工会工作科学化水平。群团改革带来了基层工会的春天，全国各地基层工会紧紧围绕群团改革精神，结合工作实际和会员需求，不断推进工会工作的改革创新，加强组织建设和思想引领，拓展服务平台，创新服务方式，提高服务质量，促使基层工会焕发出一片生机。

2017年10月党的十九大胜利召开，习近平总书记的报告通篇贯穿了“以人民为中心”的思想，充分展示了我们党不忘初心、为人民谋幸福的宗旨意识和执政取向，对工人阶级和工会工作做出新部署、提出新要求，为工会工作指明了前进方向，提供了强大动力。各级基层工会迅速掀起学习十九大精神热潮，并将其运用落实到具体工作之中。围绕贯彻新发展理念、建设现代化经济体系，提高保障和改善民生水平、加强和创新社会管理等决策部署，以实实在在的举措，使工作思路、工作目标更加符合党的十九大精神，找准工会组织贯彻落实党的十九大精神的切入点、着力点和落脚点，谋划好、开展好工会各项工作。组织引导广大职工在推进转方式调结构、全面深化改革等工作中深入开展建功立业活动，依靠自己的辛勤劳动创造幸福美好的生活，基层工会正紧跟时代步伐，踏着时代足音，走向辉煌未来。

二、基层工会建设取得的显著成就

改革开放以来，我国亿万职工充分发挥工人阶级主力军作用，以高度负责的主人翁精神，极大地推动了社会生产力的解放和发展，为我国的改革开放事业做出了历史性贡献。改革开放的伟大实践，同样也为基层工会的发展提供了广阔空间和巨大动力。各地基层工会始终坚持围绕中心、服务大局，认真履行工作职能，充分发挥独特优势，在促进企事业改革发展、组建工会和发展会员、维护职工合法权益、推进基层民主政治建设以及维护职工队伍团结和社会和谐稳定等方面，做了大量扎实有效的工作，取得了丰硕的成果，基层工会焕发出蓬勃的生机和活力。

（一）加强工会组织建设，不断扩大基层工会覆盖面

为了适应我国所有制结构、企业状况和职工队伍发生的深刻变化，各地基层工会按照“扩大覆盖面、增强凝聚力”的要求，坚持“党建带动工建、工建服务党建”的原则，大力加强工会组建工作，不断扩大工会工作覆盖面、增强工会组织凝聚力。通过整顿重建破产国有企业工会组织，广泛吸纳

农民工会员，大力推动非公有制企业组建工会，健全基层女职工组织，推进职工之家建设等方式，工会组建和会员发展取得突破性进展，基层工会组织、会员数量、工会组建率和职工入会率都有了很大提高，基层工会组织建设呈现出蓬勃发展的态势。截至 2013 年 6 月底，全国基层工会组织达 275.3 万个，全国工会会员总数发展到 2.8 亿人，其中农民工会员达到 1.09 亿人，覆盖基层单位 637.8 万家，职工入会率达到 81.1%。

1. 实现了工会组建领域由国有企业向非公有制经济的拓展

改革开放初期，工会工作的领域完全集中在公有制经济单位特别是国有企业。20 世纪 90 年代中期以后，随着国有企业改革力度加大，国有企业数量大大减少，职工队伍数量急剧下降；与此同时，非公有制经济迅速发展，职工队伍迅速扩大。面对非公有制经济快速发展，职工队伍迅速向非公有制企业流动、集中的新情况，各基层工会一方面高度重视国有、集体企业改制过程中的工会组织重建、整顿和加强，确保工会组织不涣散，会员不流失；另一方面，以非公有制企业和外商投资企业为重点领域，大力推进新经济组织和新社会组织组建工会，努力攻克跨国公司和在华企业组建工会，积极探索非公有制企业工会组建的新途径、新方式，取得了突破性的进展。以山西省为例，截至 2011 年 6 月底，山西省建立工会组织的非公有制企业数已达到 57 124 个，非公企业工会组建率为 98.06%①。而从全国范围来看，截至 2012 年 6 月底，非公有制企业法人建会 343.53 万家，建会率达 82.73%，发展会员 9 929.01 万人，职工入会率 72.95%，实现了工会工作的主要领域向非公有制企业的转移。

2. 实现了工会组建对象从体制内职工向全部企业职工的覆盖

我国改革开放的深入发展使职工规模和结构都发生了巨大变化，尤其是农民工作为一支新型劳动大军，2012 年年底总人数已经达到 2.6 亿，占据了我国职工队伍的半壁江山。为了适应职工队伍发展的新形势、新变化，中国工会十四大明确指出：进城务工人员是工人阶级队伍的新成员，工会要把他们广泛组织起来，切实维护他们的合法权益。此后，各基层工会进一步明确

---

① 王晓易 . 截至 2011 年 6 月底山西省非公企业工会组建率 98% [EB/OL]. http: //news.163.com/11/0717/15/796446SN00014JB5.html. 2011 - 07 - 17/2016 - 05 - 06.

了维护农民工合法权益的职责，把吸收农民工入会作为工会组建工作的重点，在组织体系、工作机制、组建模式、组建方式和会员管理上进行了一系列创新，最广泛地组织和吸引农民工加入工会。到 2013 年 6 月底，全国 2.8 亿工会会员中，农民工会员已经达到 1.09 亿人。与此同时，2007 年以来，各级工会实施推进世界 500 强等跨国公司在华企业集中建会行动，坚持把职工作为建会的主体，加大宣传职工、组织职工的力度，带动了戴尔、柯达、麦当劳等一大批跨国公司建立工会组织，扩大了中国工会在国际工运舞台上的影响。截至 2012 年年底，世界 500 强在华企业建会 3 053 家，建会率为 91.9%。

3. 健全了地方乡镇（街道）—村（社区）—企业“小三级”工会组织体系

随着我国工业化、城镇化的发展，区域经济逐步向工业园区集中、向乡镇延伸，在许多乡镇和工业园区，聚集了大量的企业和职工。为了适应小微型非公有企业建会和维权的需要，各地基层工会积极探索和完善以乡镇（街道）工会为龙头，村（社区）、各类经济区工会为中间层，企业工会为基础的乡镇（街道）—村（社区）—企业“小三级”工会组织体系。据统计，到 2012 年年底，全国共建立基层工会联合会 12.14 万个，覆盖小微型企业 312.97 万个。全国地方“小三级”工会组织网络基本形成，初步实现工会组织从城市向乡镇、社区和农村的延伸和拓展，有效提高了工会工作的覆盖面。与此同时，市场工会、项目工会、社区工会、楼宇工会、农业产业链工会等多种组织形式竞相迸发，在促进劳动关系和谐、维护职工权益中发挥着无可替代的作用。

（二）履行工会职能职责，维护职工合法权益迈上新台阶

为了适应社会关系、经济关系、劳动关系的深刻变化和构建社会主义和谐社会的客观要求，基层工会坚持以职工为本，主动依法维权，抓住发展和谐劳动关系这条主线，把维护职工合法权益贯穿于推动改革、促进发展、积极参与、大力帮扶的全过程，致力于建立健全科学有效的利益协调机制、诉求表达机制、矛盾调处机制、权益保障机制。充分发挥工会与党政联席会议制度、劳动关系三方协商机制的作用，加强协调劳动关系和经济利益关系，

宏观参与和源头维护成效显著。抓住劳动合同、集体合同和职代会三个关键环节，推进工资集体协商，开展创建劳动关系和谐企业活动，基层协调劳动关系机制进一步完善。推动工会组织领导下的维权机制建设，创造了社会化维权、双向维权、城际工会维权联动机制等新经验，形成了党和政府主导、工会运作、社会参与的社会化维权格局。

1. 推动形成了维护职工合法权益的法律体系

面对劳动法律体系尚不健全、职工权益和工会工作缺乏法律保障的现实困境，基层工会不断加大本单位建章建制及其监督执行的参与力度，推动涉及职工切身利益规章制度的健全和实施。一方面，主动与有关职能部门建立工作联系制度，组织职工就本单位发展规划、改革建设、人员评聘、奖惩考核、福利待遇、住房分配等重大制度草案提出意见建议，向党委和有关部门反映职工诉求和工会主张，努力从立法源头上保障职工的利益。同时积极参与涉及职工切身利益的就业、分配、保障等地方性法规和政策的制定实施，依法建会、依法维权的法律保障体系初步形成。另一方面，主动配合各地开展《工会法》《劳动法》《安全生产法》等人大执法检查、政府监察、政协视察活动，推动各地解决法律实施中的突出问题，促进劳动法律法规的实施，为切实维护职工合法权益做出了努力。

2. 推动建立了工资协商和集体合同制度

建立工资协商、集体合同制度以及劳动关系协商制度，是市场经济条件下切实维护劳动者合法权益的重要手段和基础环节，对于促进劳动关系和谐稳定具有十分重要的作用。各基层工会坚持依法治国、依法建会、依法管会的理念，依据《劳动法》《企业工资条例》《女职工劳动保护特别规定》等法律法规，积极推进工资协商和集体合同制度，保障职工获得公平报酬的权利。截至 2013 年 6 月，全国共签订集体合同 244.6 万份，覆盖企业 584.8 万家，覆盖职工 2.8 亿人；签订专项集体合同 130.2 万份，覆盖企业 324 万家，覆盖职工 1.5 亿人，已建会企业工资集体协商建制率达 70% 以上，世界 500 强在华企业工资集体协商建制率达 90% 以上。此外，各基层工会还积极推动建立了劳动关系协商制度，越来越多的非公有制企业通过职工大会、劳资协商、职工恳谈会、职工接待日、厂务公开等形式，落实职工的知情权、协商权和监督权，有力维护了职工群众的劳动权利和经济利益。

3. 建立健全了职工社会保障体系

根据国有企业改革过程中出现的新情况，基层工会积极协助党委、政府，做好下岗职工基本生活保障和再就业工作，推动“两个确保”“三条保障线”，特别是“低保”政策的落实，以养老、医疗、失业、工伤、生育保险为主要内容的职工社会保障体系逐步形成。兴办了一大批困难职工帮扶中心，通过建立困难职工档案，积极协助当地民政部门对企业“低保”对象进行排查，发放“低保”资金，享受“低保”的职工人数达 2 064.7 万人，全国 447 个地市工会、大多数县级工会以及 18 万个基层工会建立了特困职工档案；80 多万名各级党政干部和工会干部，与近 100 万低收入职工家庭建立了帮困关系，帮助他们解决生活困难和就业问题。此外，基层工会积极响应和大力开展职工互助合作保险，为职工构筑抵御风险的第二道防线。目前，全国各种职工互助合作保险组织已有 8 万多个，参加了互助合作保险的职工人数已达 2 400 万余人，累计有 600 万余人次获得了保险给付。

（三）实施送温暖工程，困难职工帮扶体系逐步完善

面对国有企业改制和经济结构调整过程中出现的一些职工合法权益受损、部分职工生活出现困难等情况，各基层工会把深入实施送温暖工程，关爱和帮扶困难职工作为维护社会稳定、促进和谐发展的重要工作来抓，不断完善困难职工帮扶机制，健全帮扶工作网络，拓展资金来源，丰富帮扶内容，加强法律援助，实现了帮扶送温暖常态化、长效化。各地已经形成就业帮扶、生活救助、医疗互助、法律援助等常态化帮扶机制，帮扶超市、爱心医院、爱心学校、创业示范基地、技能培训基地等帮扶载体不断出现，为广大职工提供及时、全面、细致的帮扶和服务，基层工会组织成为职工群众信赖的“职工之家”，广大基层工会干部成为职工群众信赖的“娘家人”。

1. 大力推进职工就业精准帮扶取得新成效

就业是民生之本，促进就业是和谐之基、安国之策。各基层工会高度重视职工就业问题，以企业下岗职工、农村转移劳动力和困难职工家庭、高校毕业生等就业困难群体为主要服务对象，以推动就业政策落实、提升职工就业能力、拓展职工就业渠道、扶持职工自主创业、提高职工就业质量等为主

要服务方式，为就业困难职工提供帮助，实现精准帮扶解困。以 2016 年为例，各地工会组织专场招聘会 1.7 万场次，成功介绍就业 252.7 万人；为 300 万名农民工提供就业和创业培训，帮助 30 万名农民工提升学历水平，“两节”期间帮助 476 万人次农民工平安返乡，19.5 万名困难农民工子女拿到来自工会的助学款总计 3.6 亿元。积极引导职工群众投身大众创业、万众创新，广泛开展技能提升、技术创新活动。各地基层工会因地制宜实施小额贷款工作，通过发放工会小额贷（借）款，支持引导农民工以创业带动就业。2016 年 1 ~9 月，河南省 902 名农民工获得小额贷款 945 万元，湖北省职工获小额创业贷款近亿元。

2. 义务提供职工劳动法律援助取得新进展

为了切实维护职工的合法权益，发展社会主义和谐劳动关系，各级工会制定了《工会法律援助实施方案》和法律援助制度，设置工会法律援助机构、法律援助中心、法律援助工作站等，由工会公职律师、专兼职劳动争议调解员、劳动保障法律监督员等为主体的工会法律工作者和以法律专家、学者、律师为辅的社会法律工作者为职工群众提供法律咨询和无偿法律服务，在劳动争议调解、仲裁、诉讼等各个环节有效地维护了职工群众的合法权益。2012 年年底，各级工会建立法律援助服务机构 1.3 万个，法律援助工作人员达 3.6 万人，工会法律援助志愿者 5.6 万人，10 年来共受理法律援助案件 49.4 万件。此外，各地工会还紧跟时代步伐，不断创新职工法律援助方式，为广大职工群众提供服务便利。上海市纵向到底不断推进工会法律援助网络实体化建设，职工可以根据个人需要到各区劳动人事争议仲裁院或法院的工会法律援助窗口或调解工作室、全市实体化运作的 217 个工会法律援助服务站点以及 89 个上海工会法律援助服务网络平台寻求方便快捷的法律援助。

3. 积极推进农民工帮扶取得新成绩

针对结构性改革给农民工生产生活带来的新问题，基层工会认真贯彻落实党和政府关于解决农民工问题的战略部署和政策措施，广泛吸引农民工加入工会组织，建立健全农民工帮扶的工作机制，认真探索农民工帮扶的方法路径，加大对农民工的帮扶力度。深入开展为农民工送温暖、送文化、送清凉、送健康、送安全等活动，把“农民工有困难、要维权找工会”的要求落到实处，事关农民工切身利益的工资拖欠、就业培训和子女入学难等一些突出问题正在逐步得到解决。2015 年各级工会帮扶农民工 250 多万人次，为农民工提供就业服务 285 万人次，组织在岗农民工技能培训 174 万人次，累计发放工会小额贷（借）款 2.53 亿元，并为 225 万农民工追回被拖欠工资 227 亿元。成都市青白江区 2015 年新增农民工入会 10 647 人，共有农民工 6.02 万人，其中有 5.9 万农民工加入工会组织，占全区工会会员的 54%。同时依托当地 1 个新市民学校培训基地、11 个基层培训站、4 个教学点，为农民工 2 389人次开展新市民素质教育培训和就业技能培训，通过培训，增强了农民工融入城市生活的信心和能力，提升了农民工城市归属感。

（四）开展建功立业工程，引领职工为改革发展做贡献

面对全面建设小康社会的新任务和实现中华民族伟大复兴中国梦的新要求，基层工会深入实施“素质建设”工程和“建功立业”工程，充分发挥劳动模范的示范引领作用，团结动员广大职工以建设社会主义事业主力军高度的责任感和使命感，自觉站在时代前列，大力发扬主人翁精神，积极投身改革开放和现代化建设的浪潮中，为推动社会经济又好又快发展做出了卓越贡献。

1. 教育引导广大职工全面提升自身素质

充分发挥工会“大学校”的作用，深入实施职工素质建设工程，促进职工队伍思想道德、科学文化、技术技能等综合素质的全面提升。广泛开展以社会主义核心价值体系为主题的公民道德建设和法制宣传教育活动；以重大节庆日、纪念日为契机，大力开展形势政策宣传教育，坚定广大职工的共同理想信念；深入开展职工素质建设工程，不断推进企业文化和职工文化建设。通过开展“创建学习型组织，争做知识型职工”活动，依托岗位抓好培训，以名师带徒、岗位练兵、技术协作、技能升级、推广先进操作法等方式推动职工群众科技创新；组织职工参加劳动技能大赛、技术培训、技术创新等，掀起了学技术、比技能的热潮。创新示范岗、创新能手、技术创新成果大量涌现，高技能人才、“首席工人”茁壮成长，技术工人登上国家科技奖最高领奖台，充分展示了新时代我国职工的风采。据统计，2003～2013 年，全国参加企事业工会组织的劳动竞赛职工达 6.1 亿人次，职工向企业提出合理化建议 8 723.5 万条，职工技术革新 563 万项，职工发明创造 136.8 万项。

2. 着力推进基层工会组织搞好自身建设

顺应市场经济发展给工会工作带来的新挑战，基层工会按照《关于加强和改进新形势下工会自身建设的决定》《关于进一步加强基层工会工作的决定》等文件精神，以夯实组织基础，进一步加大建会力度，努力扩大基层工会覆盖面，增强工会组织的凝聚力。改进工作作风，密切联系职工群众，扎实开展“面对面、心贴心、实打实服务职工在基层”活动，解决职工群众实际问题，2012 年各地工会成立服务职工工作组 5.2 万个，组织工会干部 103 万次，深入 40 万家企业与 758 万名职工交流，为职工解决突出问题 9.5 万多件。关心关爱广大女职工，切实保障女职工的合法权益和特殊利益；工会女职工组织不断发展，2013 年 6 月全国各级女职工组织达 254.1 万个。加强工会领导班子和干部队伍建设，激发了广大工会干部的积极性和创造性。加大对工会工作的宣传力度，充分展示广大职工在改革建设中的辉煌业绩和精神风貌。积极争取党政支持，不断强化工会财务、资产监管和推动企事业发展等工作，服务职工的物质基础进一步增强。

3. 团结动员广大职工积极投身改革建设

基层工会认真履行建设职能，将推动经济建设、促进国家发展、实现社会进步作为重要任务，组织动员广大职工发挥工人阶级主力军作用，积极投身社会主义现代化建设。充分发挥劳模的示范引领作用，加大宣传许振超、李斌、孔祥瑞、王洪军、窦铁成等一大批先进模范人物，广大职工学习劳模、争当劳模，立足本职岗位、争创一流业绩，“劳动光荣、知识崇高，人才宝贵、创造伟大”已经成为时代最强音。高扬“工人先锋号”旗帜，深入开展多种形式的劳动竞赛建功立业活动，广泛开展“共同约定行动”“当好主力军、建功‘十二五’和谐奔小康”和创建“工人先锋号”“我为节能减排做贡献”、建设创新型企业等活动；组织广大职工积极投身于三峡工程、青藏铁路、奥运工程、载人航天、首次月球探测等重点工程建设、抗击重大自然灾害、推动企业改革创新发展，促进了经济社会平稳较快发展。

（五）坚持工运理论研究，推动工会事业持续发展

随着改革开放的不断深入和社会主义市场经济的持续发展，工会工作领

域变得更加广阔，工作对象变得更加复杂，工作内容变得更加丰富，工作方式变得更加多样，工作环境也发生了很大变化，这些都迫切要求基层工会加强工会运动和工会工作理论研究，将理论研究和实际工作有效结合起来，不断创新和丰富工运理论研究成果。面对新形势和新要求，各基层工会坚持实事求是的原则，立足国情市情会情，结合自身的特点和优势，围绕服务大局和服务职工，坚持以理论创新带动工作创新，推动了基层工会工作的全面发展。

1. 取得了丰硕的工运理论研究成果

改革开放40年来，基层工会在党的领导下，勇于实践，大胆探索，不断深化对经济关系和劳动关系发展规律、工人阶级队伍发展规律、工人运动和工会工作发展规律的探索和研究，形成了一系列理论创新成果。例如，关于工会工作与党和国家工作大局的关系，强调工会工作是全局工作的一部分，工会工作要服从服务于全局。关于工人阶级的地位和构成，强调工人阶级是我国的领导阶级，是我们党最坚实最可靠的阶级基础。在新阶段工人阶级已经成为一个包括产业工人、其他工人、知识分子、管理干部在内的脑力劳动者与体力劳动者不可分割的统一整体。关于工会的性质和地位，强调工会是中国共产党领导的职工自愿结合的工人阶级的群众组织，是党联系职工群众的桥梁和纽带，是国家政权的重要社会支柱，是会员和职工利益的代表。关于工会的职能职责，强调要全面履行维护、建设、参与、教育的社会职能，尤其要突出维护职能；工会的维护是两个维护的统一，即在维护全国人民总体利益的同时，要更好地表达和维护职工群众的具体利益；通过维护职工合法权益，保护、调动和发挥职工积极性，使其全身心投入到推动改革、促进发展、维护稳定中来。

2. 形成了中国特色社会主义工会理论体系

党的十六大以来，广大基层工会和工会干部主动适应我国经济关系、劳动关系和职工队伍的发展变化，在上级工会的带领下，着眼于破解“走什么样的工会发展道路、建设什么样的工会”这一重大时代课题，把党中央关于工人阶级和工会工作的重大理论与中国特色社会主义理论体系统一起来、融会贯通，创造性地提出要坚定不移地走中国特色社会主义工会发展道路，明确了中国工会的发展方向。贯彻“组织起来、切实维权”的工会工作方针，确立了社会主义工会的维权观。强调必须以职工为本，做到全面履行各项社会职能、突出维护职能，把维护职工权益贯穿于推动改革、促进发展、积极参与、大力帮扶的全过程。明确农民工是工人阶级的重要组成部分，进一步丰富了党的工人阶级理论；强调要正确认识我国劳动关系非对抗性的特点，以发展和谐劳动关系为主线，推动劳动关系双方的协商共谋、机制共建、效益共创、利益共享，建立和发展规范有序、公正合理、互利共赢、和谐稳定的社会主义新型劳动关系，为工运事业的繁荣发展奠定了坚实基础。

3. 指引着工会工作不断开创新局面

改革开放以来，基层工会按照“组织起来、切实维权”的工会工作方针，充分发挥党联系职工群众的桥梁纽带作用，将工运理论研究与工会工作实际相结合，以职工群众为本，依法建会、依法办会、依法管会，充分发扬民主，努力克服形式主义、官僚主义和机关化、行政化倾向，积极创新工作方式，取得了突出的工作成效。在组织建设方面，深入开展建设职工之家、双爱双评、创建和谐劳动关系企业等活动，不断增强工会组织的吸引力、凝聚力。坚持工会组建与作用发挥并重，建立健全工会规章制度，逐步推进工会组织建设的规范化。在服务职工群众方面，围绕党委、政府和广大职工普遍关注的重大问题，从提供服务、反映诉求、规范行为的要求出发，着眼于新型劳动关系的建立、运行、监督、调处等，推动工会组织领导下的维权机制建设，进一步建立健全利益协调机制、诉求表达机制、矛盾调处机制、权益保障机制。针对职工的多样化、个性化需求，提供精准、有效、科学的高质量服务，职工群众对基层工会满意度大大提升。在扩大工会工作影响方面，充分重视宣传策划工作，利用互联网等新兴媒体，不断拓展工作平台和创新工作方式，加大先进典型和劳动模范的宣传力度，加强思想引领和舆论引导，打造线上线下相结合的工会工作模式，进一步扩大了基层工会的社会影响。

三、基层工会工作存在的突出问题

回顾历史，我国基层工会在工运理论研究和工会工作实践中做了大量工作，取得了有目共睹的显著成效。但是与此同时，基层工会作为党直接联系职工群众最紧密的桥梁和纽带，作为职工群众利益的直接代表者和维护者，在不断适应市场经济体制，逐步建立完善维权机制、参与机制、协调机制、运作机制、保障机制的过程中，还是暴露出一些与党政期望、职工期盼和社会发展不相适应的问题。这些问题有些是历史遗留问题，有些是我国经济社会发展和演变过程中出现的新问题，它们主要体现在以下几个方面：

（一）基层工会定位不够明确，导致工作方向发生偏离

新中国成立到改革开放前，我国基本实行的是单一的计划经济体制。在这一体制下，工会从建立、运行到管理、监督都是依靠党和政府，实行的是单一的工会制。基层工会在实际工作中长期服从党委和上级工会的领导，忽略了自身是工人阶级群众组织这一根本性质，久而久之变成了间接的行政机关。虽然改革开放以来，党和政府一再强调工会组织的群众性，突出维护职能，但是基层工会的行政化顽疾依然没有得到有效去除，工会定位依然比较模糊，导致基层工会工作方向有所偏离，履行职能没有完全到位。

基层工会定位不够明确，主要表现在：一是基层工会对党委行政的依附性较强。在我国现行的行政体系中，国有企事业和机关单位工会，均毫无例外的是具有一定行政级别的单位职能部门，工会干部的身份也基本上是具有国家行政编制的工作人员，其录用、提拔、考核均是依照国家公务员的方式和标准进行，这样无形中导致基层工会多以党政工作为中心，难免在履行自身职能方面产生偏差。二是企业工会多偏向于组织生产建设。企业工会虽然形式上受上级工会和所属企业党委的双重领导，但实质上更多的是在上级工会领导下协助企业领导对企业进行管理，以组织企业职工投入生产建设为主。企业工会维护职工权益的职能几乎被执行企业管理层的决策所取代，导致职工群众出现困难不会想到工会寻求帮助，使得企业工会越来越脱离群众。三是工会干部存有明显的行政化倾向思想。由于基层工会干部的任免、升降均由所在单位党委行政决定，即便少数企事业单位履行了职工选举工会干部的程序，但大多只是走走形式而已，因此大多数工会干部只看重党委行政命令的执行，而忽略代表职工群众利益的根本定位。他们不愿接触职工，与群众交流少，对群众关心的事情不管、不问、不顾，甚至为了个人利益不惜牺牲职工群众利益。

（二）基层工会组织建设滞后，导致工会影响力受限

随着计划经济向市场经济体制的转轨，基层工会应势而谋、因势而动、顺势而为，积极响应党中央和全总号召，加强工会组织建设，扩大组织覆盖面，提高职工入会率，取得了突出成效。但是，基层工会组织建设依然存在不少亟待解决和完善的问题，依法建会、依法管会尚未得到真正落实，基层工会的作用并未得到充分发挥，工会在职工群众心中的形象受到损害，很大程度上对工会的影响力产生了消极作用。

1. 基层工会违法建会、管会现象比较突出

按照《中华人民共和国工会法》（以下简称《工会法》）的规定，"各级工会委员会由会员大会或者会员代表大会民主选举产生。"但一些基层单位完全忽略了这一民主程序，广大职工群众的民主选举权并未得到真正落实和有效保障，基层工会委员和工会主席多是由党委直接任命，有些企事业单位甚至存在违背"中国工会实行产业和地方相结合的组织领导原则"，未经上级工会同意随意任命、变更、撤换工会委员或主席。同样，按照《工会法》规定，基层工会组织应该具有社会团体法人资格，实行工会经费独立核算。然而，现实中不少基层工会尤其是民营企业和外资企业工会组织建设都不健全。虽然名义上成立了工会，但大多数有名无实，只是多了一张牌子；他们没有独立核算的工会经费，也没有成立工会经费审查委员会，工会工作需要开支经费，则多以项目形式向行政进行申报；由于行政拨付工会经费的随意性较大，客观上影响了工会工作的积极性、主动性，造成工会职能落实不到位。此外，一些企业没有建立职代会制度，工会干部多由其他工作人员兼任，客观上造成工会工作被弱化、边缘化，职工权益得不到有效保障。

2. 机关事业单位工会组织的覆盖不全面

虽然当前我国机关事业单位基本建立了工会组织，配有专门的工会干部，并将具有事业编制的职工全部吸纳为工会会员。但是随着机关事业单位有关工作市场化的推进，许多单位聘用了一些人事关系不在本单位的社会人员和农民工作为后勤服务人员，形成了"在编人员"和"聘用人员"的区别。不少单位为了节省用工成本，将这些"聘用人员"排除在工会大门之外，使其

无法与“在编人员”享受同工同酬的平等地位。有些单位甚至违背《劳动法》，不愿意和“聘用人员”签订用工合同，使其不得不沦落到“临时工”的状态，在用人单位普遍遭受劳动歧视，甚至没有最低工资保障和社会保障，缺乏基本的劳动权益保障。此外，部分事业单位工会组织机关化、行政化倾向突出，严重脱离职工群众，无法代表职工反映诉求，依法维护职工合法权益。部分职工面临生活困难、就业压力、权利受损时，没有在第一时间得到工会组织的有效帮扶，影响了职工群众对工会的信赖，少数职工的对抗情绪还依然存在。

3. 企业工会组织建设令人担忧

从会员角度来看，企业工会会员正面临逐渐减少的危险。一方面，国有企业进行的改革、改组、改制、主辅分离，导致大量原国有企业职工失去“国家工人”的身份，甚至被分流下岗失去工作，国有企业工会会员正在大量流失。另一方面，非公有经济领域内的临时工、农民工等流动性强的劳动群体，由于对工会的性质、宗旨、职能缺乏基本了解，对加入工会抱着一种无所谓的态度，尤其是大量服务行业、建筑行业的农民工基本都未加入工会。这些大量游离于工会大门之外的职工群体，一旦长期受到不公平对待而又缺少权益救助帮扶，必然会导致他们对社会与政府产生不满，甚至采取一些极端行为予以报复或发泄，给他人和社会带来危害。从企业角度来看，当前大多数私营企业、外资企业对工会组织存有不同程度地偏见，误将工会视为与企业进行对抗的职工群众组织，对工会怀有抵触情绪。这些企业或者没有组建工会，或者被迫成立工会，但工会组织明显不健全，不能将绝大多数职工覆盖在内。一些建立了工会的企业不愿提供充足的人财物资源，使工会不得不陷于名存实亡的境地。

（三）基层工会维护职能缺失，导致职工权益有所受损

伴随着新时代社会生产关系的巨大变化，带有“劳资性质”的新型劳资关系开始大量涌现。劳动关系的市场化转变，要求工会必须实现角色调整的自身转变。由计划经济时期国家政权的组成部分，转变为劳动者权益的代表者和维护者。然而，现实是中国工会定位的“错位”，导致工会职能的“缺位”，基层工会普遍存在本质职能不清晰、缺乏职工群众基础、机关化和行

政化倾向严重的问题。虽然《中国工会章程》赋予工会组织“维护”“建设”“参与”“教育”四大社会职能，并且突出强调“维护”职能，但是我国所有法律都并未赋予工会具有强制的手段或刚性的方式去实践其代表资格、履行其维权职能。基层工会维护职工权益的方式仅限于收集民意、反映诉求、提出建议等沟通协调手段，对企业危害职工权益的行为不具有惩罚性和强制性。因此一旦企业对工会提出的建议不予采纳，工会就不能及时有效制止侵犯职工合法权益的行为。有时面临态度强硬、蛮横不讲理的资方代表，基层工会甚至不敢、不愿或不能代表职工直接与其进行磋商，有的工会干部在单位职工权益受到侵害时，甚至代表单位和职工打官司，最后因败诉而引起舆论哗然。[①] 可见，缺乏维护职工权益的有效手段，客观上使得基层工会无法有效履行维护职能，职工权益面临受损的危险。

同时，随着“80 后”“90 后”青年职工成为我国新一代职工队伍的主体，他们的价值取向更加务实，法律和权利意识不断提高，维权意识也大幅提升；他们要求共享发展成果的呼声不断增强，要求受到公平、公正对待的权利意识和通过集体方式维护自身权益的愿望也愈加强烈，在某些地方甚至出现因工会不作为而被工人告上法庭的事件。这些事件充分说明了工人对工会作用的充分觉醒，也显示出工会组织不再是经常被忽略、被淡忘、被边缘化的可有可无的组织了。基层工会必须顺应新形势，主动迎接新挑战，及时回应职工新需求，全面履行“四大”社会职能，尤其突出维护职能，真正成为职工群众信赖的“娘家人”。

（四）基层工会工作方式落后，导致服务职工效率不高

在计划经济时期，我国经济发展比较缓慢，社会环境比较封闭，科学技术尚且落后，政治上实行比较单一的运行机制，职工规模不大、数量不多，职工思想相对保守，民主、权利意识尚未完全觉醒，他们诉求单一、要求不高、服从管理。在这一时期，基层工会主要以促进经济发展、维护社会稳定为主要任务，工作内容相对简单，工作方式基本与政府行政机关并无两样，主要包括开会、发文、慰问、搞活动等。随着市场经济的深入发展，基层工会面临的社会形势、经济体制、利益格局以及职工群众都发生了巨大变化，

---

① 杨玲．转型期工会社会治理的问题与对策研究［D］．湖南长沙：中南大学，2011：19.

人们的思想观念、行为习惯、精神状态、利益诉求更加多元化、复杂化和个性化，推动着政府从“管理型”向“服务型”转变，工会从“活动型”向“服务型”转变。然而，面对这些翻天覆地的变化，一些基层工会却不为所动、不以为然，依然沉浸在计划经济时代的封闭保守状态。虽然基层工会组织的数量不少，但是往往组织松散、工作懒散，工会的作用并未得到真正发挥。由于机关化、行政化倾向未得到彻底改善，形式主义、官僚主义作风仍然普遍存在，职工有困难找工会，“门难进、脸难看”的现象并不鲜见，职工对基层工作的认可度不高，工会组织形同虚设。一些基层工会对自身的职能职责不够明晰，仍然继续沿用传统的发文、开会、当面慰问、搞搞活动等传统方式开展工作，导致工会工作效率低，工作覆盖面窄，工作影响力小，不能较好地适应市场经济发展的需要和满足职工群众的需求。

（五）基层工会队伍建设不够，导致工作落实不到位

由于基层工会长期被忽视、弱化，工会工作缺乏必要的人财物支撑，其中高素质工会干部的缺乏显得尤为突出，客观上造成基层工会有心无力，履职不到位，工作效率不高，引发职工群众不满，基层工会处于“两头不讨好”的两难境地。当前，基层工会普遍存在干部素质不高、责任心不强、创新意识差、业务能力低等问题，虽然大多数机关部门和企事业单位都建立了工会，但是工会工作并未得到应有的重视，工会也无奈地沦为单位老弱病残职工的“安置所”和“疗养院”。这些工会干部有的“泥菩萨过河，自身难保”，经常带病住院，无法顾及工作；有的即将退休，“多一事不如少一事”的消极心态，使其不愿推动工作。一些企业虽然设置了工会，但是并未配置专职工会干部，工会被纳入办公室、人事部门或组织部等，几块牌子一套班子，工会干部为清一色的“兼职人员”。由于兼职工会干部承担的任务较多，他们将主要精力投入其他工作，工会工作常常被忽视、被淡忘，工会组织形同虚设，变成实实在在的“空架子”。

随着社会经济的转型，职工规模不断扩大，职工需求不断增多，以及信息科技的迅猛发展，都对新时期工会干部的素质提出了更高的新要求。然而，当前基层工会干部普遍缺乏互联网思维，利用互联网、大数据、电子商务等新媒体技术开展工会工作的能力严重不足，无法更好地拓展工作平台、创新工作方式和扩大工会影响力。一些工会干部缺乏法治意识和法律知识，不仅

不能为合法权益受到侵犯的职工提供法律帮助，同时在自身开展工作过程中还存在违法违纪现象，为工会组织带来负面影响。此外，还有少数工会干部大局意识、责任意识、服务意识差，官僚主义、形式主义、个人主义盛行，在工作中因循守旧，安于现状，不思进取；严重脱离职工，丝毫不关心群众，不为群众谋福利等，这些都严重影响了工会工作和工会职能的有效落实。

综上所述，我国工会在党的领导下，不断根据所处社会阶段的特征和需求，与时俱进地采取大量卓有成效的措施与之相适应。经过几十年的发展，基层工会建设取得了有目共睹的成就，组织建设逐渐扩大，工会会员日渐增多，工会工作日益规范，工会影响力有效提升。辩证唯物主义告诉我们，事物的发展不是一次性完成的，它是一个螺旋上升的过程，正所谓“前途是美好的，道路是曲折的”。为此，我们同时还应该看到基层工会当前存在的一些问题和不足，从思想上正确认识这些问题的必然性和客观性，从行动上积极面对和处理工会发展道路上出现的矛盾和障碍。坚持党的领导，认真履行工会职能，不断创新工作思路和方法，共同创造工会更加美好的明天。

第三章　新时代基层工会概述

随着经济体制逐渐由计划经济向市场经济过渡，劳动力供求主体明晰化、劳动关系行为契约化、劳动关系规范法制化以及劳动关系形式多样化，原先被行政关系掩盖的劳动关系主体之间的矛盾日益凸显。随着传统农业社会向现代工业社会的转变，社会结构开始分化、分层与流动，不同社会阶层的利益需求各不相同，城乡二元结构的松动与农村富余劳动力的转移以及普遍的就业困难等现象日益突出，劳动关系中出现了新的矛盾和纠纷。随着改革的深入和开放的扩大，西方的思想文化不断涌入，人们在价值观念、思想情感、道德规范与行为模式等方面日趋多元化、个性化，劳动者的主体意识不断增强，在劳动关系中更加注重自我权利维护和实现。中国社会发生的这些变化，为工会的继续存在和发挥作用提供了现实依据，也为工会的改革发展提供了新的机遇和挑战。与当前的社会发展形势相适应，基层工会必须找准政治定位，明确自身的性质和职责所在，坚持正确的指导思想，理清改革发展思路，创新开展各项工会工作，从计划经济下的行政型、机关型工会转变为市场经济下的服务型工会，以维护职工群众的合法权益为基础，进而在整个经济发展和和谐社会构建中发挥作用。

一、基层工会建设的重要性和必要性

（一）加强基层工会建设的重要性

根据《工会章程》规定，基层工会是在企业、事业单位、机关部门和其他社会组织等基层单位依法建立的工会组织。基层工会直接联系和服务职工群众，是工会组织的构成细胞和重要基础，是落实各项工会工作的组织者、推动者和实践者。在当前社会转型的关键时期，加强基层工会建设是顺应时代发展和社会变化的重要举措，对保持和增强工会组织与工会工作的政治性先进性群众性，进一步激发工会组织的活力，推动工会工作的创新，从而更好地服务与广大职工具有重要的现实意义。

1. 是工会组织适应新形势、更好发挥职能作用的内在要求

在全面建成小康社会决胜阶段、中国特色社会主义进入新时代的关键时期，习近平总书记指出，加强和改进新形势下党的群团工作，最重要的是要保持和增强政治性、先进性、群众性。[①] 这为工会组织的改革发展指明了方向，也提出了要求。政治性是群团组织的灵魂，先进性是群团工作重要的着力点，群众性是群团组织的根本特点。加强基层工会建设，是坚持党的领导，让党的方针政策通过工会工作具体而深入地落实到职工群众中去，把职工群众动员起来、团结起来，真正成为党执政的坚实依靠力量的重要途径；是充分发挥工人阶级的先锋模范作用，带头引领广大人民群众弘扬中华民族传统美德，积极践行社会主义核心价值观，投身于中华民族复兴中国梦改革实践的重要环节。基层工会必须把服务职工群众、维护职工群众的合法权益作为主责主业，把党政所需、职工所盼、工会所能的工作落到实处，为职工群众提供精准科学的个性化服务，使广大职工在共建共享发展中获得更多的存在感、幸福感。

2. 是激发工会组织活力、推动工会工作全面创新的强大动力

与时俱进改革创新一直是我国工运事业和工会工作的鲜明特色。无论是在民主革命时期还是在社会主义革命和建设时期，千千万万的基层工会都在中国共产党的领导下，根据当时所处的特殊时期和社会阶段，准确把握形势，顺应时代要求，做出新的历史选择，从而保证工会组织在不同的历史时期为民族解放、国家独立、经济建设发挥了积极作用。在改革开放新时期，基层工会同样要紧跟时代步伐，走在中国社会变革的前列，用改革创新的强大力量，不断克服和弥补体制机制的缺陷，发现和纠正实际工作中的不足，推动基层工会焕发出新的生机和活力。当前在全国总工会的领导下，基层工会正

---

① 习近平．切实保持和增强政治性先进性群众性 开创新形势下党的群团工作新局面［N］．人民日报：2015－07－08（01）．

积极投入火热的改革创新之中，在组织建设、宣传教育、履行职能、经费管理、队伍建设等方面，拓展新思维，搭建新平台，丰富新内容，提供新服务，工会建设自上而下和自下而上形成了强大的合力，正有力地推动着基层工会吐故纳新、砥砺前行。

3. 是工会组织解决自身问题、更好服务职工群众的迫切需要

随着我国改革开放的不断深入，工业化、城镇化、国际化进程逐渐加快，职工队伍的数量和规模越来越大，职工的结构和需求变得更加复杂化、多样化，这些都对基层工会及其工作提出了更高、更多的要求。然而，当前不少基层工会还依然沿用计划经济时期的传统工作模式，还没有根据社会发展的新形势、新变化、新要求迅速做出反应，充分发挥工会组织特有的作用和优势满足职工群众的需求，及时有效地为党政分忧。基层工会工作不同程度地存在一些亟待解决的问题，如基础工作薄弱、组织覆盖不全面、职能履行缺位、工会干部素质较低等；而与此同时，经济转型期劳资纠纷、维权抗争等危机事件频频发生，基层工会的维护职能履行不到位，使得劳资关系的“对抗式对话”越来越成为阻碍企业发展、员工成长的桎梏。这些问题如果不加以妥善解决，必将给未来的工会工作带来更大障碍，也会给社会的稳定和谐带来负面影响。从一定意义上说，有效解决这些问题，必须进一步改革创新加强基层工会建设。基层工会坚持以问题和职工需求为导向，着力完善维护职工权益的体制机制，创新服务职工的载体和方式，积极推动职工群众干事创业；通过着力夯实组织基础，坚决维护职工队伍和工会组织的团结统一，把工会工作深深植根于广大职工群众中间，从而更好地为职工群众服务，满足职工群众的需要。

（二）加强基层工会建设的必要性

面对经济、政治、社会等领域尤其是劳动关系的深刻变化，基层工会所处的社会环境发生了很大改变。一方面，外部环境的压力迫使基层工会必须适应环境变化而调整组织的功能定位与运作方式；另一方面，基层工会自身也深感“形势逼人”“时不待我”的危机感。为了顺应社会形势的变化和回应职工群众的呼声，基层工会必须努力寻求工会工作的改革创新之路，实现工会组织的转型发展。工会转型是内外两种力量相互作用的结果，相形之下外部环境的压力大于工会自身求变的内在动力，社会倒逼基层工会改革创新与组织转型的特征更为明显，这进一步说明了基层工会改革已经迫在眉睫。

1. 外部环境变化的压力催生基层工会建设

（1）加强基层工会建设是适应工业化、城镇化和全球化快速发展的需要。

当前，中国正处于历史上从未有过的工业化、城镇化快速发展时期。短短几十年的时间要完成西方国家几百年才走完的路程。西方国家在现代化发展进程中出现的许多问题在中国社会转型过程中同样有一定体现，如贫富差距引起的社会结构失衡、农民工的城市化问题、失业人口增多等。目前中国的基尼系数已经超过 0.4，成为收入分配不均衡的国家之一。市场经济改革过程中，“科学管理”理念指导下的企业生产管理模式片面追求生产效益而忽视了职工的福利待遇；民主集中制下少数服从多数、个人服从集体、部分服从全局的组织原则，使得人们普遍关注国家社会的整体利益，而对劳动者的个人利益却不够重视。同时，随着经济全球化，愈加激烈的国际竞争给我国的企业和职工带来巨大冲击，跨国公司引进的增多加大了国内企业的竞争压力和生存危机，它们对劳动力压榨同样会导致劳动者利益受损。基层工会面临如此深刻变化的国内外环境，必须因势而变、顺势而为，及时调整自身角色和工作重心，才能真正发挥有效作用。

（2）加强基层工会建设是适应职工队伍结构深刻变化的需要。

新时代职工队伍的深刻变化，尤其是非公有制企业职工和农民工的迅速增长，迫使基层工会不得不将工作的重点领域从原来的体制内单位转向体制外的非公有企业，强化非公企业工会组建与职工入会工作。在这类非公企业中建立并强化工会组织是实现和维护职工合法权益的重要保障。但是在实际建会过程中，存在着来自资方不愿意甚至阻挠成立工会组织的强大压力，与来自劳方缺乏组建工会的积极性和热情，使得部分民营企业和外资企业尚未建立工会组织，有的企业即便建立了工会组织也形同虚设，没有发挥工会组织应有的作用。为了回应职工权利意识的普遍高涨，基层工会必须加强维权机制建设，从源头参与注重整体维护的同时，也需要更加突出职工个体或部分群体权益的有效维护。近些年，媒体经常报道的一些职工群体性事件充分表明，当前职工已经有了明确的权利诉求与指向，职工维权日趋呈现出理性化、组织化、法治化的倾向，而社会大众对于工会组织在维护公平正义方面也有了更高要求和更多期待，这些无不为基层工会建设提供了强大的社会推动力。

（3）加强基层工会建设是适应企业劳资关系变化的需要。

当前，促使我国劳资关系不和谐的因素日益增多，主要表现为：部分企事业单位用工合同不规范；职工劳动强度大，劳动时间和劳动定额超过法律规定；工资水平较低并增长缓慢，劳动者难以享受企业发展成果；恶意拖欠克扣劳动者工资现象仍时有发生，劳动争议案件逐年大幅增加；企业管理者漠视安全生产工作，职工劳动安全卫生状况较差；资方在劳资关系中拥有绝对话语权，一些企业根本没有给员工购买社会保险，当劳动者遭遇医疗、安全、工伤事故时，企业没有承担起应有的责任，导致劳资关系不断恶化；劳动者的全面发展和特殊需求被人忽视；等等。这些不和谐因素的存在，必然导致企业劳资关系进入矛盾凸显期。其中具有典型代表性的事件就是自 2010 年 1 月 23 日富士康发生员工跳楼事件，直至 2010 年 11 月 5 日富士康共发生 14 起员工跳楼事件，引起社会各界乃至全球的关注。针对企业劳资关系的变化，尤其是劳资矛盾的凸显，基层工会必须有所作为，通过合法合理的方式和途径，积极协调劳资关系，切实维护职工合法权益，促进企业和谐发展。

2. 基层工会发展的内在需求是建设的原动力

（1）实现基层工会从“行政型”向“服务型”工会组织转变的需求。

过去基层工会对自身性质和职能定位认识模糊、界限不清，将自己视同为机关行政单位，主要依靠行政手段开展工作，按照上级工会的要求完成指定的工作任务，如组织开展职工文体活动、节假日慰问困难职工、发放职工福利等。而忽略了自身是群众性组织，应真正站在群众的角度和立场，关心职工生活，关注职工诉求，为广大职工开展针对性的服务帮扶，有效解除职工燃眉之急，帮助职工解决后顾之忧。随着经济社会的深入发展，特别需要基层工会明确自身的历史使命和时代重任，及时调整工作方向，按照《工会法》和《工会章程》的要求，秉承全心全意为职工服务的理念，在构建服务型工会上下功夫，坚持以维护好、实现好职工群众的根本利益为导向，更好地服务地方经济、服务职工群众，真正实现从“行政型”工会向“服务型”工会的转变。

（2）实现基层工会从“活动型”向“维护型”工会组织转变的需求。

在计划经济体制下，我国基层工会维护职能的缺失，导致工会工作重心有所偏离，基层工会的娱乐化倾向比较突出。由于长期致力于组织开展职工文体活动，在职工心目中工会组织已然成为“唱歌跳舞”“吹拉弹唱”的代名词。随着我国产业发展转型升级和经济关系、劳动关系以及社会关系的变化，企业与职工之间劳资关系矛盾凸显，劳动定额、工资标准、劳动保护等问题突出。过去那种仅局限于开展活动、发放福利的传统工会工作方式和内容，已经不能适应新时代企事业单位发展的需要和职工群众的需求，迫切需要基层工会转变职能和工作方式，不断强化职工权益代表者和维护者的角色，当好职工群众的“娘家人”。在集体协商劳动合同、参与企业民主管理、维护职工合法权益等方面，敢于担当、勇于作为、善于创新，使基层工会建起来、转起来、活起来，以改变过去基层工会无为、弱为、难为的局面，真正实现从“活动型”工会向“维护型”工会的转变。

（3）实现基层工会从“人治型”向“法治型”工会组织转变的需求。

受我国两千多年封建传统文化的影响，“官本位”思想在基层工会长期存在，导致基层工会机关化、贵族化倾向突出。过去基层工会更多地表现为服从上级组织的领导，执行上级组织的决定，而对维护职工群众的合法利益却有所忽略和淡化，严重背离工会是职工群众组织这一根本性质，“门难进、脸难看、事难办”等现象在基层工会并不少见。基层工会的建立、管理、工作也存在较大的随意性，工会组织建立与否主要取决于基层单位负责人是否重视，工会工作如何开展主要取决于工会主席的个人喜好，工会干部的任用罢免主要取决于单位党委行政领导的主观意见。这些基层工会中突出的“人治”特征不仅影响了工会工作的有序开展和职责任务的有效落实，同时使得部分职工的合法权益也得不到有效维护，工会组织的覆盖面和影响力受到一定限制，工会形象在职工群众心中一度受损。随着新时代职工民主法治意识的觉醒，基层工会作为工人阶级的群众组织，工会工作作为党和国家事业的重要组成部分，面临推进工会工作法治化建设必然要求，真正实现从“人治型”工会向“法治型”工会的转变。

二、基层工会面临的机遇和挑战

当前，我国正处于一个追求平衡发展、充分发展的新时代，世界多极化、经济全球化、社会信息化、文化多元化持续推进，改革创新的步伐不断向前。

各国之间的联系从来没有像今天这样紧密，全体人民对美好生活的向往从来没有像今天这样强烈，我们战胜困难的决心和信心从来没有像今天这样坚定。随着经济全球化的不断发展和信息技术的不断革新，企业在享受快速发展带来机遇的同时，也不得不面对日益复杂、利益交织的国内外市场环境与更加激烈的市场竞争。在这样一个机遇与挑战并存的大环境下，基层工会一方面应抓住机遇、顺势而上，成为推进国家治理体系和治理能力现代化的重要力量；另一方面必须清醒认识所面临的挑战，正确评估抗风险能力，科学谋划应对挑战的举措，坚持用改革创新的思维解决前进中的难题，真抓实干、奋发有为，推进工会各项工作再上新台阶。

（一）基层工会建设发展面临的良好机遇

1. 全面建设社会主义现代化强国的目标为基层工会发展指明了方向

党的十九大报告明确提出“两个十五年”的奋斗目标，“从二〇二〇年到二〇三五年，在全面建成小康社会的基础上，再奋斗十五年，基本实现社会主义现代化。”“从二〇三五年到本世纪中叶，把我国建成富强民主文明和谐美丽的社会主义现代化强国。”“从现在到二〇二〇年，是我国全面建成小康社会的决胜时期。”“从十九大到二十大，是‘两个一百年’奋斗目标的历史交汇期，我们既要全面建成小康社会，实现第一个百年奋斗目标，又要乘势而上开启全面建设社会主义现代化国家新征程，向第二个百年目标进军。”习近平总书记在描绘国家富强、民族振兴、人民幸福的美好前景的同时，也指出实现我们党确定的宏伟目标，根本上要靠全体人民的劳动、创造、奉献，以党的坚强领导和顽强奋斗，激励全体中华儿女不断奋进，凝聚起同心共筑中国梦的磅礴力量。这为基层工会的建设发展指明了正确方向，未来基层工会必须增强政治性、先进性、群众性，带领广大职工群众听党话、跟党走，不断提高群众工作本领，创新群众工作体制机制和方式方法，充分激发蕴藏在职工群众中的巨大创造力，更好组织动员群众、教育引导群众、联系服务群众、维护群众合法权益，带领广大职工群众不断创造美好生活。

2. 党对群团工作的高度重视为基层工会发展提供了良好的政治环境

在革命、建设、改革各个历史时期，我们的党始终高度重视群团工作，加强群团组织建设，发挥群团组织特殊优势，团结带领广大人民群众共同为实现党在各个时期的历史任务而奋斗。新形势下，党的群团工作只能加强，不能削弱；只能改进提高，不能停滞不前。党的十八大以后，以习近平同志为核心的党中央继承和发扬我们党的优良传统，首先开展了党的群众路线教育实践活动，加强和改进党的群团工作，充分发挥群团组织的桥梁纽带作用，带领广大人民群众更加紧密地团结在党的周围，充分激发蕴藏在人民群众中的巨大创造力，凝聚起实现“两个一百年”奋斗目标和中国梦的磅礴力量。当前，全面建成小康社会、全面深化改革、全面推进依法治国、全面从严治党的历史重任摆在全党、全国人民面前。我们的党认识到人民是国家的主人、改革的主体，做好改革发展稳定各项工作，必须依靠人民群众的支持和拥护，必须加强和改进党的群团工作去调动人民群众的积极性、主动性、创造性。工会是群团组织的中坚力量，基层工会是工会组织的基石。党对群团工作的重视和领导是照亮新时期基层工会科学发展之路的灯塔。

3. 我国社会经济的持续发展为基层工会发展提供了坚实的经济基础

新中国成立以后，尤其是改革开放以来，我国的经济建设取得了令人瞩目的伟大成就。从成立之初百废待兴，到如今经济总量位居世界第二；从百姓温饱不足，到进入世界中等收入国家行列；从物资短缺，到坐上全球货物贸易头把交椅……我国的综合国力和国际影响力大大增强，人民生活水平实现质的飞跃。2008 年的经济总量比 1952 年增长了 77 倍，2008 年一天创造的财富量超过了 1952 年全年的总量。[①] 2013～2015 年，国内生产总值年均增长 7.3%，明显快于同期世界经济 2.4% 左右的年均增速。我国经济体量持续扩大，增量尤为可观，对世界经济增长的贡献超过 25%。[②] 供给侧改革深入推进，高铁、公路、桥梁等基础设施建设快速发展，农业现代化稳步推进，工业化、城镇化率逐年提高，2012～2017 年五年间 8 000 多万农业转移人口成为城镇居民。党中央坚持民生优先，不断深化养老、医疗、教育等领域改革，民生事业持续改善，居民收入实现较快增长。2013～2015 年，城镇、农村居民人均可支配收入年均分别实际增长 6.8% 和 8.7%，人民获得感、幸福感明显增强。我国经济的持续发展为基层工会工作提供了坚实的物质基础，也坚

---

① 庞东梅．从百废待兴到经济总量世界第二　我国经济建设取得瞩目成就［N］．金融时报，2014－09－24.

② 国家统计局党组．党的十八大以来我国经济建设取得成就和经验［N］．新华网，http：//news.xinhuanet.com/politics/2016－03/03/c_128770886.htm2016－03－03/2017－11－03.

定了基层工会坚持走中国特色社会主义工会道路的信心和决心，以人为本的发展理念为基层工会服务职工群众提供了新思路，经济建设的伟大成就为基层工会的发展安装了强有力的引擎。

4. 长期坚持联系和服务群众为基层工会建设提供了坚强的群众基础

基层工会是工会组织的构成细胞，是工会组织发挥作用的基础力量；也是党联系职工群众最直接的桥梁和纽带，是广大职工利益的代表者和维护者。近年来，基层工会在党的领导下，坚持走中国特色社会主义工会发展道路，切实增强为党的工运事业不懈奋斗的责任感和使命感，充分发挥自身的特色和优势，把全心全意为职工服务的思想贯彻落实到工会各项工作中去，时刻不忘初心、牢记使命、凝聚人心，当好职工的娘家人。坚持以职工为本，切实把职工利益放在第一位，以职工满意不满意、高兴不高兴、赞成不赞成作为检验工会工作的根本标准，为维护广大职工的合法权益鼓与呼、思与行。把深化改革开放、推动科学发展、促进社会和谐作为发挥作用的主战场，把工人阶级主力军、青年生力军、妇女半边天作用和人才第一资源作用，转化为促进经济社会发展的强大力量。把保持与职工群众的密切联系作为基层工会工作的生命线，把维护和实现好广大职工的权益作为基层工会工作的出发点和落脚点。这些实实在在的努力和付出赢得了职工群众的广泛认可和充分信赖，巩固并强化了基层工会建设的群众基础。

5. 工运事业的实践与发展为基层工会建设提供了丰富的工作经验

长期以来，我国工运事业始终坚持党的领导，牢牢把握工人运动的时代主题，大力弘扬劳模精神、劳动精神和时代楷模，为社会主义经济建设和改革发展做出了卓越贡献。工运事业的实践与发展，推动基层工会组织建设逐步完善。各地基层工会不断创新组建形式，广泛吸纳职工会员，团结凝聚职工群众，组织动员广大群众积极投身于社会主义伟大事业的建设中；认真履行工会组织的社会职能，切实维护职工群众的根本利益，组织开展丰富多彩的工会活动，力所能及地为广大职工提供满意服务。经过长期的历史实践，基层工会工作领域不断扩大，工作内容不断丰富，组织影响力不断提升。我们同时也认识到，基层工会要发展就必须要盯牢职工所盼、党政所需、工会所能的领域，重点帮助职工群众解决日常工作生活中最关心、最直接、最现实的利益问题和最困难、最操心、最忧虑的实际问题。要加大力度维护职工劳动权益，协调劳资双方关系，有针对性地开展创业就业、心理疏导、大病救助、法律援助、婚恋交友、居家养老等服务，特别要做好对困难职工、留守老人妇女儿童、残疾人等社会弱势群体的帮扶。历史经验的积累为基层工会适应社会发展新形势、新变化和新要求提供了锦囊妙计。

（二）基层工会建设发展面临的严峻挑战

1. 城乡二元化结构的调整使基层工会面临团结农民工的新任务

我国的城镇化、工业化、现代化与社会转型发展，已然成为不可扭转的历史潮流。在推进城镇化、工业化和现代化的过程中，大量的农民工涌入城市，成为产业工人的重要组成部分。2016 年，全国农民工总量达 28 171 万人，其中外出农民工 16 934 万人①。在推进以人为本的城镇化进程中，帮助农民工提高迅速融入城镇的能力、公平公正地享受基本公共服务，是当前基层工会面临的新任务。长期以来，城镇化的推进并没有为农民工带来理想中的均等和公平，反而对他们形成了客观上的双重剥夺。一是虽然农民工源源不断地向城市提供充足的劳动力，但他们却没有享受到与城市居民同等的待遇，缺乏应有的社会保障；二是由于中国现行的土地制度缺乏对农民集体土地权益的有效保护，城镇化并未使农民工充分享受到经济增长带来的土地增值收益，造成了事实上的利益隐性损害。正如《中共中央关于全面深化改革若干重大问题的决定》指出，“城乡二元结构是制约城乡发展一体化的主要障碍，必须健全体制机制，形成以工促农、以城带乡、工农互惠、城乡一体的新型工农城乡关系，让广大农民平等参与现代化进程、共同分享现代化成果。”面对农民工合法权益的双重受损，基层工会该如何作为，如何帮助农民工维护合法权益，使其平等享有社会发展成果，将成为今后基层工会的重要任务。

2. 企业劳资矛盾加剧使基层工会协调劳动关系难度加大

随着市场经济改革的不断深入，国有企业改制、事业单位改编、外资或民间资本进入体系内部等，使得企事业单位的雇佣和受雇的关系变得愈发不稳定，劳资纠纷、维权抗争等事件频频发生，劳资关系的“对抗式对话”越

---

① 徐博、周科．农民工总量继续增加　达到 28 171 万人［M］. 党政干部参考，2017（11）：56 –56.

来越成为阻碍我国企事业发展、职工成长的桎梏。我国劳资关系不和谐的因素日益增多，主要表现为：部分企业用工合同不规范；职工劳动强度大，劳动定额超过合理水平；工资水平较低且增长缓慢，劳动者难以享受企业发展成果；拖欠克扣劳动者工资现象仍时有发生，致使劳动争议案件逐年大幅增强。深圳富士康事件、广汽本田停工事件以及某些高校的教师停课事件充分说明，一方面，外资劳动密集型企业越来越成为劳资矛盾激化的“重灾区”；另一方面，事业单位人员与单位之间的“劳资矛盾”问题也逐步凸显。劳资矛盾的多样化、复杂化和尖锐化，使基层工会不得不重新审视和调整自身的工作思路，针对劳资关系中的新特征、新趋势不断改进工作方式，增强法治意识，提升法治能力，将维护职工合法权益、协调劳资关系、维护社会的和谐稳定作为基层工会履行社会职能的关键环节和重要任务来抓，以实现工会在新时代、新时期的任务目标。

3. 组织建设不到位使基层工会依法履职缺少坚实基础

组织建设不到位是近年来一直困扰基层工会的一大难题。具体体现在，现有部分企业特别是私营企业和外资企业仍然没有建立工会组织。一些私营企业主对工会组织存有偏见和抵触情绪，他们认为工会是站在企业的对立面，会给企业管理员工带来负面影响，也会增加企业经营的经济负担。有些外商投资企业对中国工会的情况了解不清，担心工人罢工会影响企业的生产经营，对组建工会也不太支持。一些企事业单位虽然已经建立工会组织，但明显存在机构不健全等问题，并未依法建立工会委员会、经费审查委员会、女职工委员会、劳动争议调解委员会、劳动保护监督检查委员会等组织，缺少维护职工权利的有效载体。有些基层工会存在管理不规范、责任不明确，制度执行力不强，工作落实不到位等问题，给工会基层组织建设带来二次恶性冲击；也有些基层工会建会和管会工作较之新形势、新发展、新要求显得滞后，存在不按时换届、不及时补选或者选举未按《工会章程》的法定程序进行，会员管理不正规等问题，这些无疑都会降低基层工会的群众性、广泛性和代表性，弱化工会组织的凝聚力和号召力，使其履职缺少坚实的群众基础。此外，在流动性强的农民工群体中组建基层工会，对工会的传统组织模式也提出了严峻挑战。农民工候鸟式的打工方式决定了基层工会必须变革传统的组建方式以适应农民工群体的现有特点。如果对此不予以高度重视，基层工会组建模式仍然沿袭旧有做法，一旦农民工采取其他方式甚至是过激行为来维护自身的权益的恶性事件，这将对个体、企业和社会三个层面都会造成难以想象的负面影响。为此，推动工会工作必须首先从完善组织建设做起。

4. 信息化时代使基层工会传统工作模式面临巨大挑战

随着互联网的飞速发展，以“互联网＋”为特征的信息化时代已经全面到来，给基层工会传统工作模式带来了新挑战。互联网的及时性、共享性与广泛性，使媒体的发展规模与参与人数无限扩大，使媒体的受众面和影响力大大提升。人们可以利用文字、图片、语音或视频等多种方式在互联网平台发送消息、表达观点、分享信息，足不出户地与全世界的其他人进行及时的沟通交流，随时随地获得第一手资讯。苹果创始人乔布斯说“世界的一切都将无缝连接”，Facebook 总经理扎克伯格表示“要连接整个世界”。互联网所承载和传播信息的海量、高效，促使劳动者的思想观念、维权意识发生了巨大变化。社会公众开始越来越关注民生问题和权益维护问题，被媒体曝光的劳动安全事故、生产突发性事件以及劳动争议纠纷日益增多，个体劳动争议逐渐发展为群体性劳动争议等。这些变化无疑对基层工会传统工作模式带来颠覆性的挑战，如何适应愈加透明快速高效的信息化时代，有效应对民生民祉等涉及每个职工群众、备受社会媒体关注的焦点问题，有效维护职工合法权益、协调职工劳动争议，需要基层工会彻底破除传统思维障碍，主动拥抱互联网，坚持正确的政治立场和舆论导向，不断创新思维和手段，充分利用互联网、大数据、商务电子等新媒体、新技术做好“工”字文章，不断创新服务职工的平台、方式和渠道，提升服务职工的质量和效益，形成线上线下相互促进的基层工会工作模式。

三、基层工会工作的指导思想和基本原则

（一）指导思想

回顾历史，理清基层工会工作指导思想的发展脉络。1994 年《劳动法》颁布后，工会十二届二次执委会提出工会工作总思路：“以《中华人民共和国劳动法》为契机和突破口，带动工会各项工作，推动工会自身改革和建

设，把工会工作提高到一个新水平，在改革发展中更好地发挥作用”。1999年，全国总工会提出工会工作“五突破、一加强”的基本要求，继续深化工会改革总思路。2000年，全国总工会又提出“三个最大限度”的工作目标。2003年工会十四大提出工会工作八字方针：“组织起来，切实维权。”2005年，全总形成决议：中国工会坚持走中国特色社会主义工会发展道路。这个决议提出的“八个坚持”基本内容成为工会工作新的方针。2014年《中华全国总工会关于新形势下加强基层工会建设的意见》首次明确了新形势下加强基层工会建设的指导思想：新形势下加强基层工会建设，要高举中国特色社会主义伟大旗帜，坚持以邓小平理论、“三个代表”重要思想、科学发展观为指导，贯彻落实习近平总书记系列重要讲话精神，坚持走中国特色社会主义工会发展道路，牢牢把握为实现中华民族伟大复兴的中国梦而奋斗这个时代主题，坚持依法建会、依法管会、依法履职、依法维权，努力把基层工会建设成为职工群众信赖的“职工之家”，把广大基层工会干部锤炼成为听党话、跟党走、职工群众信赖的“娘家人”。

立足现在，正确面对新时代的各种机遇和挑战。要从理论和实践的结合上系统回答基层工会改革发展方向、发展方式和措施步骤等问题。在决胜全面建成小康社会，开启建设社会主义现代化国家新征程的今天，坚持基层工会建设的指导思想，在具体实践中需要基层工会必须做到“五个坚持”：

1. 坚持党的领导，充分发挥党联系群众的桥梁纽带作用

党政军民学，东西南北中，党是领导一切的。习近平总书记指出：“工会工作做得好不好、有没有取得明显成效，关键看有没有坚持正确政治方向。”在中国革命、建设、改革的各个历史时期，党都及时做出正确决策和明确指示，领导工运事业不断从胜利走向胜利。工会坚持正确政治方向，核心就是要始终坚持党的领导，永远保持自觉接受党的领导这一优良传统，坚决贯彻落实党的大政方针和决策部署，自觉服从服务于党和国家工作大局，坚定不移走中国特色社会主义工会发展道路，团结广大职工矢志不渝跟党走。坚持党的领导，就是要毫不动摇坚持中国特色社会主义工会发展道路，全面把握“六个坚持”的基本要求和“三统一”的基本特征，做好思想政治引领工作，坚定广大群众跟党走中国特色社会主义道路的信念信心。要主动承担引导职工群众听党话、跟党走的政治任务，及时把党的主张和意志落实到群众中去，把党委决策部署变成群众的自觉行动。要紧扣实现中华民族伟大复兴的中国梦，牢牢把握我国工人运动的时代主题，把推动科学发展、实现稳中求进作为发挥作用的主战场，把做好新形势下职工群众工作、调动职工群众积极性和创造性作为中心任务，坚持为党分忧、为民谋利，积极组织动员群众、教育引导群众、联系服务群众、维护群众合法权益，不断焕发工会组织的生机活力。

2. 坚持以职工为本，大力加强服务型工会建设

工会的根基在职工群众，血脉在职工群众，力量在职工群众。保障职工群众经济、政治、文化、社会权益是我国社会主义制度的根本要求，是党赋予工会组织的神圣职责。基层工会要赢得职工群众信赖和支持，必须坚持以职工为本，切实为职工办实事、办好事、服好务、引好路，把工人阶级主力军、青年生力军、妇女半边天作用和人才第一资源作用，转化为促进经济社会发展的强大力量。要积极培育和践行社会主义核心价值观，大力弘扬中华民族优秀文化传统，不断提高职工群众思想觉悟和道德水平。要始终高举维护职工权益的旗帜，紧紧围绕职工群众最关心、最直接、最现实的利益问题，最困难、最操心、最忧虑的实际问题，经常抓、反复抓、深入抓，时刻把职工群众的困难疾苦放在心上，把职工群众的呼声当作第一信号，把职工群众的需要当作第一选择，为党和政府分忧，为职工群众解难，既鲜明地体现党的性质和宗旨，又充分彰显工会组织的本源与本色，切实赢得职工群众的信赖和支持。

3. 坚持法治思维，加大依法建会和依法管会力度

大力推进工会工作法治化建设，是贯彻落实党的全面推进依法治国战略部署的必然要求。基层工会必须以党全面推进依法治国的精神和要求统领工会工作，深刻理解依法建会管会就是执行党的政策，坚持依法履职就是坚持党的领导，坚持在法治轨道上开展工会各项工作，组织和引导广大职工积极投身法治中国建设。要按照全面推进依法治国总目标要求，紧紧围绕“着力扩大覆盖面、增强代表性，着力强化服务意识、提高维权能力，着力加强队伍建设、提升保障水平”的要求，把工会工作全方位融入法治中国的实践中，融入科学立法、严格执法、公正司法、全民守法的法治实践中，运用法治思维和法治方式开展工作，不断提高工会工作法治化水平，维护职工合法权益，促进和谐劳动关系。依法建会、依法管会，就要依法完善会籍管理、工会活动、工会经费和财产管理等各项规章制度，使基层工会各项事务有章可循、有据可依。要着力强化工会干部法律素质和工会法律人才建设，全面提高基层工会依法维权能力，为大力推进工会工作法治化建设，依法履职、依法维权提供坚强保障。

4. 坚持改革创新，不断开创基层工会工作新局面

发展是解决各种问题的基础和关键，创新是破解发展难题的重要手段，是推动发展的不竭动力。中国特色社会主义进入新时代，我国社会主要矛盾已经转化为人民日益增长的美好生活需要和不平衡不充分的发展之间的矛盾。工会的改革创新是适应时代发展的必然选择，是加强基层工会建设的重要举措。在这样一个不进则退的变革时代，基层工会只有顺应时代要求、适应社会变化，善于创造科学有效的工作方法，才能紧跟潮流步伐，体现职工群众意愿。要坚持解放思想，敢于革故鼎新，切实把党的要求与职工群众的需求紧密结合起来，努力使工会工作更好地体现时代性、把握规律性、富于创造性。在大数据信息化充分发展的新时代，要加强“互联网 + 工会”建设，建立健全数据准确、动态管理的工会工作数据库，高效、便捷、精准地服务职工群众。充分利用基层工会网站、微博、微信、APP、QQ 等网络平台，打造方便快捷、务实高效的服务职工新通道，实现服务对象全覆盖、服务时间全天候。要立足实际，结合职工需求，加强工会工作规律的探索和研究，用最新的工运理论研究成果指导工会工作实践，走出一条工运事业蓬勃发展的成功之路、胜利之路。

（二）工作原则

在 2015 年 7 月党的群团工作会议上，习近平总书记鲜明地提出了切实保持和增强群团组织和群团工作的政治性、先进性、群众性的要求。这“三性”抓住了群团工作的本质属性，确立了群团组织的基本定位，明确了群团工作的改革方向。[①] 这“三性”的总体要求，同样适用于基层工会改革发展的工作实践。

---

① 邓新华. 以“三性”推进工会工作改革创新［J］. 工友，2016（2）：40 - 41.

1. 增强政治性，把握工会工作正确方向

工会是党领导下的工人阶级群众组织，从产生的那一天起，就把党的最终目标作为自己的奋斗目标，就把自己的前途命运与党的前途命运紧紧地联系在一起。新时期，基层工会必须进一步增强政治性，强化政治意识、大局意识、责任意识、阵地意识，牢牢把握既定政治原则、政治方向、政治任务，为巩固党执政的阶级基础、群众基础做出新贡献。党的十八大以来，习近平总书记就工人阶级和工会工作发表了系列重要讲话，对工会组织坚持党的领导和增强政治性，提出了新的更高的要求。基层工会要自觉把工会工作置于党的领导之下，严守政治纪律、政治规矩，坚决贯彻落实党的意志和主张。要始终把坚持中国特色社会主义工会发展道路这一政治方向与自觉接受党的领导、服务大局、维护职工权益、依法依章程开展工作统一起来，努力破解工会工作面临的重点难点问题，做到思想上不断有新解放、理论上不断有新突破、措施上不断有新改进、实践上不断有新创造。要始终把握引导职工听党话、跟党走这一政治任务，加强政治引领、思想引领、组织引领，最广泛地把各类职工吸引到工会中来，团结在党的周围。

2. 保持先进性，推动工会工作改革创新

在当代中国，中国工人阶级是推动历史发展和社会进步的最基本力量，是先进社会生产力的代表，是社会发展的主力。随着改革开放的不断深入，工人阶级呈现出队伍迅速壮大、结构发生变化、素质普遍提高等新特点，但是这些新变化并未改变工人阶级的历史地位。工人阶级依然是先进生产力的代表，是人类社会最进步、最有远见和最具有发展前途的阶级，肩负着解放全人类和最终实现共产主义的伟大使命。因此工会作为工人阶级自愿参加的群众组织，必须保持先进性，要紧扣服务职工群众这一永恒主题，敢于革新，勇于创新，直面自身干事劲头不足、服务能力有限、制度建设滞后等问题，大力推进改革，抓住重点，突破难点，坚持边整边改，实现立行立效。要心往群众想，劲往群众使，事为群众办，坚决去除“行政化、机关化、贵族化、娱乐化”的不良倾向。不断拓展工作范围和丰富工作手段，适应互联网和大数据时代的新要求，用互联网思维助推工作，用大数据平台展示工作成效，积极打造网上网下有机融合的工作格局。

3. 突出群众性，展现工会组织核心价值

工会工作是党的群众工作的重要组成部分。群众性是工会组织的根本特点，群众路线是工会工作的生命线。突出群众性，要求基层工会牢牢把握职工群众的要求，不忘初心、牢记使命，密切联系职工群众，全心全意服务职工群众，旗帜鲜明维护职工群众合法利益。要把维权工作重心放在最广大职工群众身上，突出维护好职工劳动就业、收入分配、社会保障、安全卫生等基本权益。要深入开展和谐劳动关系创建活动，努力把劳动关系的建立、运行、监督、调处纳入法治化轨道。要健全服务职工群众工作体系，重点帮助职工群众解决最关心、最直接、最现实的利益问题。要提高为群众服务的能力，优化为群众办事的效率，从机构设置、职责定位、队伍建设三个方面着手，打造忠诚党的事业、竭诚服务职工群众的基层工会干部队伍；自觉践行群众路线，完善联系职工群众制度，努力为职工群众办实事、做好事、解难事，解决好服务职工群众“最后一公里”问题，做到哪里有职工群众的需求，工会工作就要做到哪里。

四、基层工会的职能定位和工作任务

（一）找准职能定位

《工会法》规定维护职工合法权益是工会的基本职责。工会在维护全国人民总体利益的同时，代表和维护职工的合法权益。它突出了工会的维护职能，明确了职工代表大会制度和集体合同制度这两个主要维权手段；强化了工会组织建设，为基层工会最大限度地把广大职工组织到工会中来提供了法律依据和保障。《工会章程》在此基础上对工会组织的职责进行了细化规定：中国工会的基本职责是维护职工合法权益。中国工会动员和组织职工积极参加建设和改革，努力促进经济、政治、文化、社会和生态文明建设；代表和组织职工参与国家和社会事务管理，参与企业、事业单位和机关的民主管理；教育职工不断提高思想道德素质和科学文化素质，建设有理想、有道德、有文化、有纪律的职工队伍，不断发展工人阶级先进性。

在我国的经济转轨与社会转型发展过程中，工会组织的功能定位也在向多维度转变。在政治关系上，工会以往的功能定位是强调桥梁、纽带、支柱等国家治理和社会控制的组成部分；现在虽然原有的定位依然存在，但更加重视劳动关系中的利益整合、诉求表达及社会矛盾的协调，建立良性的沟通和互动关系，通过工会的维权机制，将过去的上访转化为有序的对话。在经济结构关系上，计划经济体制下的工会功能定位是在党的领导下配合政府组织职工参加劳动，协助抓好生产活动等；而现在是通过集体协商谈判，推动利益博弈和整合，调整劳动关系，提高普通劳动者的消费水平和能力，扩大供给侧，培育国内市场。在社会结构关系上，工会以前的功能定位是在社会行政体系中上下级的管理体制；而现在更多地强调工会的自主性、自治性和服务性。社会转型期出现的新特点对基层工会提出了新要求、新任务，进而决定了工会组织必然要围绕新任务，找准其职能定位。新时代基层工会的职能定位需要从维护、建设、参与和教育四个方面进行延伸和突破，不断挖掘内涵要求，实现其职责定位的准确性、科学性和拓展性。

1. 维护职工合法权益是基层工会职能定位的中心点

任何一种群体组织，成立之初的最主要目的就是要保护群体内所有个体的权利和利益。失去这个目的，群体组织就自然丧失了存在的基础和必要性、合法性。因此维护职工权益是工会组织最重要的职责，是工会生存与发展的基石。新时代基层工会维权是全方位、立体型的，既要考虑维权工作的覆盖面，也要注意维权工作的持续性。凡是涉及职工的权益事项，工会组织都应当依法维护。基层工会维护职工权益必须正确有效地贯彻“组织起来、切实维权”的工作方针，做到主动维权、依法维权、科学维权。主动维权要求工会干部主动走进职工群众，主动开展调研，主动发现问题，主动思考对策；依法维权要求工会干部帮助和引导职工群众学法守法知法用法，同时工会干部自身也要做到懂法的先行者；科学维权要求工会干部在帮助职工群众维权时，要讲方法、有技巧、懂协调、会落实，有效控制劳资矛盾的激化，将其化解在初始萌芽阶段。基层工会要时刻把广大职工的安危冷暖放在心上，努力为职工群众说话办事。要认清自己的角色，在维权工作中突出维护职工群众的民主管理权益，完善职工群众民主参与渠道，激发职工群众民主参与的积极性和主动性；高度关注有可能引起劳资纠纷的领域和事件，主动采取建立劳资协商或者集体谈判等措施，努力维护职工切身的经济利益，加强调整劳动关系机制的建设，为改革发展创造稳定的社会环境。

2. 履行建设职能是基层工会职能定位的着力点

工会的建设职能是指工会组织围绕国家经济建设这一中心任务，团结和组织广大职工积极参加社会经济建设，努力完成经济建设和社会发展的任务。虽然“维护”是工会最主要、最重要的职能，但是除此以外并不排除工会还要履行其他的职能，如建设职能、参与职能和建设职能。维护职能是中心、是灵魂，统领其他职能，而其他职能是辅助、是支持，是为了更好的实现维护职能，因为事业的发展可以带动职工群众的利益共享，能为职工群众赢得更多的发展机会和空间。基层工会可以通过广泛的宣传引导，将职工群众最大限度地吸引到本单位的改革与建设中去，使职工群众在改革与建设中充分发挥其内在的积极性、主动性与创造性，集民智、聚民力，为本单位的事业发展助力前行。要充分利用和挖掘“互联网 +”模式，促进大数据平台下的信息共享与增益，将单位发展建设的最新情况和重大成果，作为激发职工群众“撸起袖子加油干”的动力。以促进发展、服务大局作为出发点，充分调动职工的工作积极性与创造性，对职工的智力资源给予对应的价值认定，使职工愿意干、能够干、干得好。建设职能的履行不但为单位的改革与发展提供动力，同时也立足长远，着眼于未来实现远期发展的愿景。

3. 推动职工民主参与是基层工会职能定位的突破点

工会的参与职能就是工会要发挥职工群众参政议政的民主渠道作用，代表和组织职工参与国家的管理，参与社会事务管理，参与企业、事业单位的民主管理。工人阶级是国家的主人，也是本单位改革建设的直接参与者，单位的发展状况如何不仅与职工密切相关，同时也会直接影响职工群众的切身利益。新时代企业、事业单位的改革发展必然会出现一些新情况、新问题，基层工会不能作为旁观者，而应以主人翁高度负责的态度，组织职工积极参与单位的民主管理、民主监督，为单位的民主决策和发展建设建言献策、共谋出路。为了实现职工对本单位事务的民主参与，基层工会可通过组织召开职工大会或职工代表大会以及职工座谈会、建议信箱等形式，组织职工积极参与企业的民主管理，审议本单位的改革思路、发展规划、机构调整、制度建设、人员引进、减员分流安置等重大事项，并对通过的方案落实情况进行民主监督。在涉及绩效分配、劳动报酬、福利待遇、劳动保险以及劳动保护、劳动安全等关系职工切身利益问题的研究上，要广泛收集民意，体察民情，表达民声，集中民智，提出合理化建议，促使管理层不但能听得见，更要能听得进。

4. 坚持教育并重提高职工素质是基层工会职能定位的支撑点

在新时代，劳动者已成为独立、自主、自由的劳动者，需要进行自我决策、自我负责、自我发展。在劳动力市场中，劳动者的地位、利益完全取决于个人的素质，要在激烈的市场竞争中取胜，有效维护自己的合法权益，就必须具备较高的综合素质，这就需要学习，接受教育。因此，除了帮助职工维护权益、组织职工参与建设和民主管理外，基层工会还是对职工坚持开展教育与培训，帮助职工群众在生产实践中不断提高思想政治素质和文化技术素质的一所“大学校”。在教育培训中，基层工会要有所侧重地向职工宣传单位建设规划和发展方向，推动广大职工对本单位改革发展的理解与支持，要积极引导职工理性认识发展道路上的困难和问题，团结一致克服困难促进企业发展。要充分利用互联网技术，打造职工学习培训的载体和平台，如官网、官博、微信、APP等，满足大数据时代背景下职工获取知识和信息的需求，通过开展劳动技能大赛、文化知识竞赛等激发职工的学习思考、创新创造的热情，引导广大职工积极地支持和参与改革，为单位的发展与改革注入活力。

（二）明确工作任务

众所周知，基层工会是各级党政部门联系职工的桥梁和纽带，是工会履行职责和发挥作用的关键所在。随着新时期基层职工队伍总量越来越庞大，行业分布越来越广，层次结构越来越复杂，诉求越来越多元化，新形势对基层工会工作提出了更高的目标与要求。面对纷繁复杂的主客观因素叠加影响，基层工会必须坚定根基在职工、血脉在职工、力量在职工的认识，在思想上尊重职工，在感情上凝聚职工，在工作上依靠职工，进而在行动上、服务上贴近职工。①

1. 做好组织建设，夯基础

在日益多元化的社会发展中，基层工会组织直接吸纳了新生的工人群体，

① 吴亚玲．关于推动基层工会服务职工新发展的思考［J］．山东工会论坛，2015（6）：18－20.

从而使我们党依然能够在整体上与工人群众保持密切的联系，保持其阶级基础和社会基础的巩固与发展。因此，夯实基层工会组织建设，充分发挥基层工会作用是确保职工队伍稳定、企业稳定、社会稳定的需要，也是事关社会经济发展大局的基础性工作。上级工会组织和各企业、事业、机关单位党委、行政要充分认识做好新时期工会工作的重要性，切实增强搞好基层工会组织建设和发挥基层工会作用的责任意识，认真贯彻落实党对工会工作的方针政策，进一步加强和改进对工会工作的领导，及时研究解决工会工作中遇到的实际问题，积极支持基层工会依照法律和《工会章程》独立自主、创造性地开展工作。特别是在工会机构的设置、工作人员的配备、职级待遇的落实、维权机制的完善及工会经费的保障等方面要按照全总有关规定给予足够重视和支持，加大工作投入，加强工作调研，努力为工会组织履行职能创造良好环境。

2. 创新服务阵地，畅沟通

基层工会要真正成为职工信赖的“职工之家”，首先，就是要把“家”建起来，通过充分发挥工会的文化教育阵地作用，采取职工喜闻乐见的形式，深入开展职工活动，创造和谐、温暖、关爱的环境。其次，基层工会要着力拓宽活动渠道，创新活动方式，开展各类丰富多彩的文体活动，加强活动宣传组织，吸纳广大职工参与，丰富职工的业余文化生活，以此增强工会对职工的感召力和影响力。最后，基层工会干部要经常深入职工队伍，认真听取职工呼声，了解职工所思、所想，才能真正贴近职工。要放下架子、扑下身子，面对面倾听职工所求、所盼，真心实意地为他们分忧解难，才能把工会工作做细、做实。基层工会要着眼于实现好、维护好、保障好职工利益，把工作重心放在为职工排忧解难上，实打实地为职工说话办事，解决职工最关心、最直接、最现实的问题，以实际行动赢得职工的信任和支持。

3. 强化队伍建设，有担当

新的历史时期，基层工会要提高基层工会履职尽责、服务大局的整体水平，关键在于需要一支政治立场坚定、热爱群众工作、勇于改革创新的基层工会干部队伍。加强基层工会干部队伍建设，要严格按照“四化”方针和德才兼备原则，不断完善工会干部选拔任用的制度，把政治坚定、思想解放、群众观念强、敢于和善于为职工说话办事的优秀人才选拔充实到工会干部中来。要健全工会干部教育培训制度，拓展多形式、多渠道的培训模式，通过培训和实践锻炼，不断提高工会干部的整体素质，提高其适应时代发展要求的理论思维能力，善于科学判断形势和解决新问题的能力，坚持依法治会和依法维权的能力，及时反映职工意愿、社情民意和为职工办实事的能力。基层工会干部要坚持以身作则、脚踏实地，不断增强做好职工工作的责任意识、担当意识、自律意识和服务本领，努力成为职工群众思想政治的引领者、创造活力的激发者、技能提升的促进者、合法权益的维护者、现实困难的帮扶者。

4. 打造工作品牌，立特色

基层工会在履职过程中应围绕服务大局、服务职工的中心任务，从自身的组织特点与优势出发，努力打造服务职工群众的特色品牌。要以发展的眼光开展工作，明确不同发展阶段的工作目标，及时调整工作思路，找准工作切入点、结合点和推进点，掌握新时代下做好工会工作的新方法。扎实推进“弘扬劳模精神”“争创模范职工之家”“送温暖慰问活动”等的深入开展，不断创新建会思路，丰富建会内容，巩固建会成果，提升建会质量。采取活动吸引、服务促进、权益维护、激励表彰、组织培训等多种方式，把建家活动同加强基层工会组织建设结合起来，促进企业工会建会、建制、建家同步发展，大力推进工会组建工作规范化建设，不断提高工会组建工作管理水平，着力把企业工会建设成为组织健全、维权到位、工作规范、作用明显的职工之家，使建家活动成为企业党政支持、职工群众拥护信赖的品牌工程，在推进企业科学发展、安全发展、和谐发展中发挥更大的作用。

第四章　基层工会的组织建设

基层工会是工会组织的细胞，是工会联系职工、服务职工最直接、最广泛、最紧密的力量，也是工会开展各项工作和落实各项任务的主要承担者和实践者。加强基层工会的组织建设，明确基层工会组织的基本任务，对于基层工会胜任各项任务，履行好自己的职责，发挥工会在改革开放和经济建设中的作用至关重要。当前，我国正处于改革发展的关键时期，社会形势和职工队伍都发生了巨大变化，在新的历史起点上，工会要跟上时代步伐，顺应时代发展，在加快全面建设小康社会和现代化强国的进程中体现作为。为此，各级工会组织和工会干部都应该牢牢把握工会工作的正确方向，积极采取各种有效措施，努力加快基层工会组建步伐，最大限度地把广大职工团结组织到工会中来，确保工会组建率和职工入会率的大幅度提高，使工会组建及其作用发挥与不断发展变化的企业状况相适应，会员发展与不断壮大多元的职工队伍相一致，体制机制与不断加快扩大的工业化、城镇化相协调，真正保证哪里有职工，哪里就有工会组织，哪里就有温暖的职工之家。

一、基层工会组织建设概述

工会组织建设，是指各级工会遵循一定的组织原则对自身的干部、积极分子、会员队伍和组织体制、组织机构不断健全和完善的过程。它是完成工会工作任务、履行工会社会职能、实现工会历史使命的组织保证，也是工会组织工作的基本任务和重要责任。

（一）基层工会组建的条件和程序

1. 基层工会组建的主要条件

为了进一步推进工会组建工作，更好地发挥基层工会委员会的作用，不断扩大工会组织的覆盖面，增强工会组织的凝聚力、号召力，根据《工会法》第十条规定，“企业、事业单位、机关有会员二十五人以上的，应当建立基层工会委员会；不足二十五人的，可以单独建立基层工会委员会，也可以由两个以上单位的会员联合建立基层工会委员会，也可以选举组织员一人，组织会员开展活动。”此条规定对我国境内哪些单位和哪些人员有权组织工会做出了明确的法律规定。凡是符合条件的基层单位都应该成立工会组织，并且具备民法通则规定的法人条件的基层组织，依法取得社会团体法人资格。这就意味着一个新的基层工会的成立，有两个必备的标志。一是按照规定的民主程序召开会员或会员代表大会，选举产生了基层工会委员会和工会经费审查委员会；如果女职工人数达到 10 人及以上的，还应该民主选举产生女职工委员会。二是选举结果必须上报上一级工会组织审查并正式批准。

基层工会组织的成立受法律保护，任何单位和个人都不得阻挠工会组建工作。《工会法》第十二条还规定：任何组织和个人不得随意撤销、合并工会组织。只有当基层工会所在的企业终止或者所在的事业单位、机关被撤销，该工会组织才能撤销，并要及时将撤销事宜报告上一级工会。

2. 基层工会组建的一般程序

由于所在单位的性质、规模、体制和发起组建工会方式的差异，基层工会组建的具体步骤和程序可能存在一些差别，但是一般而言，还是要包含以下的基本程序：

（1）提出建会申请。组建基层工会，必须书面报请同级党组织和上一级工会组织，在获得批准同意后，方可成立筹备工作领导小组，启动有关建会筹备工作。建会筹备工作领导小组的名单需要报上一级工会备案。

（2）组织发展工会会员。由建会筹备工作组负责向广大职工宣传工会的性质、作用、任务，组织发展工会会员，划分分工会或工会小组；并民主选举产生分工会委员、主席、副主席或工会小组长，其正式任职资格须在基层工会成立后予以确认。

(3) 以分工会或工会小组为单位，选举参加工会会员代表大会的会员代表，酝酿选举工会委员会委员、主席、副主席的候选人和工会经费审查委员会委员、主任、副主任的候选人。在此基础上，由筹备工作组提出工会委员会和经费审查委员会各人员建议名单，经同级党组织审定同意后，报上一级工会审批。

(4) 召开会员大会（会员代表大会）。经同级党组织和上一级工会组织批准同意后，召开会员大会（会员代表大会），民主差额选举工会委员会和工会经费审查委员会，选举工会主席、副主席和工会经费审查委员会主任、副主任。

(5) 向党组织和上一级工会报告选举结果。会员大会（会员代表大会）结束后，应将选举结果报同级党组织和上一级工会，没有党组织的单位就只向上一级工会组织汇报。在党组织和上一级工会组织批准选举结果后，意味着基层工会正式建立。

(6) 组建工作后续事宜。基层工会委员会成立后，要及时到上一级工会开具本单位建立工会组织的介绍信，然后到公安部门登记，刻制工会公章和财务章各一枚，同时到银行申请建立工会经费单独财务账号。另外，还需根据单位性质和特点，建立相应的女职工委员会、生活福利委员会、劳动保护委员会等专门委员会等。

（二）基层工会的组织结构

我国的基层工会组织，一般都是建立在具有独立经济核算、独立运行的行政管理机构和具有一定的权利与义务并取得相应法人资格的单位。

基层工会委员会下设各类工作委员会，这些委员会是根据工作需要和工会业务活动的要求而设立的专门工作机构，一般由基层工会根据自身的社会职能和业务工作要求进行自主确定，各类工作委员会的组成人选，由工会基层委员会推选或聘任，其中大多数为兼职人员。基层工会工作委员会是基层工会组织结构中的重要组成部分，承担着基层工会的主要日常工作。在企业，基层工会工作委员会一般设立民主管理、组织宣传、劳动保护、生产生活、文化体育、工会财务、女职工等委员会。这些委员会的主要任务是围绕各自的工作职责开展调查研究、分析讨论，组织职工开展有针对性的业务活动，处理有关建议、提案并检查、督促和协助有关行政部门贯彻落实基层工会委员会的有关决议，完成基层工会委员会交办的其他事项。

在企事业、机关以及社会组织等基层单位，工会组织结构一般采用“小三级”体系，工会委员会除了在工厂、学校、医院等一级设置各类工作委员会外，还在车间、学院、科室等二级单位设置分工会，在班组等设置工会小组。通常情况下，基层工会的组织结构或设置层次，是根据所在企事业单位行政管理层次和组织结构来确定。例如，某些大型国有企业工会的组织结构为：总厂工会委员会、分厂工会委员会、车间工会委员会、工段工会委员会和工会小组；中型企业工会的组织结构为：厂级工会委员会、车间工会委员会和工会小组三个层次；有些小型企业工会的组织结构则只有工会委员会和工会小组两个层次。需要注意的是，在基层工会组织中，除了少数按照工会法规定配备的专职从事工会工作的干部外，绝大多数工会工作人员都是来自各岗位的职工代表兼职担任（见图4－1）。

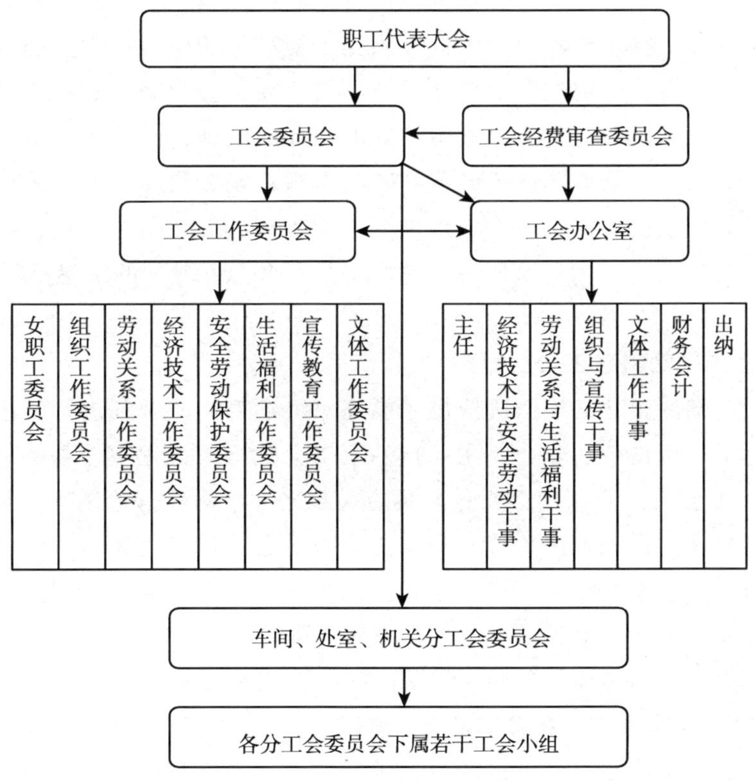

图4－1 基层工会组织结构示意图

（三）基层工会组建的原则

工会组建原则是工会组织和工会干部在组建工会的过程中需要遵守和注意的基本准则。它是工会组织的性质、特点的具体要求和集中体现。遵守工会组建原则是基层工会按照《工会法》和《工会章程》加强工会组织建设、完善工会组织体系的重要条件，也是基层工会遵循工运客观规律、坚持正确发展方向、更好地发挥社会作用的重要保障。因此，基层工会组织和工会干部都应该高度重视和自觉遵守以下的工会组建原则。

1. 自觉坚持党的领导的原则

工会是党领导下的职工自愿组成的群众组织，工会工作本质上是党领导下的群众工作。基层工会只有自觉坚持党的领导，坚决贯彻落实党的路线方针政策，才能坚持正确的政治方向，永葆工会事业的生机活力。加强基层工会组建工作，最广泛地把职工群众吸引和组织到工会中来，有利于增强党执政的群众基础和阶级力量。自觉坚持党的领导的原则，就是指基层企事业单位组建工会时，如果本单位已经建立了党组织，就必须在党组织的统一领导下进行，确保正确的建会方向，形成党建带工建，工建服务党建，党工共建的格局，真正实现“哪里有职工，哪里就要有工会组织”的组建目标。

2. 坚持依法组建工会的原则

基层工会的组建必须依法依规才能确保组建工作的顺利进行和组建目标的高效达成。所谓依法建会，主要指基层工会在组建过程中，筹备工作组必须按照《工会法》和《工会章程》的有关规定，严格规范地逐一进行，让广大会员积极参与进来，民主选举产生工会委员会委员、主席、副主席和工会经费审查委员会委员、主任、副主任。未按规定组建或未执行相关程序成立的组织，不得成为工会组织，不受相应的法律保护。

3. 坚持依靠职工群众组建工会的原则

工会是广大职工自愿组成的群众组织，组建工会是职工的法定权利，所以职工应该是组建工会的主体，组建基层工会必须坚持依靠职工群众的原则。任何单位和组织都不能取代职工组建工会的主体地位，也不能依靠行政指令或命令组建工会，上级工会有帮助和指导职工组建工会的权利和责任，但绝不能“包办”“代替”职工。在组建基层工会的过程中，筹备工作组要加强工会组织的宣传教育，促进职工对工会组织的了解，增强参与组建工会的主动性和积极性。只有职工群众的自觉和充分参与，工会组织才会具有深厚的群众基础，才能真正发挥工会组织应有的作用。

4. 坚持报送上级工会批准的原则

按照《工会法》和《工会章程》的规定，工会组织接受同级党委和上级工会的领导，上一级工会组织可以帮助和指导基层工会的组建。在基层工会组建过程中，必须依据相关规定，向上一级工会组织提出组建申请，报送工会委员会和工会经费审查委员会候选人名单，报送工会委员会和工会经费审查委员会选举结果。只有每一个程序和环节都经过上一级工会组织批准后，才能宣布工会组织的正式成立。未经上一级工会批准同意的组织，不能称之为工会组织，也不受相应的法律保护。

（四）基层工会组织的基本职责

基层工会是工会组织的细胞，基层工会组织的建立和完善，是健全工会组织的前提条件；基层工会工作是整个工会组织工作的基础，基层工会工作的顺利开展和有序推进，是确保全部工会组织工作效能在广大工会会员和职工群众中落地生根和开花结果的关键。因此，各级工会组织要高度重视基层工会组建工作，基层工会要明确组织工作的基本职责和任务，才能实现整个工会组织和工会工作的良性发展。

1. 基层工会组织工作的基本职责①

根据《工会法》和《工会章程》的规定，基层工会组织工作的基本职责包括以下内容：

（1）建立健全基层工会委员会；分厂、车间、科室分会；工会小组“小三级”工会组织机构，按照“哪里有职工，哪里就要建立工会组织”的基本要求，力求保持100%的工会组建率。

---

① 白斌．工会组织工作实用全书［M］．北京：中国工人出版社，2011（5）：22－23.

（2）做好工会会员发展和巩固工作，随时随地动员、吸收符合条件的所有职工加入工会组织，力求保持100%的职工入会率。

（3）坚持对会员进行工会基本知识、会员权利与义务以及工会工作的宣传教育，不断提高工会会员的工会意识和组织观念，不断强化工会组织的凝聚力。

（4）按时足额收缴工会会费，做好会员会籍管理工作，配合做好会员服务工作。

（5）建立健全各项组织和工作制度，做好工会工作档案管理，促进基层各级工会领导班子和各类工作委员会建设。

（6）按照规定做好工会会员大会或工会会员代表大会的换届改选各项筹备和实施工作，落实好工会会员代表大会代表常任制。

（7）加强专兼职工会干部的思想作风建设、教育培训和考核评价，不断提升工会干部队伍的思想素质和业务能力；积极培养和壮大工会积极分子队伍。

（8）维护女职工的特殊利益，同歧视、虐待、摧残、破坏女职工的行为做斗争。

（9）以创建模范“职工之家”为目标，全面发挥工会组织工作的综合保障作用，积极推进工会小组组建“职工小家”活动，充分发挥工会组织工作在增强基层工会活力中的组织基础作用。

2. 工会组织员的基本职责

根据《工会章程》第二十五条规定：有会员二十五人以上的，应当成立工会基层委员会；不足二十五人的，可以单独建立工会基层委员会，也可以由两个以上单位的会员联合建立工会基层委员会，也可以选举组织员或者工会主席一人，主持基层工会工作。《工会章程》的这一规定，事实上反映了工会组织员建制，是为了适应经济体制改革不断深化过程中涌现出来的各类微小型企事业单位组建基层工会、拓展工会工作、扩大工会覆盖面的现实需要。由于这些职工人数少于二十五人的微小型企事业单位，工会会员人数太少，单独组建基层工会的条件尚且不成熟，因此根据实际情况选举工会组织员主持开展工会工作。从性质上看，工会组织员和工会主席的地位、作用大体相当，但突出强调了以开展工会组织工作为主导来拓展工会工作的特点。

具体而言，微小企业工会组织员的工作职责是：

（1）随时了解本单位职工和会员的构成变化，大力推动健全工会组织，积极发展工会会员。

（2）按照规定程序办理新会员入会手续，发放会员证，建立和管理会员会籍档案；及时办理工会会员的关系接转和调入、调出手续。按照规定收好、管好、用好工会经费，保护和管理好工会资产。

（3）大力宣传党和国家的工会法律政策，组织工会会员学习工会知识，不断提升单位干部群众的工运意识和会员的工会组织观念。

（4）组织职工参加单位民主管理和民主监督，深入职工群众，倾听职工呼声，收集职工意见，反映职工诉求，为单位决策提供参考，向上级工会组织反映有关重要信息。积极协调劳动关系和调节劳动争议，帮助和指导职工与企事业单位签订劳动合同，维护职工合法权益。

（5）积极配合单位开展岗位练兵、劳动竞赛、技术创新等活动，培养职工爱岗敬业、恪尽职守的崇高职业道德和无私奉献、任劳任怨的光荣劳动精神，号召职工群众为单位发展献策出力。

（6）协助单位开展创优评先活动，做好先进个人和先进集体的评选、表彰、培养和管理服务工作，充分发挥先进模范的带头引领作用。

（7）鼓励、支持职工学习文化知识和钻研科学技术，因地制宜组织开展职工喜闻乐见的文化体育和学习教育活动，推动职工劳逸结合，实现身心健康，提升职工综合素质。

（8）积极完成上级工会交办的各项工作任务。

二、基层工会组织建设取得的成效

改革开放以来，尤其在建立社会主义市场经济体制的改革过程中，各级工会主动适应企业组织形式、职工队伍结构和劳动关系的变化，按照党中央提出的工会要“扩大覆盖面、增强凝聚力”的要求和全国总工会提出的“两个普遍”原则，认真贯彻落实《中华全国总工会关于新形势下加强基层工会建设意见》，坚持从工会组织的性质和特点出发，把工会组建和发展会员作为工会工作的重中之重，坚持抓基层、打基础、增活力，创新工会组织形式和建会思路，以非公有制企业和外商投资企业为重点领域，以农民工为重点对象，大力推进非公有企业和新经济组织建立工会，努力建设和完善“六有”工会，让职工群众有维护合法权益的代言人。经过多年努力，我国基层工会组建和会员发展取得重大突破，使中国成为世界上最大的工会组织，为工会充分发挥党联系职工群众的桥梁纽带作用，奠定了必不可少的前提条件。

（一）健全组织，努力实现工会组织全覆盖

近年来，各级党组织和工会组织高度重视基层工会的组建工作，把“扩大覆盖面”作为巩固党的阶级基础、扩大党的群众基础的重要举措来推进，坚持“党建带动工建，工建服务党建”的工作方针，把实现有效覆盖作为工会组建和会员发展工作的重要标尺，将基层工会组织建设纳入对基层党建工作、“文明单位”创建活动以及综合目标考核，不断加大建会力度，规范建会程序，扩大工会覆盖面，消除工会组建“空白点”，确保规模较大、职工人数较多、社会影响大的基层单位工会组建全覆盖，逐步建立完善以乡镇（街道）、村（社区）、企业工会为主体的“小三级”工会组织网络，不断提升“小三级工会”组织建设整体水平。

在推动基层工会组建过程中，各地按照《工会法》和《工会章程》等相关法律法规，一是完善基层工会组建格局。坚持党工共建机制，把工会组织建设纳入基层党建目标考核体系。积极争取人大、政协对工会的支持，开展工会组建专项检查、专题视察，推动企业普遍建立工会组织。充分发挥党委的领导协调作用，加强工会与政府职能部门以及工商联、企联等组织的沟通协调，积极借助社会资源力量协调解决工会组建问题，形成党委重视、政府支持、工会牵头、社会配合、职工参与的组建工作格局。二是健全基层工会组织网络。以提高建会质量为主线，以企业民主建会、民主换届和农民工集中入会为重点，以基层工会尤其是非公企业工会建设为主战场，建立健全工会组织网络，吸引更多职工入会，不断扩大工会组织覆盖面和影响力。三是创新基层工会组建模式。针对小微企业、个体经济组织规模小、数量多、工会组建难等问题，积极探索建立网格工会，实现网格内工会组织全覆盖。针对职工规模大、分布广、流动性强等特点，积极探索网上工会组织建设，将实体工会搬到网上，打造触手可及的工会组织，形成网上网下相互促进的良好局面。四是创新基层工会组建机制。坚持目标任务分解、跟踪调研督导、定期通报引导、税务代收建会筹备金督建、考核奖励激励等建会工作机制，把推进企业依法普遍建立工会组织纳入制度轨道。通过第三方抽查、数据库

实地抽检机制，及时将抽查结果向各地党委进行通报，增强各地建会主动性，为基层工会顺利开展工作奠定了良好基础。

（二）加大宣传，不断提高职工的入会率

随着我国城镇化、现代化、国际化步伐的加速，职工的规模、结构和布局都发生了巨大变化，为了适应新形势、新发展、新要求，各级工会纷纷加大基层工会的组建力度，千方百计为职工入会搭建平台和提供便利，在建机制、强功能、增实效上下功夫，以更大力度加强工会宣传，以更实举措推动工会改革向基层延伸，努力扩大工会覆盖面和影响力，工会组建和会员发展取得重大突破，基层工会组织建设呈现出蓬勃的发展态势。截至 2017 年 9 月底，全国已建工会基层组织 280.8 万个，工会会员人数 3.03 亿人，其中农民工会员 1.4 亿人。[①]

在吸收会员入会时，各地基层工会针对本单位职工特点，积极探索和创新不同职工群体的入会方式，最大限度为广大职工入会提供便利，不断扩大工会组织对职工群众的吸引力和影响力，有效推进职工群众加入工会组织。为了广泛吸引会员入会，基层工会一是创新职工企业外入会和网上申请入会方式，通过试点先行、组织形式创新、活动牵引等方式，抓好电子商务、物流（快递）、农业专业合作组织工会组建工作，加快新产业、新领域、新阶层工会组建和会员发展。采取“会员登记入会”或“一张表的职工入会”的方式，简化工作程序，先登记造册，使其成为住地社区工会会员，再逐步填写《工会会员登记表》发放《工会会员证》，工会组织和工会工作有效覆盖面不断扩大。二是狠抓农民工入会工作，紧盯开发区（工业园区）、大型在建项目、物流（快递）、家庭服务等重点行业、区域，灵活采取“劳务输出地入会”或“劳动力市场入会”等方式，在农民工外出务工前进行登记，将其发展为会员，核发会员证。外出务工后，则将工会组织关系接转到用人单位工会。或者在劳动力市场统一组织农民工加入工会，使其一进入城市就业就成为工会会员；如果尚未就业，会员组织关系则由劳动力市场管理，[②] 最大限度地把农民工包括回乡创业的农民工吸收到工会中。三是推进工会会员

---

① 央视网：全国总工会会员人数达 3.03 亿，农民工会员 1.4 亿人 [EB/OL]. http://news.cctv.com/2018/01/13/ARTIrrz92bgHaX45D15TKpnS180113.shtml. 2018－01－13/2018－01－15.

② 张安顺．基层工会建设工作手册 [M]. 北京：中国言实出版社，2015 (04).

实名制管理工作。按照全总制定下发的《推进基层工会组织和工会会员实名制管理工作方案》，大力建设以省（区、市）为基本集成单元的分布式工会实名数据库。与此同时，实现网上宣传引导、网上申请入会、网上监测分析、网上管理服务，形成分级管理、上下互动、网上网下融合联动的基层工会工作新格局。

（三）建章立制，基层工会管理日渐规范

随着基层工会组建工作的不断拓展和深入，各地基层工会按照《工会法》《工会章程》等法律法规的要求，健全制度抓基础，依法治会促规范，扎实推进基层组织“三建一化”（建会、建制、建家和工会工作法制化），自觉用法治思维和法治方式开展各项工会工作。基层工会先后建立健全了工会会员代表大会制度、民主选举制度、经费管理制度、学习培训制度、建档存档制度、考核评价制度等各项内部管理规章制度，进一步规范了基层工会民主选举、民主换届、民主管理工作，落实会员群众的知情权、参与权、选举权和监督权；进一步提升了工会干部的政治素养、业务素质和服务能力，将维护职工合法权益、帮助职工解决困难、开展职工文体活动等工作落到实处；进一步加大了会员会籍的规范管理，全面准确地掌握会员情况，为及时有效精准地服务会员奠定了良好的基础。总体而言，基层工会组织的相关制度逐渐完善，管理服务日渐规范，组织建设基本做到了有法可依、有章可循。

为了扎实推进基层工会规范化建设，各级工会努力提高基层工会群众化、科学化、法制化水平。通过深化“三亮”（工会主席亮身份、工会组织亮牌子、工会服务亮作为）“双争”（争创模范职工之家、争做职工信赖娘家人）活动，延伸“六有”（有依法选举的工会主席、有独立健全的组织机构、有服务职工的活动载体、有健全完善的制度机制、有自主管理的工会经费、有会员满意的工作绩效），落实“四权”（会员的知情权、参与权、选举权和监督权），紧紧围绕职工群众最关心、最直接、最现实的利益问题、基层工会工作的热点难点焦点问题，不断拓展“双争”内容，丰富“双争”的形式，把开展“双争”活动的过程变为密切工会与职工群众联系、促进工会工作落实的过程，把联系服务职工群众作为工会工作的生命线。同时，按照“会、站、家”一体化工作思路，对基层工会实现“六有”目标，拟定统一标准，规范运作，使工会工作开展有章可循，有标准可依，把组建工会与建设“职

工之家”以及组织职工、引导职工、服务职工和维护职工合法权益工作有机结合起来，促进工会组织建设稳步推进，切实把基层工会建设成为职工群众信赖的“职工之家”，把工会干部锤炼成听党话、跟党走、职工群众信赖的“娘家人”。

（四）采取措施，工会干部队伍建设取得新进展

基层工会能否认真履行职责，切实发挥作用，关键在于工会干部队伍素质和能力的高低，尤其是工会领导班子的作用发挥。然而，当前基层工会普遍存在着兼职干部多、工会干部配置不到位、结构不合理、业务素质不高以及履职不到位等问题，在一定程度上影响了基层工会履行社会职能、服务职工群众的质量和效益。为了彻底改变这一困境，各基层工会近年来高度重视工会干部队伍建设，积极争取党政支持，促进工会干部职业化、专业化，从干部选拔任用、教育培训、管理监督、考核评价等方面采取多种措施，努力造就一支适应新形势和职工需要的高素质工会干部队伍，基层工会干部队伍较之以往呈现出可喜的变化。

造就一支爱群众、知群众、懂群众的高素质工会干部队伍，不是一蹴而就的事情，广大基层工会要立足实际，采取多种措施坚持不懈地抓好干部队伍建设。一是拓宽选拔渠道，广泛选用复合型工会干部。通过必要的民意测验和建立工会干部后备人才库，真正将文化层次高、热爱工会工作、工作业绩突出、职工群众信赖的优秀人才吸收到工会队伍中来；通过组织推荐、会员联名推荐、个人自荐等方式公开、公平、公正地产生工会主席、副主席及委员。同时，积极争取党政支持，推动工会干部与党政干部之间的多向交流，交叉挂职，多方位交流，激活人才，为企业培育复合型工会干部。二是强化培训力度，认真培育知识型工会干部。各基层工会注意区分不同情况，分别不同类型，建立起分层次、分类别、按需求、重实效的工会干部培训模式，尤其注重对新任的工会主席、非公有制企业和乡镇街道工会干部、工会协理员、网格管理员等开展必要的业务培训。通过举办短期辅导班、交流座谈会、业务知识讲座等方式，对工会干部开展工会理论知识、工会法律法规、工会工作理念和工作方法技巧等方面的教育培训，大力倡导工会干部带头深入基层，把身子沉下去，主动贴近职工群众，深入进行调查研究，了解一线职工的困难，帮助职工解决困难和问题，通过实实在在的职工服务不断提高工会

干部的综合素质和工作能力，也进一步增强工会干部的自豪感和成就感。三是完善干部管理机制，努力造就高素质工会干部。坚持基层党组织对工会干部协管的原则，积极探索工会干部的管理机制，建立了工会工作目标管理机制、工会干部履职考核机制等，加强对工会干部的考核，建立工会干部能上能下制度，将那些对群众感情真挚、深得群众拥护、公众形象好的工会干部予以褒奖和重用，对那些品行不好、工作不力、作风不实的工会干部进行警醒和惩戒。通过这些措施，极大激发工会干部的工作积极性和履行职责的潜能，基层工会干部队伍整体素质得到明显提升，职工群众对工会干部的认可度、信任度、美誉度也随之提升。

（五）持续推进，基层工会建家工作取得新突破

自 1983 年中央书记处提出把工会组织建设成为“职工之家”起，基层工会三十多年来坚持广泛开展建设“职工之家”活动，充分认识建家活动在工会工作中的重要作用，认真贯彻全总《关于进一步加强建设职工之家工作、充分发挥基层工会作用的意见》，切实把建家工作摆上重要日程，与工会各项工作有机融合起来。通过开展建家活动，推动“两个普遍”的实现，推动重点工作的落实，推动基层工会特别是企业工会的规范化建设和作用的发挥，“建家”活动也以其形象化、目标化、多元化和机制活、工作实、效果好，而得到广大职工群众、各级工会组织以及各级党政领导的肯定和欢迎。在“建家”活动中逐步形成的“建家”优势，已经成为新时期激发基层工会组织活力，密切工会与职工群众的联系，增强工会组织的吸引力和凝聚力，促进各级工会把工作重点放在基层，提高工会工作整体水平的重要推动力量和不可多得的财富。

“建家”活动之所以取得如此成就，一是坚持了全局作用的原则，即充分重视基层工会在服务大局、服务企业中的作用，根据工会在搞活企事业全局的作用大小检验“建家”活动的成效；二是坚持了群众主体的原则，即始终坚持职工群众是“职工之家”“职工小家”主人的原则，基层工会是否成为“职工之家”，必须以职工参与、知晓、满意的程度为标准；三是坚持了合力共建的原则，即把基层工会建设与基层单位建设融为一体，建家活动得到基层单位党政支持，形成党政工共建一家的格局；四是坚持了整体布局的原则，即建设“职工之家”不仅是基层工会的重要任务，也是各分工会和工

会小组的重要工作。在基层工会开展建家活动的同时，各分工会和工会小组也要积极行动起来，建设温馨和谐的“职工小家”；五是坚持了动态过程原则，即“建家”的内容、形式和具体任务要根据形势的变化和职工的需求进行适时调整、充实，“模范职工之家”荣誉称号的评选不搞终身制，要坚持常建常新的机制。“建家”活动是基层工会需要长期坚持不懈开展的一项工作，这些基本经验对新时代的工会组织建设有很好的指导和借鉴作用，应该予以继承和发展。

三、基层工会组织建设存在的问题

近年来，在各级工会组织的共同努力下，基层工会组建工作取得了历史性突破，工会组建率和职工入会率都有了大幅度提升，全国基层工会和职工会员的数量开创历史新高，工会组织建设和作用发挥成效明显。但是由于一些主客观因素的影响，基层工会组织建设依然存在难度和压力大，组织体系不够健全、工作机制不够完善、作用发挥不够充分等亟待进一步解决的问题。

（一）基层工会组建难度和压力较大

1. 非公企业特别是小微型企业组建工会难

由于相当部分的私营业主对企业建会的重要性认识存在偏差，错误地将工会组织视为企业主的“对立面”，或是片面地认为组建工会必然会增加企业的负担，为企业管理和运转带来麻烦，而对工会组织团结和带领职工认真投入企业生产、推动企业发展的积极作用却不曾考虑。这种思想认识上的偏见，必然会导致非公企业出现推诿、抵制工会组建的行为，增加建会难度和压力。一些企业经营状况不稳定，尤其是部分小微型企业生存周期非常短、职工流动性大，它们多数还处于资本的原始积累阶段，业主们不愿也不想在企业内树立一个“对立”面，从而影响他们在企业的“自主权”，更不愿意因上缴工会经费等现实原因，影响到企业的“经济利益”和业主自身利益。这些想法无疑更是加大了组建工会的难度，即便工会干部三番五次上门做工作，效果也不尽理想。而有的非公企业建会时日不长，企业便面临倒闭、濒临破产，工会组织也不得不因此沦为形式或走向消亡。

2. 外商投资企业组建工会难

由于外商投资者来自不同国家和地区，不同的文化背景和经营理念，使得外方和企业高层管理者对中国工会充满疑虑和抵触情绪，外商投资企业工会组建任务依然十分艰巨。有的把中国工会与西方工会等同起来，认为企业建立工会就是行政的对立面，束缚行政的手脚，影响企业的正常经营管理。有的认为，建立了工会组织就要缴纳工会经费、配备工会干部和提供工会办公场所，这些会大大增加企业经济负担，减少企业经济效益，影响投资者的利益。因此，部分外企对组建工会的态度是能不建尽量不建，能拖延尽量拖延。从全国范围来看，在外商投资企业组建工会仍然是建会工作中一块不容忽视的短板。[①] 即便在上海这样外企工会组建率比较高的发达地区，仍然有三分之一的企业未建立工会组织。有的台资企业和跨国公司甚至明确表示不会建立工会组织，也有的外资公司在总部建立了工会，但是在其下属子公司并没有建立相应的分工会或工会小组，或者有的企业虽然已经建立了工会组织或工会联盟，但实际上并未很好的运作起来。

（二）基层工会组织建设不够规范

1. 一些基层工会组建程序不够规范

近年来，由于建会任务繁重，非公企业主不支持配合，职工对工会缺乏了解，参与工会组织积极性不高，导致有些基层单位，尤其是一些中小非公企业，建会程序不够规范。各地针对小微型企业建会，大多采用区域性或行业性覆盖的方式进行，以直接发文或直接向上填报的具体操作模式，使得被“建会”、被“入会”现象比较普遍。建会在这些企业只是敷衍了事、走走形式、做做过场，有的甚至弄虚作假、虚张声势、阳奉阴违。也有的企业抱着多一事不如少一事的心态，建会时尽量简便操作，程序严重缩水，甚至简化到只打一个报告，报送一个会员名册，登记一下企业基本情况，交一份营业执照复印件，而对建会应该履行的吸收会员、选举代表、召开会员大会或会员代表大会、成立组织机构等程序则不予执行，工会组织不仅没有完整的组

---

① 杨梅芳．非公企业工会组织建设问题研究——以浙江省为例［D］．江西：南昌大学，2016（05）：18.

织机构，也没有配备必要的工会干部，更没有落实社团法人登记、制度上墙、工会公章刻制等，这些工会组织表面上成立了，但是却成为了无牌子、无干部、无阵地、无制度、无活动、无经费的“六无”工会，偏离了成立工会组织的初衷。

2. 一些基层工会组织机构不够健全

当前各地基层工会的组织建设情况发展不平衡。通常机关事业单位工会、国有集体企业工会和规模较大的非公企业工会基本上建立健全了工会委员会、工会经费审查委员会和工会女职工委员会。但是相当一部分非公企业尤其是中小非公企业工会仅仅只建立了工会委员会，未建立工会经费审查委员会和工会女职工委员会。部分企业工会组织网络不健全，有的法人单位虽然建立了工会组织，但其所属的二级及以下单位没有建立相应的工会组织，分厂、科室、班组未建立工会分会和工会小组，致使工会组织体系断层，未能使工会组织的触角延伸到职工身边，为职工群众提供便利、温馨的服务。此外，由于受机构编制的制约，少数机关事业单位没有单独设立工会工作机构，工会干部也是由其他工作人员兼任；由于企业的逐利性，一些非公企业工会没有单独设立工会机构，工会和党群部门合并，工会主席由党群部门负责人兼任，有的甚至为党群部门一般工作人员兼任。这种工会干部配置的弱化，很大程度上阻碍了工会工作的顺利开展。

（三）基层工会体制机制建设不够完善

1. 部分基层工会存在组织体制不顺的现象

长期以来，地方工会、产业工会和基层工会之间依据企业党组织隶属关系确立领导、被领导的关系，但随着政府职能转变和企业改革改制，传统的组织体制、工作机制被打破，一些企业由于党组织隶属关系无法确定，造成工会组织关系断层，直接影响了基层工会组织建设和作用发挥。双重管理单位的工会，其干部配备、工会经费一般不受地方工会控制，造成这些单位对地方工会的工作部署不够重视，执行工会工作的力度减小，工会工作效率大打折扣。转制企业工会关系较难理清。有的企业转制后，原有的上一级主管单位没有按规定将这些企业及时转交给新的主管部门或地方工会，也没有继续指导这些企业工会开展工作，造成这些企业多年脱离上一级工会组织，失去上级工会的工作指导。农民工会员双重管理问题多。随着各地村级工会建设，农民工源头入会、输入地入会带来的突出问题是：重复登记混淆了基层工会的会员管理，而且表面上重视农民工入会权益的双重登记做法，使农民工属于两个工会组织，容易出现农民工在维权特别是双向维权中存在双方推诿的情况，反而使农民工的合法权益得不到有效维护。

2. 部分基层工会存在工作制度不够完善的现象

一般情况下，机关事业单位工会和规模较大的企业工会基本上能坚持“三亮”、落实“四权”、延伸“六有”，建立了职代会、厂务公开民主管理、平等协商集体合同等制度，定期召开会员（代表）大会，按时进行换届选举，每年总结工会工作，组织会员对工会主席和工会工作进行评议。但非公企业尤其是中小型非公企业工会工作制度不够健全，一些企业没有开展以“三亮”“双爱双评”为主要内容的建家工作，厂务公开载体少而简，内容粗放，没有定期向会员代表大会报告工作并接受会员民主评议和监督，导致企业内一些职工不知道建立了工会，不知道工会主席是谁，也不知晓和从未参与工会活动。在这些企业中，企业工会纯粹是为建而建，成为典型的“挂牌工会”“空壳工会”。还有一些非公企业工会重建制轻规范、重结果轻程序，虽然签订了集体合同和工资集体协议，但是程序不规范，只是为了应付检查，协商的内容针对性和实效性不强，大多流于形式。工会工作台账和档案不健全，年初没有明确的年度计划，工作的随意性较大。

（四）基层工会干部配备有待加强

1. 基层工会干部缺乏，兼职化现象比较突出

由于对工会组织和工会工作的认识偏位，企事业单位普遍存在对工会工作不太重视的现象，直接导致工会干部的配备不到位，基层工会专职干部严重缺乏。一些名义上的专职工会干部，也同时兼任多个党政职务，“专职不专”的现象比较普遍。机关事业单位机构改革，由于行政编制减少，首先减掉工会干部所占名额，一些单位勉强确保一名专职工会干部，相当一部分机关事业单位甚至没有配备专职工会干部。“职工人数200人以上的企事业单位工会配备专职工会主席”这一规定，在大多数企业没有得到有效落实。除国有集体企业和少数规模较大的非公企业配备专职工会干部外，绝大多数非公

企业的工会工作人员为兼职。工会干部的兼职现象，虽然给基层工会主席参与企业决策、源头维护职工权益，与行政正常沟通带来便利，但也造成工会主席“角色”两难。作为企业雇员必须听命于企业，作为工会主席又必须为职工说话办事。双重身份使他们陷于一种尴尬境地，难以旗帜鲜明地为职工说话办事，一定程度上制约了工会工作。由于兼职干部过多，工会干部承担繁重的工作任务，没有充足的时间和精力深入开展和研究工会工作。

2. 基层工会干部队伍素质有待提高

从目前基层工会干部队伍现状来看，工会干部年龄偏大、学历偏低、兼职人员和新手多，履职显得力不从心。在非公企业，工会主席大多都是企业主随意指定，而并未经过职工民主选举产生；工会主席的身份即为企业主的雇员又是劳动者的“代言人”，工会主席与企业经营者身份地位实质不对等，工会主席的位置难以站定，履职底气不足。相当一部分工会干部是从行政、技术等岗位调整过来的，素质参差不齐，他们对工会的基本业务以及与工会工作相关的法律法规等知识都比较生疏。由于受各种条件的制约，基层工会干部往往缺乏专业化、系统化的业务培训，各级地方工会组织的培训多为短期专题培训，培训内容一般较为零散和粗浅。同时各基层单位没有建立系统合理、科学有效的工会干部管理、考核、选用和奖惩机制，对热心为职工服务、履职认真、受群众拥护的工会干部没有给予一定的奖励表彰；而对工作热情不高，群众意识、民主意识差，思维陈旧、缺乏创新精神，工作畏首畏尾、应付了事等现象又缺乏制约手段，这在一定程度上助长了基层工会干部作为懈怠、消极履职的现象。

（五）基层工会资源保障尚且不足

1. 基层工会经费不足成为发展瓶颈

工会经费是加强基层工会组织建设的前提条件和重要保障。当前，基层工会经费主要来源于会员会费和单位行政拨款，工会经费来源渠道狭窄、拨缴数额不足、没有及时到位，致使工会经费捉襟见肘，基层工会无法顺利、高效地开展相应的工作和工会活动。基层工会尤其是非公企业工会中的职工会员农民工、临时工多，流动性大、对工会缺乏了解，他们主观上缴纳会费的积极性不高，客观上收缴会员会费的难度较大，所以不能像国有企事业单位一样以费养会，很多基层工会也为此不愿意吸纳临时工、农民工入会，使基层工会的组织建设走上恶性循环。由于一些地方财政困难，机关事业单位工会经费也没有足额划拨；相当数量的非公企业工会尤其是中小非公企业没有经费独立账户，还未进入国税代收的范围，处于无费可返、无钱可用的状态。还有些企业工会经费使用和管理不规范，工会经费返还到行政账户上，工会主席“一支笔”权力难以实现。

2. 基层工会建家阵地缺乏依然突出

“职工之家”是工会组织同群众保持血肉联系，体现工会的阶级性和群众性，反映工会性质、宗旨和新时期工作方针要求的一种形象说法。建设“职工之家”是加强工会自身建设、增强工会活力、提高工会工作整体水平的综合载体和有效探索。然而，部分企业尤其是非公企业对工会组织的认识偏位，对工会工作重视不够，致使大量“挂牌工会”“空壳工会”出现，“职工之家”的建设变成一纸空文。这些基层工会不仅缺乏建设“职工之家”的阵地，缺乏组织和开展工会活动的场地和设施设备，有的甚至没有工会办公场所，办公条件极其糟糕，导致工会无法开展工会工作，也很少开展工会活动，为职工开展针对性服务，“职工之家”的教育、培训、文体、娱乐、帮扶、再就业、咨询、互助等功能未能实现，没有成为丰富职工群众精神文化生活、提高职工队伍素质的重要基地，职工也因此对基层工会的知晓度和认可度不高。

四、新时代基层工会组织建设的优化思路

基层工会，是工会的基层组织，是直接联系和服务职工群众、落实各项工会工作的组织者、实施者和推动者。加强基层工会组织建设，最广泛地把职工群众团结组织到工会中来，最充分地把基层工会组织的活力激发出来，努力把基层工会建设成为组织健全、维权到位、工作积极、作用明显、职工信赖的“职工之家”，是当前新时代各级工会都必须常抓不懈的一项长期性、基础性、战略性的工作。通过统一思想、提高认识、加强领导、抓好重点、创新形式，进一步加强基层工会的组织和制度机制建设、干部队伍建设、“职工之家”建设等，更好地发挥工会作用，以实现党组织对工会的要求、

职工群众的期盼，树立和维护好基层工会组织在职工群众中的威信和形象。

（一）加强宣传，统一思想，优化基层工会组织建设的外部环境

1. 强化宣传力度，营造良好的建会氛围

针对社会各界、企业主和职工会员对工会组织的认识偏位或认识缺位，各级工会组织要充分利用广播、电视、报纸、网络等大众传媒和新兴媒介，广泛宣传工会的基本知识，宣传工会在国家政治、经济、文化和社会生活中的地位、作用，提高社会公众和职工群众对工会组织的了解和信任。要针对建会重点领域和薄弱环节，加大宣传工会组织的职能和作用，积极争取基层单位党委行政的支持；加大宣传非公企业建立工会的重要性和必要性，让外资企业、港澳台投资企业知晓在我国只要符合一定条件的企业都有组建工会的权利和义务，要帮助他们了解工会维权是通过平等协商、签订集体合同来协调劳动关系，是通过依法维权实现双赢，从而彻底打消企业主顾虑，主动配合，自愿协助组建工会。要对职工加大宣传加入工会的积极意义，宣传工会维权服务的典型成功案例，使职工群众了解工会、信任工会、支持工会，从而达成全社会重视工会的共识，为基层工会组建营造良好的社会氛围。

2. 加强党的领导，确保正确的建会方向

坚持党的领导是工会组织的根本原则，也是做好基层工会组建工作的最大优势和根本保证，只有自觉坚持党的领导，才能确保基层工会正确的建会方向。加强党对基层工会组建的领导，首先，各级工会组织要积极主动地争取党委的领导，及时向党委汇报工会组建情况，努力推动党委把工会组建工作列入党委的重要议事日程，及时制定相关政策和采取必要措施，为加强非公企业工会组建工作提供组织、思想、政策上的支持和帮助。其次，各级党委要关心、关注基层工会的组建工作，将工会组建工作纳入党委整体工作部署，建立和畅通与工会组织的沟通机制，定期听取工会组建工作汇报，经常深入基层工会组织，了解和指导基层工会组建工作，严格按照法律法规监督和规范基层工会组建工作，并针对基层工会组建中存在的难点问题，与工会组织共商解决之策，为基层工会组建提供必要的政策、人力、物力和财力支持，从而实现“党建带动工建、工建服务党建”的党工共建的良好格局，为基层工会组建创造良好的外部环境。

3. 整合多方力量，共同推进基层工会组建

基层工会组建是一项事关职工群众利益、党的执政基础和社会稳定和谐的大事，仅仅依靠势单力薄的工会组织，难以达到理想的效果，实现工会组建目标；组建工会除了依靠党委的正确领导外，还需要整合多方力量，借助政府和相关部门的支持和配合，形成各司其职、各尽其能、齐抓共管的良好局面。要加强同人大、政府、政协的联系与合作，加强对非公企业贯彻实施《工会法》《劳动法》情况的监督检查，督促非公企业依法组建工会。政府及劳动保障部门要加大执法力度，对拒不组建工会或者阻挠上级工会指导职工筹建工会的，要依法予以严肃处理；对以暴力、威胁等手段进行阻挠并造成严重后果，构成犯罪的，要依法追究其刑事责任。要积极与外经委、人保、工商、税务、台侨联等有关部门通力合作，加强联系、沟通与合作，共同研究解决外资企业组建工会中存在的问题，推动外资企业建会工作的深入开展。

（二）抓住重点，突破难点，切实推进基层工会组织建设工作

1. 抓住重点，大力推进农民工加入工会

随着我国城镇化、现代化步伐的加快，农民工已经成为职工队伍的重要组成部分。积极推进农民工加入工会，努力提高农民工入会率，最大限度地把农民工组织到工会中来，切实维护他们的合法权益，是基层工会当前甚至今后很长一段时期的重要任务。由于农民工大多文化程度低、工作流动性大、处于社会劳动的底层，很容易被社会各界和工会组织忽略，甚至遗忘；加之他们对国家政策和工会组织缺乏了解，对加入工会组织的意义和作用不清楚，所以通常农民工加入工会组织的意愿不强烈，甚至还会因为缴纳会费问题，对加入工会组织产生抵触情绪。为此，推进农民工入会，首先要加大对工会的宣传力度，让农民工认识和了解工会组织，增强入会的意识和意愿。其次要创新农民工入会的方式和渠道，为农民工入会提供便利，例如，加强村工会建设，组织村办企业中的农民工入会；注重源头入会，组织外出务工人员加入当地外出务工人员工会联合会；建立劳务市场工会，使农民工在进入城市的第一站便加入工会；还可以农民工集中的行业、企业、区域为重点组建工会，组织农民工加入；等等。最后，要加强农民工会员的管理和服务，针对农民工普遍关注的劳动保障和存在的工资拖欠等问题，及时提供专业、有

效的法律帮扶，帮助农民工解决实际困难，以真心、真情、真意和客观事实赢得农民工的信任和支持。

2. 突破难点，切实推动非公企业组建工会

非公企业尤其是小微型企业和外资企业是现阶段基层工会组建工作的难点，要彻底改善和推进基层工会组建工作，就必须在非公企业建会的主战场取得决定性胜利。针对非公企业建会难问题，各级工会组织要深入企业，彻底弄清建会难的真正原因，有针对性地加以说服引导，排除企业主思想上的顾虑和担忧。要按照先易后难、循序渐进、逐一击破的工作原则，敢于直面困难、迎难而上，大力宣传工会组织的积极作用，让企业主充分认识和理解工会维护职能的双重性，工会绝不是企业的对立面，工会只是维护职工的合法权益，而对职工的不合理要求和过分行为，工会必定会坚决制止和进行说服教育；同时工会还会充分调动职工投入企业生产建设的积极性，积极配合企业搞好生产经营，努力协调劳资双方关系，促进企业的健康和谐发展，最终实现劳资双方互利互惠、共存共赢。① 针对建会率低而情况各异的非公企业，工会组织要创新灵活多样的建会模式，因时、因地、因企制宜地推进非公企业的建会工作，为这些企业建会提供及时、有效的帮助和指导。非公企业工会建立后，要积极作为，时刻警惕沦为“牌子工会”“空壳工会”，坚持以企业发展为中心，认真履行参与、建设、教育职能，不断激发广大职工的劳动热情和创造活力，促进企业安全生产，保障企业经济利益，实现企业和职工的共建、共享、共赢。

3. 创新形式，搭建触手可及的网上工会

网络技术和信息技术的飞速发展，极大地促进了经济发展和社会进步，也推动了工会工作发展的步伐，为基层工会组织建设带来了新机遇。互联网不仅拓展了工会工作空间，丰富了工会工作内容，极大地提升了工会工作效率；同时也为职工群众了解工会、认识工会、参与工会、联系工会提供了极大的便利。建立网上工会，使职工“一键入会”“一触入会”，已经成为当前工会吸纳职工入会、拓展组织覆盖面，为职工会员提供多类型、跨地域、全天候服务的重要途径，也是弥补传统建会模式缺陷的有效手段。基层工会要

① 高紫钧．鞍山非公企业工会组织建设研究［D］．辽宁：大连理工大学，2016（06）：42.

高度重视网络建设和互联网技术应用，主动适应信息化和新媒体发展趋势，积极探索“互联网+工会”模式，通过搭建科学的信息化平台，打造“指尖上的职工之家”，大力推进工会数据库建设，开辟网上申请入会等端口，拓宽职工便捷入会渠道，加强会员实名制规范和动态管理。同时，充分利用网络优势，更广泛地收集民意、听取民声、了解民心，及时回应职工需求，传递权威信息，引导网络舆论，提供职工服务，开展工作评价，不断提升网上职工之家的水平和质量，形成线上线下相互促进、相互补充的基层工会组织建设现代模式。

（三）强调规范，突出创新，完善基层工会内部管理机制

1. 依法依规推进基层工会组织建设和管理

工会是广大职工自愿组成的群众组织，依法建会、依法管会是任何工会组织都必须自觉遵守的重要原则。《工会法》和《工会章程》对企业、事业单位、机关和其他社会组织等基层单位依法建立工会组织的条件、程序和组织结构以及基层工会委员会的选举、基本任务等都做了明确规定。各级工会组织和基层单位应严格按照《工会法》和《工会章程》的相关规定以及全总提出的“哪里有职工，哪里就要组建工会”的要求，坚持原则、遵守程序，依法依规建立基层工会组织，把包括农民工在内的广大职工组织到工会组织中来，把包括外资企业在内的非公企业工会逐渐建立起来，力争实现工会组织的全覆盖，力争实现工会组织“两个服务”的目标。在组建工会时，基层单位要按法定程序提出建会申请、吸收职工会员、选举会员代表、召开职工（代表）大会、报告选举结果等，不得擅自随意删减或改变程序，只有按照程序建立的工会组织才受法律保护，才能代表和维护职工群众的合法权益。

基层工会建立后，要以宪法为根本活动准则，按照《工会法》和《工会章程》独立自主地开展工作，依法行使权力和履行义务；要以改革创新的精神加强工会组织自身建设，建立健全工会的组织体制、组织形式、领导方式、活动制度等，用改革的精神破解工会建设中的难题，用创新的思路增强基层工会的凝聚力、战斗力；要重点建立健全基层工会组织的民主制度，大力推进基层工会组织的群众化、民主化；要千方百计为广大职工群众办实事、解难事、做好事，建立困难职工帮扶中心，完善帮扶制度；要加强工会参与劳动争议调解、仲裁力度，依法维护职工合法权益。此外，要建立工会与政府

有关部门和单位的联席会议制度和内外协调机制，运用社会资源，协调各方力量，形成社会化的工会工作格局，从而促进工会组织更好地围绕中心、服务大局，更好地全面履行社会职能，更好地突出维护职工合法权益的职能。

2. 公平公正选拔和培养基层工会干部队伍

基层工会工作的顺利开展，有赖于一支政治觉悟和理论水平高、业务能力强、有群众基础和群众工作经验的工会干部队伍。新时代，基层工会面临的情况更加复杂，任务更加艰巨，地位作用也更加凸显，这对基层工会干部的素质和能力提出了新要求、新挑战。为此，基层工会必须着力打造一支爱群众、讲政治、素质高、业务精的专兼职工会干部队伍。首先，要建立和完善基层工会领导干部的民主选举制度，通过民主选举，把那些政治素质好、工作能力强、群众信得过、热爱群众工作的优秀人才选拔到基层工会领导岗位上来。其次，要推动工会干部选任制度改革，拓展基层工会干部的来源渠道，本着公开、公正、公平原则，把好工会干部的入口关，将社会上更多的优秀人才吸收到兼职工会干部队伍中来。再次，建立健全工会干部考核、评价和激励机制，对工作业绩突出的工会干部予以表彰奖励，对履职不力、严重失职的工会干部给予批评教育、行政处分甚至资格罢免。最后，要建立完善基层工会干部权益保障机制，提高工会干部工资待遇，改善工会干部工作条件，加强工会干部教育培训，为基层工会干部开展工作提供帮助和支持，免除他们的后顾之忧，以便更好地履行工会职能职责。

（四）突出职能，关爱职工，强化基层工会职工之家建设

“职工之家”是工会组织同群众保持血肉联系，体现工会的阶级性和群众性，反映工会性质、宗旨和特点的一种形象说法。建家是发挥基层工会作用的重要平台，是增强基层工会活力的有效手段，是全面提升基层工会工作水平的综合性载体。在我国已经全面进入建设小康社会、加快推进社会主义现代化建设的新时代，基层工会既要开展好“建大家”活动，也要组织好“建小家”活动；既要抓形象建家，也要抓实质建家。通过强化“建家活动”，使基层工会真正成为“民主、法治、文明、进步、和谐、温暖”的“职工之家”。

1. 创建学习型组织，打造文明进步的职工之家

创建学习型组织，要大力倡导人人学习、主动学习、终身学习的新理念，开展“创建学习型组织，争做知识型职工”活动，着力提高工会干部的业务能力，提高职工群众的综合素质，形成良好的学习气氛，打造文明进步的职工之家。首先要强化工会领导干部的学习。按照“讲政治、懂经济、会管理、通法律、善维护”标准建设学习型工会干部队伍，有针对性地组织教育培训，并学会在实践中学习，在实践中积累经验，在实践中不断提高。其次要抓好知识型职工队伍建设。充分发挥工会大学校的作用，引导职工立足岗位，不断学习新知识、新技能。要结合国内外政治、经济、文化发展的新趋势和职工群众的新愿望，为职工创造良好的学习环境，开展形式多样、内容丰富的培训学习活动，努力提高职工学习能力、竞争能力和创新能力，努力建设一支有理想、有道德、有文化、有纪律的职工队伍。最后要积极与企事业人事、教育部门联手，在职工中深入开展各项劳动竞赛、技术创新竞赛等活动，使技术骨干在“比、学、赶、帮、超”的工作氛围中不断进步，使职工队伍不断创新，超越自我，形成一种崇尚科学文化知识、重视劳动技能的良好氛围。

2. 创建创新型组织，建设民主法治的职工之家

建家就是建企业，建家就是抓基层、打基础。基层工会要把“职工之家”建设活动与加强企业民主管理有机结合起来，把民主管理作为工作重点，健全完善以职代会为基本形式的民主管理机制，努力实现民主管理的制度化、程序化、规范化。用创新的思维和视角，建立健全职工代表大会制度、厂务公开制度、民主评议制度、职工董事和监事制度，让职工真正行使民主权利，切实保障职工的主人翁地位，依靠职工群众办好企业和事业。同时，基层工会组织要自觉坚持党的领导，按照《工会法》《工会章程》独立自主地开展工作。建立健全各项组织制度、工作制度、民主生活制度，加强分工会、工会小组的“职工小家”建设，按照民主化、群众化的要求，积极稳步推进基层工会的改革建设。此外，建家过程中，要突出维护职能，按照“组织起来、切实维权”的工作方针，依法依规表达和维护职工群众的合法权益，主动关心职工疾苦，反映职工群众呼声，为职工群众办实事、做好事、解难事，充分发挥党联系职工群众的桥梁纽带和民主渠道作用。

3. 创建服务型组织，建设和谐温暖的职工之家

服务职工是基层工会组织建设的最终目标，也是基层工会工作的重中之重。基层工会只有通过科学化、精准化、个性化的职工服务工作，才能实现团结凝聚人心、组织生产建设、和谐劳动关系，在促进企业发展、维护社会稳定中发挥更大的作用。创建服务型工会，要充分尊重职工群众的主体地位，坚持以职工为中心开展工会工作。让群众当主角，而不能让群众当配角、当观众。要从职工群众的需要出发，坚持“群众利益无小事”的工作思路，充分发挥工会组织的自身优势，积极帮助职工解决实际困难，当好职工的“娘家人”。要认真落实“五必访”工作，做到职工生病住院必看，职工生日必贺，职工有困难必帮，职工有重大事情必谈，职工有家庭矛盾必劝。生活上关心职工疾苦，工作上提供机会支持，思想上注重交流沟通，身心上关注健康状况。要切实关心与职工群众利益密切相关的热点、难点问题，想方设法帮助职工解决工作、生活、就医、住房、子女上学等方面的困难，加大对残疾、困难、患病、单亲等职工的关爱，把组织的温暖真正送到职工心坎上，使职工群众深切感受到大家庭的温暖，从而营造温暖和谐的职工之家。

【典型案例 4－1】

湖南省总工会四举措推进基层工会组织建设“落实年”行动①

2015 年，湖南省总工会按照“三个贴近”的总思路，坚持质量并重原则，采取有效措施，深入推进基层工会建设，努力实现基层工会组织健全、运转有序、稳中有进的工作目标。开展农民工入会集中行动。以省级以上开发区（工业园区）、农民工集中的建筑项目、物流（快递）、农业专业合作组织等为重点区域，分解任务，分类推进，定期调度通报，共新增农民工会员 59.77 万人。各市、县工会还将普惠服务作为吸引农民工入会的有效途径，农民工入会数量和服务质量实现了双提升。

推进职工之家建设。以“五型”职工之家总揽基层工会工作，按照机关事业单位、国有企业、非公企业三个类型选出一批定点培育对象进行定向服

---

① 徐文锋．湖南省总工会四举措推进基层工会组织建设“落实年”行动．工会信息，2016（06）：39.

务指导，实现“五型”职工之家建设由点扩面，同时，着力向非公企业拓展延伸。截至目前，全省共创建申报全国模范职工之家120家，全国模范职工小家93家。

加强乡镇、园区工会工作建设。出台《湖南省乡镇（街道）、开发区（工业园区）工会工作经费保障办法（试行）》，安排2 000万元用于乡镇（街道）和开发区（工业园区）工会。各级工会积极争取党委和政府的重视支持，创新工作思路和工作方法，以示范点建设为抓手，促进乡镇（街道）、开发区（工业园区）工会作用有效发挥。各地工会相继出台了加强乡镇（街道）、开发区（工业园区）工会工作的实施办法。株洲市积极探索创建芦淞市场总工会等形式，培育基层工会示范点；湘潭市总将全市50%的乡镇工会纳入“五个一”建设，着力加强示范点硬件和软件建设。

加强队伍建设。各级工会把加强基层工会干部队伍建设作为关键环节，通过“走出去”与“请进来”等多种形式，举办多期工会基层组织建设培训班、乡镇（街道）和开发区（工业园区）工会干部培训班，采取送教到基层等形式，提高基层工会干部履职能力。同时，加强社会化工会工作者队伍建设，加大经费投入，落实社会化工会工作者工资分级负担补贴制度，使社会化工会工作者成为基层工会工作的重要力量。

【典型案例4－2】

江铃汽车集团工会开展基层建家评比活动①

为把基层工会建设成为“组织健全、维权到位、工作规范、作用明显、职工信赖”的职工之家，江铃汽车集团公司工会对所属48家基层工会实施了建家评比活动。

考评采取以下举措：一是专门下发了《关于开展2016年度建设职工之家活动考核的通知》，要求基层工会对照文件认真进行评比，同时要求不参评的基层工会也要开展自检自查活动，主动查找不足，切实改进工作；二是各基层工会在自评中，要紧紧围绕建家考评中的工会组织工作、民主管理、群众性经济技术创新、劳保、文体、宣教、女职工、财务等内容的九大类63个小项，涉及工会的日常工作、规范工作、自选动作和创新工作，要求分门别

---

① 林卫东．江铃汽车集团工会开展基层建家评比活动．工会信息，2017（17）：60.

类，认真疏理，反复核查；三是江铃集团公司工会将组织考核组深入基层工会和一线进行检查，主要采取听汇报、查资料、提问题、看实效的方式，推动建家活动有序开展；四是考评组核实自评分，对基层工会自评分情况进行逐项核查，尤其是创新工作项要认真评估，确保基层工会创新成果在集团范围内具有可复制、可推广的价值；五是召开工会办公会、工会常委会二级会议进行审核，采取优中选优的办法，对评选出来的先进职工之家，并在此基础上再评出模范职工之家，以便树立典型示范作用；六是典型选出后进行隆重表彰宣传，营造建家氛围，推动“学习型、服务型、创新型”建家活动。

据悉：2017 年江铃汽车集团公司工会评选出 2016 年度模范职工之家 8 家、先进职工之家 8 家、优秀工会工作者 10 名、优秀工会工作积极分子 77 名。建家评比活动在江铃汽车集团公司工会已成为了常态化工作。通过建家评比活动，不仅使员工队伍的凝聚力、向心力得到提升，而且工会的地位、作用在企业得到充分显现。

第五章　基层工会的民主管理

在市场经济快速发展、劳资关系日益多元化的今天，收入分配制度改革和市场结构的调整，导致市场主体之间竞争加剧，职工队伍稳定性降低，劳动力市场供求双方的矛盾日益突出。如何切实保障职工群众参与企事业单位民主管理，充分行使民主权利，发挥在建设发展中的积极作用；如何有效维护职工的合法权益，当好职工的贴心人和娘家人，这些都是基层工会应该予以高度重视的问题。重任在肩，基层工会必须清醒地认识到进入新时代基层单位民主管理面临的新形势、新要求，着力解决民主管理认识偏位，民主管理主体意识不强、素质不高、热情不够，以及配套制度机制不够完善等问题，才能进一步优化基层工会民主管理工作，有力推动现代企业制度建设，为新时期基层工会的转型升级和维护职工的合法权益打下坚实基础。

一、基层工会民主管理概述

当前，我国已经进入全面建成小康社会决胜阶段和建设中国特色社会主义新时代的重要时期，基层工会民主管理工作形势严峻、任务艰巨，它不仅要适应建设社会主义法治化国家的需要，也要与基层单位实现民主管理和改革建设的目标相联系。工会作为一个职工群众组织，是职工参与所在单位民主政治生活的组织者和实施者，在民主管理中发挥着重要作用。正确认识和理解工会民主管理的内涵和特征，是加强基层工会民主管理工作的首要任务。

（一）基层工会民主管理的内涵

民主管理是企事业单位领导体制的组成部分，是一种现代管理思想和管理方式。民主管理与专制管理是两个相对的概念，民主管理是指管理者在公开、公平、民主、平等协商的基础上，传播管理思想，协调组织的各种行为，使组织有序运行的管理方法。从职工的角度来看，民主管理是职工群众通过各种有效途径和形式，参与所在单位民主监督，依法行使民主权力的活动。客观地说，职工民主管理是一种集体权利，其实质是对企业管理权的一种分享，并不是直接管理权，也不是一种替代管理权。这种权利更注重劳动关系双方的共同利益与合作。①

在现代企业制度中，职工参与民主管理既有其必然性，也有其必要性。首先，民主管理能够充分发挥所有利益相关者的积极性，促进企业管理的科学化，推动企业的持续发展，从而把企业的利益和职工及企业利益相关者的利益统一起来，真正形成企业内部的合力。其次，企业通过实行民主管理体现劳动者在劳动中的主体地位，有利于职工克服雇佣劳动的思想，缓和劳资双方的对立关系；从而广泛集中职工智慧，使企业的经营管理与民主管理有机协调，有利于企业决策的科学性，也使企业决策的贯彻落实有了坚实的群众基础。

按照《工会法》规定："工会依照法律规定通过职工代表大会或者其他形式，组织职工参与本单位的民主决策、民主管理和民主监督。"工会组织参与本单位民主管理，既要代表职工从事管理活动，也要动员组织职工群众参与管理。从组织结构上看，工会是一种软性的组织结构，相对党、机关、军队等其他组织，更强调干部职工通过在工会中个人意愿的表达，以协商的方式达成一种集体性共识，表现出个体与集体在非正式情况下的一种自然磨合与调节。有鉴于工会具有民主的天然属性，在职能发挥、民主决策、日常管理等方面具有一定的民意主导性，本书把基层工会民主管理理解为：企事业单位、机关和社会组织的工会代表或组织职工通过职代会、党政联席会、公司董事会等渠道，广泛收集、及时反映、理性表达职工诉求和意愿，为所在单位决策提供参考的相关活动。基层工会参与民主管理，不仅会使所在单位的民主管理更加公开透明、公平公正，有助于广大职工知情权、参与权、表达权、监督权等基本权利的有效落实，同时也使基层单位的决策更加科学化、民主化，更加符合职工群众的内在需求，有助于实现单位又好又快地发展。

---

① 赵海涛．深刻认识企业民主管理的必要性［J］．现代企业，2017（2）：21．

正确理解基层工会民主管理的内涵，需要明确三点认识：一是工会民主管理的主体是企业的全体职工。这个职工概念是指在市场经济体制下企业劳动关系中的劳动者，即与用人单位相对应的直接生产者①，也就是我们通常所说没有行政职务的一线职工。而作为用人单位一方代表的企业行政领导，本身就是投资者或其授权的管理者，没有必要再赋予他们以“职工代表”的身份来行使“民主管理”的权力，所以他们不在此范围内。二是工会民主管理的性质是参与管理，而不是决策做主。在市场经济体制下，随着非公有企业的增多，职工在企业的身份发生了变化，他们不再是企业的主人，就没有当家做主的权利，而是拥有参与企业管理，为管理决策提出意见和建议的权利。职工参与管理以职工（代表）大会为主要形式。三是工会民主管理是现代企业制度不可或缺的组成部分，具体表现为职工对企业重大经营决策的知情权，对经营管理重大问题的建议权，对涉及职工切身利益问题如劳动报酬、劳动时间、劳动安全等的表达权和协商权，对企业领导干部的评议监督权。这些权力主要通过工会组织和职代会、职工董事监事、平等协商集体合同和厂务公开等制度来实现。

（二）基层工会民主管理的特征

1. 坚持政治性与群众性相结合

工会是中国共产党领导的职工自愿结合的工人阶级群众组织，是党联系职工群众的桥梁纽带。工会的性质和使命决定了基层工会要始终坚持党的领导，走中国特色的社会主义工会发展道路。当前，中国特色社会主义进入新时代，我国的民主政治建设取得重大进步，社会主义民主不断发展和完善。习近平总书记在党的十九大报告中用“八个明确”和“十四个坚持”深刻阐释了新时代中国特色社会主义思想和基本方略。基层工会要始终以习近平新时代中国特色社会主义思想武装头脑、指导实践，坚持依法建会、依法管会，不断推进基层民主管理工作的发展。在推动工会和职工参与民主管理过程中，必须把坚持党对工会工作的领导作为根本遵循，切实增强“四个意识”，坚定“四个自信”，旗帜鲜明、毫不动摇地执行和落实党的大政方针，坚决维护党在职工群众中的权威和形象，始终坚持工会民主管理工作的正确政治

---

① 吴亚平．对工会民主管理工作的再认识［J］．中国劳动关系学院学报，2010（2）：7.

方向。

作为职工群众性组织，代表和维护职工的合法权益，全心全意为职工服务是基层工会的根本宗旨。在社会主义新时代，基层工会要准确把握职工群体的新特征，全面了解职工群众的新需求，按照党政所需、职工所盼、工会所能积极推动基层民主管理。既要围绕党和国家工作大局搞好“公转”，又要聚焦服务职工群众搞好“自转”，把接受党的领导、团结服务职工群众、依法依章程开展工作有机统一起来。坚决维护职工队伍和工会组织团结统一，承担起引导职工群众“听党话、跟党走”的政治责任。要把竭诚为职工群众服务作为基层工会一切工作的出发点和落脚点，构建以精准帮扶为重点的服务职工体系，更加精准、有效地推动解决职工群众最关心最直接最现实的利益问题、最困难最忧虑最急迫的实际问题。充分发挥政府与工会联席会议制度和协调劳动关系三方机制的作用，积极参与协商民主建设，把劳动关系的建立、运行、监督、调处纳入法治化轨道；切实加强以职代会为基本形式的企事业单位民主管理制度，落实职工知情权、参与权、表达权和监督权，在民主管理的进程中始终体现群众性。

2. 坚持代表性和全员性相结合

基层工会作为职工合法权益最直接的代言人和维护者，要始终和职工群众保持紧密联系，代表全体职工行使民主管理的权利。通过各种途径向党委和行政反映职工诉求，解决职工群众实际困难，为职工营造劳动光荣、稳定和谐的劳动环境，为促进企业的持续发展添砖加瓦。这就需要基层工会在参加民主管理的过程中，坚持把党的群众路线作为工会工作的生命线和根本工作路线，要推进深入一线职工常态化，全面了解和掌握职工实际情况，认真思考、分析、判断企业发展形势，创新参与民主管理的方法、途径和形式。通过多种方式和渠道听取、反映职工意见建议，做到职工群众满意的就坚持、不满意的即行即改，切实将维护职工合法权益和职工参与民主管理的权利落到实处。

除了代表广大职工行使民主管理外，基层工会还要组织职工参与民主管理，注意处理好职工代表和全体职工的关系。一方面，既要把包括农民工、临时工在内的广大职工组织动员起来，群策群力积极参与生产建设，为企业发展建言献策，在推动企业改革发展的进程中，实现职工群众共享企业发展成果。要让全体职工都有意愿、有权利、有渠道参与本单位涉及职工利益的重大事项决策，能够畅通无阻地表达自己的合理诉求，最大范围地拓展本单位民主管理的范畴。另一方面，为了确保全体职工参与民主管理的权利，增强工会组织的广泛性和代表性，要尽量提高基层工会领导机构、职代会、企业董事会、监事会的职工代表比例，将劳动模范、科技先锋、道德楷模等先进职工代表纳入其中，代表全体职工行使民主管理和监督的权利，确保企业和工会组织民主管理工作稳步有序推进。

3. 坚持民主管理和民主监督相结合

民主管理和民主监督是民主权利的两个部分，两者密不可分，缺一不可；一旦有所缺失，就无法保证民主权利的真实性、有效性。民主管理是指公民作为政治主体依据宪法或法律法规赋予的权利，参与各项国家或社会事务管理，并同时承担相应责任和义务的过程。民主监督则指人民根据《宪法》和法律法规赋予的权力，对国家机关和公职人员进行监督，以达到制止、纠正和惩处各种违法行为的目的。在企事业单位，职工群众的民主权利同样包括民主管理和民主监督两个方面，二者相辅相成。职工参与民主管理是进行民主监督的前提和基础，而职工的民主监督则是职工民主管理的延续和升华，也是民主管理得以顺利推进的保障。建立职工民主管理监督机制，是建立现代企业制度的客观要求，是不断增强企事业单位凝聚力、推动科学持续良性发展的重要举措。

基层工会推进民主管理工作，要注意将民主管理和民主监督二者有效结合起来，千万不可有所偏废。要明确目标和任务，突出工作重点，加大工作力度，把民主管理和民主监督纳入单位管理制度的体系之中，整体协调推进民主管理工作。要通过建立健全平等协商和集体合同制度、厂务公开制度、民主管理制度以及职工董事、职工监事等制度，规范各项民主管理制度的运行标准和工作程序。在企业进行经营管理决策、制定分配制度、完善劳动安全卫生和职工生活福利设施，以及企业领导者在执行党风廉政建设法规时，要通过规范的民主程序来把握和实现，尽力消除不和谐因素。要完善监督机制、激励机制和责任追究机制，将基层工会工作和企业生产经营活动自始至终置于职工群众监督之下，扩大职工对生产经营活动的知情权、重大决策的参与权和领导行为的监督权，保证厂务公开、民主管理工作规范有序开展。

（三）基层工会民主管理的形式

开展任何工作都必然需要借助一定的形式，基层工会的民主管理工作也不例外。当前，基层工会民主管理工作的主要形式有以下几种。

1. 职工代表大会制度

职工代表大会制度是我国企事业及机关单位实行民主管理的基本形式，是职工通过民主选举代表，组成职工代表大会，在企事业内部行使民主管理权力的一种制度。它是我国基层民主制度的重要组成部分，是实行企事业厂务、政务公开的主要载体，是尊重和保障职工民主权利，切实加强职工民主管理和民主监督，有效调动职工当家作主积极性，凝聚职工智慧和力量，推动基层企事业单位持续健康发展的有效机制。这项制度 20 世纪 50 年代初就已经在我国实行，并逐渐在企事业单位中全面推广。如今，绝大多数基层企事业单位已经建立了职工代表大会制度，每年定期召开职工代表大会，听取关于发展规划、年度计划、生产经营、改革举措等重大决策的工作报告，审议集体合同、工资协议、奖惩办法、劳动保护以及涉及职工切身利益的重大事项等。职工代表大会制度是基层工会广泛组织职工参与本单位民主管理的最重要形式。

2. 厂务公开制度

厂务公开就是把企业的重大决策、生产经营管理的重要问题、涉及职工切身利益的事项以及与企业领导班子建设和党风廉政建设密切相关的问题，根据有关法规和制度，通过职工代表大会、厂务公开栏等多种形式，向企业广大职工公开，使职工及时了解厂情，更好地参与企业决策、管理和监督。厂务公开的内容主要包括：企业重大问题决策公开，企业干部的选拔、任用和管理公开，涉及职工切身利益的问题公开，企业经营状况公开以及企业干部收入和待遇公开等。厂务公开除了让职工知晓企事业单位发展情况，更重要的是要根据实际采取适当的形式，认真听取职工的意见和建议，主动接受职工的监督。通过厂务公开，不断充实和丰富职代会的内容，提高职代会的质量和实效，真正落实广大职工群众的知情权、审议权、通过权、决定权和评议监督权。所以，厂务公开是职工代表大会制度的完善、丰富和发展。

3. 职工董事和监事制度

职工董事和职工监事制度是企业职工董事和职工监事按照有关规定参与组织决策，并对组织进行监督的一系列制度、政策、法规等的总称。它是我国社会主义市场经济发展过程中，推进企业改革，确立现代企业制度的产物，也是职工代表大会制度的延伸和发展。职工董事和职工监事是指依照法律法规规定，通过职工代表大会民主选举产生，进入公司董事会、监事会，代表职工行使决策和监督权力的普通职工代表，享有与其他董事、监事同等的权利。① 作为职工和职代会推选出来的代表，职工董事、监事的活动应以职工劳动者为依托，并通过一种制度化的形式加以体现。《中华全国总工会关于进一步推行职工董事、职工监事制度的意见》中指出，推行职工董事和职工监事制度，是构建和谐社会的重要举措，也是维护职工权益，促进企业改革、发展、稳定的内在需要。基层工会要严格按照程序把好选举关，确保职工董事和监事能有效行使职权，更好地为职工发声、办事。

4. 平等协商和集体合同制度

平等协商和集体合同制度是工人运动的产物，也是维护工人利益的重要法律制度，推行该制度一方面是协调劳动关系，维护劳动者合法权益的需要；另一方面是实现劳动者的民主权利，建设民主政治的需要。平等协商是指企业工会代表职工与企业就涉及职工合法权益与切身利益等相关事项进行商谈的行为。集体合同，我国劳动部制定的《集体合同规定》将其定义为：集体协商双方代表根据法律法规的规定，就劳动报酬、工作实践、休息休假、劳动安全卫生、保险福利等平等协商一致基础上签订的书面协议。

自1986年我国劳动制度改革以来，劳动契约制逐渐发展，就业、工资、福利等劳动问题逐步纳入市场调节的轨道，这既是市场经济发展的必然结果，劳动关系运行市场化的客观要求，同时也是现代企业调处劳动关系的重要法律形式和国际惯例。我国的《工会法》《劳动法》及其他法律法规都对平等协商与集体合同制度的推行做了比较明确的规定。基层工会作为职工利益的代表者和维护者，可结合企业的具体情况将其进行细化，从而在整体上形成

---

① 冯同庆．试论职工董事、监事制度与职工代表大会制度的关系［J］．工会理论与实践，2000（4）：9.

保护职工权益的有效机制。

5. 联合职代会和区域性（行业）职代会制度

联合职代会和区域性（行业）职工代表大会制度，是伴随新兴企业工会、特别是小型非公有制企业工会的大批产生，为适应其民主管理需要而出现的新生事物。在小型非公有制企业集中的乡镇（街道）、村（社区）、开发区、高新区等，基层工会可以通过建立联合职代会或区域性职代会，来协商解决具有共性的职工劳动保护等问题，审议通过企业（行业）集体合同、平等协商工资集体协议等关系职工切身利益的重大事项。这是新形势下基层工会民主管理工作的新举措，它以基层工会组织为依托，以调整和健全区域性（行业）非公企业工会联合会为基础，从组织上保障工会组织建设，加强工会领导力量，使区域性（行业）非公企业的民主管理有了可靠的、合法的组织保证。联合职代会和区域性（行业）职代会制度的推行，一方面提升了这些企业的经营管理水平和职工的民主参与意识，另一方面也维护了职工的合法权益，促进了这些企业和谐稳定的劳动关系的建立，推动了企业的健康有序发展。

二、基层工会民主管理取得的成效

近年来，随着我国经济社会的转型发展，劳动关系和劳资矛盾发生了深刻变化，企业民主管理的意识逐渐增强，职工的知情权、话语权、参与权日渐受到重视，基层民主管理的氛围日渐浓厚。基层工会围绕中心，服务大局，依法履行民主管理职责，大力推进基层民主政治建设，着力提升职工代表的综合素质、提高职工代表大会质量、增强厂务公开的实效，积极维护职工合法权益，全面发展和谐劳动关系，为推动企事业单位发展做出了积极贡献。

（一）认识不断深化，基层工会民主管理机制逐渐健全

认识清，思路明，方向才能对。近年来，基层工会始终牢记自身肩负的历史使命和时代责任，牢固树立服务企业发展、服务社会和谐、服务职工群众的思想，围绕中心，服务大局，把推动职代会、厂务公开、平等协商和集

体合同等民主制度的建立健全和执行落实作为基层民主建设的重要任务来抓，积极发挥职工全员参与、管理、决策、监督的作用。在推进民主管理进程中，基层工会积极推动本单位党委行政重视职工民主权利落实，主动将其纳入重要议事日程，通过“四纳入”不断推进民主管理机制建设。一是纳入单位改革发展总体规划，通盘考虑、统筹安排；二是纳入基层民主政治建设内容，统一部署，统一安排；三是纳入党组织执政能力考核的责任目标，统一检查，统一考核；四是纳入企业改革改制、构建和谐劳动关系的重要举措，统一强化，统一要求。广大基层单位基本形成了党委统一领导、党政齐抓共管、纪委监督检查、工会协调指导、职能部门各司其职以及职工群众广泛参与的基层工会民主管理的领导体制和工作机制。

基层工会作为职工民主管理的组织者和实施者，也始终坚持把民主管理纳入整体工作全局的重要组成部分，从思想上摆正民主管理与工会工作的关系。从全局、整体的高度去认识和把握，将民主管理与所在单位中心工作有机结合起来，把维护职工合法权益与推动单位建设发展有机结合起来，两者相互促进。同时，认真履行职能职责，主动承担民主管理工作，变被动为主动，经常深入职工一线，听取职工群众的意见、建议和心声，及时向单位管理层反映群众诉求，当好联系群众的热心人。通过经常性地组织职工群众开展合理化建议、劳动竞赛、技术攻关以及单位文化建设等活动，不断拓展民主管理的领域，从源头上维护职工群众的合法权益，带领职工群众积极参与民主决策和民主管理，使工会的维护、教育、参与和建设等职能得到全面发挥。

（二）程序不断规范，基层工会民主管理制度日益完善

随着基层工会民主管理工作的深入推进，基层工会在同级党委和上级工会的领导下，严格按照《工会法》《工会章程》等法律法规和文件精神，认真规范基层工会民主管理程序，建立健全职工参与民主管理和民主监督的各种制度，初步形成了基层工会民主管理工作的制度框架。

1. 建立健全了职工代表大会制度

经过几十年的努力，基层工会不断推进职工代表大会制度的建立和完善，本单位民主政治建设取得明显进展。先后结合本单位实际情况，制定出职工

代表大会实施办法或实施细则，进一步明确职工代表大会的性质和职权，并对职工代表大会的代表、组织规则、会议制度、工作机构等做出详细规定，进一步规范了基层单位召开职工代表大会的程序，保证了职工代表大会的合法性和合规性。在一些建有分工会的企事业单位，不少基层工会还因地制宜，制定了二级单位职工代表大会实施细则，为附属二级单位召开职工代表大会提供帮助和指导。各基层二级单位认真落实职代会制度，严格按照程序规定，民主选举代表、委员和主席，听取和讨论行政工作报告和财务工作报告，并就有关企事业单位改革发展和职工切身利益的重大事项提出意见和建议。总体来说，当前职工代表大会制度已经深入人心，成为广大职工参与本单位民主管理和监督的重要载体；职工代表也不负全体职工重托，认真行使民主权利，为维护职工合法权益和推动本单位发展做出了积极贡献。

2. 厂务公开制度愈加规范

为了促进基层单位民主管理，推动企业科学决策，形成心齐气顺的发展环境，基层工会积极推进厂务公开，不断创新厂务公开方式，丰富厂务公开内容，规范厂务公开程序，厂务公开工作在巩固中发展、在规范中提高。广大职工对厂务公开工作热情参与、积极支持、普遍认可。在公开内容上，围绕企业生产经营、职工切身利益维护、党风廉政建设等方面进行公开，同时把大额资金的运作、大宗原材料和设备的采购、基建工程招投标、社会保障资金的缴纳、安全生产和劳动保护、企业的转机建制等列为重点公开内容，推动厂务公开不断向生产经营领域拓展和延伸。在公开程序上，严格按照要求，认真抓好公开内容的提出、研究、审查、公开评议、整改和反馈等环节，实行事前、事中、事后全过程公开，使厂务公开始终置于职工群众的参与和监督之下，保证了厂务公开的真实性、有效性。在公开方式上，以职代会或职工大会为载体，以公开栏、明白墙为阵地，以厂情发布会、职工座谈会、党政工联席会、广播、黑板报等为补充形式，做到定期公开和随时公开相结合，有效保证了厂务公开的规范运作。

3. 推动建立了工资协商和集体合同制度

改革开放后，由于一些地区、行业和企事业单位不同程度地存在损害职工合法权益的行为和影响劳动关系健康发展的问题，1996 年 5 月 17 日，劳动部、全国总工会、国家经贸委、中国企业家协会联合发出《关于逐步实行集体协商和集体合同制度的通知》。2000 年 11 月，劳动部发布《工资集体协商试行办法》，并要求在全国逐步推行。各基层工会积极响应，按照依法建会、依法管会的理念，根据《劳动法》《企业工资条例》《女职工劳动保护特别规定》等法律法规，积极推进工资协商和集体合同制度，不断夯实工资协商和集体合同制度的基础，稳扎稳打地推动工资协商和集体合同的规范化和程序化，从源头上切实保障全体职工获得公平报酬的权利。各基层工会还积极推动建立劳动关系协商制度，越来越多的非公有制企业通过职工大会、劳资协商、职工恳谈会、职工接待日、厂务公开等形式，落实职工的知情权、协商权和监督权，有力维护了职工群众的劳动权利和经济利益，劳动关系基本实现和谐稳定。

（三）载体不断创新，基层工会民主管理方式更加多样

近年来，随着现代企业制度的建立和完善，基层单位逐渐认同职工参与民主管理对企业科学决策、良性运转所起到的积极作用，从而更加关注职工参与民主管理的意愿和要求。在党组织领导下，广大基层工会立足单位实际情况，千方百计搭建各种民主管理平台和载体，为职工参与民主管理和民主监督提供多种渠道和途径，基层工会民主管理方式变得更加多样化，职工民主权利得到切实保障。一是坚持把职工代表大会作为职工参与民主管理的重要载体。大多数基层单位每年坚持定期召开一次职工代表大会，听取审议所在单位重大决策事项、领导班子廉洁自律情况以及涉及职工切身利益的重要事项。广大职工通过职工代表以提案的方式，向大会提交和传递呼声、心愿，架起了单位决策层和职工之间沟通的桥梁，有效促进了双方的相互理解。二是充分利用公开栏、发布会、意见箱、局域网、举报电话、领导开放日等多种载体，向职工及时公开本单位重要事项，广泛收集职工意见和建议，认真吸纳职工合理性建议，为单位科学决策汇聚民心民意民智。三是在一些职工人数少、分布地区广的小微型企业，积极探索区域、行业民主管理的新形式，各社区工会积极发挥区域职代会、行业职代会制度的作用，定期组织辖区职工开展民主管理活动，有效落实职工民主权利。

此外，随着信息技术和网络技术的广泛应用，互联网已经成为广大职工生活的重要内容和方式。基层工会主动适应“互联网 +”时代的到来，积极设计开发民主管理工作网上运行的功能和模块，建立领导与职工的“网上沟

通”平台、发布信息的“网上公开”平台、接受监督的“网上曝光”平台等，将传统的线下职工民主政治生活搬到网上，充分利用网络信息的交互性、及时性、共享性和不受时空限制等优势，开通职工参与民主管理渠道，满足广大职工多层次、多方面、不同时间、不同空间参与民主管理的需求。例如，利用“微信公众服务号”开展职工代表大会相关工作，包括代表推选、提案提交和回复、领导评议等；利用“微信群”或者“QQ 群”共享职代会相关材料，进行分组讨论，以及对职工代表进行业务知识和能力素质培训等。互联网在职工民主管理中的广泛运用，将极大拓展职工参与民主管理和民主监督的范围，也会大大提升基层工会民主管理工作效率，为基层单位职工行使民主权利开启了新篇章。

（四）队伍不断强化，基层工会民主管理实效日益显现

基层工会民主管理工作的顺利推进和广大职工民主权利的有效落实，很大程度上取决于是否拥有一支民主意识强、通法律、晓政策、懂管理、知群众的工会干部队伍。加强基层工会干部队伍建设，提高工会干部民主管理意识和能力已经成为各级工会组织和基层单位的共识。经过多年的努力探索，当前基层工会多数已经建立完善了科学、高效的工会干部选聘、培养、考核、评价机制。通过公开透明规范有序的基层工会主席直选方式，基层工会干部社会化、职业化聘用手段，以及制度化的工会干部教育培训措施，逐渐改变过去工会干部老龄化、文化程度不高、工作能力不强、业务工作不熟等现象，一支思想纯正、作风良好、办事干练、朝气蓬勃的工会干部队伍正在形成。

在工会干部队伍的努力推动下，基层工会民主管理工作有序推进，职工群众的民主权利得到有效落实，基层工会民主管理工作取得明显成效。一是推动了基层单位民主政治建设。通过建立健全职工代表大会制度、厂务公开制度、党政联席会制度等，适时向广大职工公开、公布有关事项，广泛征集和听取职工群众意见和建议，切实保障职工群众当家做主的地位，落实职工参与民主管理和监督的权利，为本单位科学决策提供借鉴和参考，加快了基层单位民主政治建设的步伐。二是加强了基层单位党风廉政建设。通过厂务公开，把企事业单位的经营管理和领导干部的廉政勤政情况置于广大职工群众的监督之下，并通过群众对领导干部的民主评议和民主测评，使职工的民主监督权落到实处，有效推进了基层单位的党风廉政建设。三是促进了基层

单位的和谐稳定。把厂务公开融入企业日常管理之中，使生产经营的各个环节走向透明，逐步形成了权利公平和机会均等，有助于协调好企业内外的各种利益关系。将事关本单位改革发展的重大事项和涉及职工切身利益的相关事项，广泛征求和认真听取职工群众意见，从源头上建立和完善有利于企业和谐稳定的长效机制，实现了决策层和职工之间的良好双向沟通，建立了稳定和谐的劳动关系。

三、基层工会民主管理存在的问题

毋庸置疑，基层工会民主管理工作经过多年发展，已经取得了令人瞩目的成绩。基层工会干部的民主意识极大增强，组织职工群众参与民主管理、维护职工合法权益的能力得到较大提升，基层单位民主政治生活的规范性、程序性、有序性也得到加强。广大职工参与企业民主管理和民主监督的权利也得到有效落实，职工群众的主人翁地位和作用得以充分体现，劳资双方关系进一步缓和，基层单位和谐稳定的民主生活氛围正在逐步形成。伴随着基层工会民主管理的有序推进，我们不难发现，在社会经济发展的新时代，政治结构和社会结构的快速变化和重新组合使得贫富分化依然明显，两极分化的矛盾仍然激烈，社会大众的自我权利意识逐渐觉醒，职工群众差异性诉求增多，这些无疑给基层工会民主管理工作带来“成长中的烦恼”，基层工会“不想管”“不敢管”“不会管”“不好管”等现象在各地、各领域不同程度地存在，成为制约职工民主权利有效落实的不和谐因素。

1. 基层工会“不想管”，认识偏化

由于工会组织是群众性组织，缺乏机关、军队、法院等部门的强制手段和力量，使得基层工会维护职工合法权益、组织职工参与民主管理时会显得力不从心，不时陷入“两难”境地。这使得部分基层工会的领导和干部在思想上妄自菲薄，不能正确认识基层工会的性质、职能、任务和作用，也未能对基层工会民主管理工作的重要性和必要性形成充分认识；反而错误地认为工会没有直接参与生产经营，没有特殊权利，就是所谓的“清水衙门”“边沿部门”，工会工作可有可无，“多一事不如少一事”，没有必要“瞎折腾”，弄得自己“费力不讨好”“两头得罪人，两边受气”。对工会民主管理工作的

认识偏化，导致基层工会干部缺少责任心和使命感，对具有一定难度和挑战性的职工民主管理工作不想管。有时迫于形势或上级、职工的压力，采用“能推就推”“能拖就拖”的方式，实在无法就应付了事，搞搞“形式主义”，根本不关注职工群众的利益诉求和现实需要，也未能将广大职工的意见和建议予以及时反映，使职工群众民主管理和民主监督的权利不能落实到位。这种“不想管”思想除了导致工会干部行为懈怠以外，长期的履职失位同样伤害了职工群众的信任和感情，在职工群众心中形成懒散、拖沓、不负责的组织印象。久而久之，工会与职工渐行渐远，会逐渐失去党联系职工群众应有的价值和作用。

2. 基层工会“不敢管”，矛盾激化

虽然《工会法》《工会章程》对工会代表和维护职工合法权益，组织职工参与民主管理和民主监督做出了明确规定，但是工会作为群众性组织这一性质，决定了基层工会缺乏刚性的国家强制力量作为支撑，解决矛盾和纠纷只能依靠协商、沟通、说服的柔性方式。由于缺乏强制性力量的支撑，一些基层工会干部维权缺勇气，说话缺底气，办事缺硬气。当面临单位管理层决策有误、出现侵害职工权益的现象时不敢管、不敢说，怕激化管理层和职工群众之间的矛盾，更担心一边得罪了管理层，会影响自己的发展前途；另一边又惹恼了职工群众，会影响职工对自己的评议，出现两边不讨好、两边受气的窘境。这种患得患失的消极心态，严重束缚了基层工会干部的手脚，使他们在工作中谨小慎微、胆小怕事，不敢堂堂正正地维护职工的合法权益，更不敢大刀阔斧地推进职工民主管理。这种“不敢管”的状态，虽然躲了一时，却不能躲过一世，客观存在的劳资双方矛盾，还会伴随着时间的推移愈加激烈，最终给企业和职工都带来更加严重的负面影响。

3. 基层工会“不会管”，能力弱化

“不会管”主要指基层工会想管、敢管，但是却缺乏科学管理的实际能力。在新时代，基层工会需要在协调劳动关系、维护职工合法权益、推动企业和谐发展中发挥重要作用。而发挥好这些作用，工会干部必须具备较强的民主意识和管理能力，如果没有能力和素质做支撑，就难以胜任岗位角色。从目前情况来看，部分基层工会干部队伍存在比较明显的年龄老化、学历层次低化、综合素质弱化等问题，一些工会干部年龄偏大、临近退休，思想认识松懈，行为做事懒散，对待工会工作缺乏热情和冲劲，处于“当一天和尚撞一天钟”的消极状态。由于条件有限，很多工会干部很少甚至没有机会参加系统的理论知识和工作实践方面的专题培训，他们现有的理论水平、业务能力与所面临的客观形势和职工需求有较大差距，难以对民主管理工作中的新情况新问题进行及时妥善处置。与此同时，有些基层工会没有配置专职工会干部，而负责工会工作的兼职干部一方面缺少对工会工作的钻研，并不熟悉工会业务；另一方面工作任务较重，把主要精力放在了其他业务工作上，无暇顾及工会工作，对工会工作只能应付了事。各种原因导致的“心有余而力不足”的现象，在基层工会干部中不同程度地存在，客观上影响了基层工会维护职工合法权益的效果，也影响了职工群众民主权利的有效落实。可见，基层工会干部只有不断增强素质提升意识，持续拓宽知识面，提高业务工作能力，才能在参与民主管理时赢得话语权，在维护职工权益时赢得主动权。

4. 基层工会“不好管”，权利虚化

虽然《工会法》等相关法律法规都赋予了工会组织一定的民主权利，但事实上各级工会组织尤其是基层工会参与民主管理的权利非常有限。由于基层工会主席一般由所在单位党委或行政副职担任，常务副主席由中层干部担任，他们本身既是企事业单位的管理者，也是组织民主管理和民主监督的实施者。既是“运动员”，又是“裁判员”的双重身份，在一定程度上使基层工会民主管理陷入“两难”境地。同时，基层工会对党政的高度依赖使工会干部具有明显的行政化倾向，由于工会干部的任免、提拔大多由本单位党委行政决定，选举程序基本流于形式，使得大多数工会干部偏离了代表职工群众利益的根本定位，而是单纯成为行政命令的执行者和实施者。这些工会干部不愿接触职工、深入职工、联系职工，忽略职工群众的需求，甚至会出现不敢“得罪”领导而牺牲职工利益的“逆向选择”。在基层工会的权利分配中，容易按照所谓的“民主”要求将权利不当地分配给少数人，而权利分配后又缺乏相应的监督、指导和再分配的机制。权利人如果自身激情消退或是迫于外在压力、自身利益的驱使，极可能出现不能行使或是不当行使权利的现象。例如，部分基层职工代表大会每年征集的提案很少，即便有的代表递交了提案，其内容也往往是蜻蜓点水，回避矛盾和问题，形式多于实质。究其原因，主要是拥有提案权的职工代表或是缺乏思想认识，或是迫于外在压力，或是不愿得罪他人，导致他们并不热衷甚至有意逃避行使这一权利，出现事实上的职工民主权利虚化。

四、新时代基层工会民主管理的优化思路

党的十九大报告深刻指出，发展社会主义民主政治就是要体现人民意志、保障人民权益、激发人民创造活力，用制度体系保证人民当家做主。基层工会民主管理就是人民当家做主，全心全意依靠工人阶级的具体体现，是稳定劳动关系和构建和谐社会关系的重要内容，是促进企业与职工互利共赢的有效手段。经验告诉我们，推动基层工会民主管理工作，职工群众是民主管理的主体，职代会是民主管理的基本形式，工会是联系民主管理各种因素的纽带，党政领导的态度是民主管理成败的关键。新时代，我国的经济状况尤其是劳动关系状况发生了较大变化，如何顺应时代发展、满足职工需求，进一步优化基层工会民主管理工作，需要从以下几个方面着手：

（一）强化三个意识，提高基层工会民主管理水平

在社会主义新时代，利益主体日趋多元化，劳资关系日益复杂化，“80后”“90后”青年职工逐渐成为工人阶级主体，职工群体的特征和需求都发生深刻变化，这就需要基层工会在民主管理工作中，形成正确认识，树立主体、主旨和主导三个意识，更好地履职尽责。

1. 主体意识

树立主体意识，就是要弄清基层工会民主管理的主体是谁，由谁来进行民主管理的问题。工会是职工自愿组成的群众性组织，代表和维护职工群众的利益。毫无疑问，基层工会民主管理的主体自然应该是全体职工而不是企事业单位的管理人员。职工群众的主体地位，决定了基层工会必须广泛调动职工群众参政议政的积极性，凝聚职工群众的智慧和力量，才能在推进民主管理中形成强大的凝聚力、号召力。在现代企业制度下，股东大会和董事会行使经营决策权，经理层行使经营管理权，劳动者（职工）行使民主（参与）管理权。基层工会作为职工行使民主权利的组织者和实施者，在民主管理工作中坚持职工群众的主体性，关键是依法民主选举职工代表，坚决执行

职工代表大会制度。每年定期召开职工代表大会，通过职工代表向全体职工广泛收集事关本单位改革发展和涉及职工切身利益的意见和建议，听取和审议行政工作报告、财务工作报告以及相关重要事项的说明通报等，将职工群众参与民主管理和民主监督的权利落到实处。在职工代表大会闭会期间，通过职工董事和职工监事积极参与单位决策，将职工群众意见和建议予以及时反映和表达，供本单位决策参考；通过平等协商集体劳动合同，落实职工劳动安全、劳动报酬、社会福利等劳动权利，真正实现全体职工在基层单位民主管理中的主体地位。

2. 主旨意识

树立主旨意识，是指基层工会作为直接联系和服务职工的群众性组织，要始终牢记全心全意为全体职工服务的宗旨，竭尽全力代表好、维护好职工的合法权益，坚持以职工为本，紧紧围绕职工所思所想所盼，努力推动民主管理工作，切实保障和实现职工群众的民主权利。基层工会民主管理坚持为职工服务的主旨意识，在具体工作实践中要做到：一是真正把职工群众放在心上，急他们之急，想他们所想。通过深入职工群众，与群众打成一片，全面了解职工生活、工作和思想的真实状况，针对职工的实际困难和需要为职工排忧解难，千方百计为职工群众办好事、做实事、解难事，切实维护职工合法权益。二是发挥好党联系职工群众的桥梁、纽带作用。通过各种途径和渠道广泛收集和认真倾听职工的意见和建议，积极向党委行政反映职工的愿望和诉求，为所在企事业单位决策提供参考；同时要主动与有关职能部门沟通协调，帮助职工解决实际困难，并将处理情况及时反馈给职工，加强对职工思想的引导。三是努力提高广大职工特别是职工代表的参政议政素质。通过专题培训开展集体学习，利用网络资源开展个人学习，不断提高职工群众和职工代表参与民主管理和民主监督的能力、素质。要提高职工代表的责任感、使命感和光荣感，克服“草根”思想，教育他们认真行使权利，履行义务，做一名合格的职工代表。

3. 主导意识

树立主导意识，是指基层工会作为代表和组织职工参与民主管理、民主监督的群众组织，要主动适应新形势、新要求，敢于担当抓落实，勇于创新求突破，不推诿、不懈怠，自觉承担民主管理的艰巨任务，扎实推进民主管理各项工作，精心组织实施和沟通协调，切实保证职工民主权利的实现。基层工会在民主管理中要发挥主导作用，才能引导广大职工为本单位改革发展共谋大计、共享成果，才能真正赢得重视、得到承认、有所作为、提升地位。为此，首先要积极争取党委的重视和行政的支持。作为职代会的办事机构和民主管理工作的牵头部门，基层工会要充分认识民主管理、厂务公开的开放性，最大限度地把各方面的积极性调动起来，把各种力量凝聚起来，形成党委领导、行政支持、各面配合，党政工齐抓共管的民主管理工作新格局。其次要有真挚的群众情结，牢固树立职工利益无小事，工会工作无虚事的工作观；把工会工作作为党和群众的事业干，把职工的事情当成自己的事情办的价值观，使基层工会真正成为职工群众的代言人，敢于并善于运用法律法规，在围绕企业中心、服务工作大局的实践中切实发挥好基层工会的作用。最后要强化自身的改革创新，讲学习、讲政治、讲原则。加强自身的理论学习和实践锻炼，以斗志昂扬的精神风貌，主动进取、真抓实干，使民主管理思想深入人心，使民主管理工作有法可依，使职工民主管理权力有效落实。

（二）加强制度建设，完善基层工会民主管理制度

制度建设是带有根本性、全面性、稳定性和长期性的一项重要工作，是基层工会民主管理工作规范化、程序化、科学化的前提和基础。规范化、程序化是保证民主管理工作科学化的保证，是避免“偷工减料”、流于形式的关键。因此，基层工会应加强民主管理制度建设，形成常态化、科学化、规范化的运行机制。不断完善以职代会、厂务公开为基本形式的民主权利保障机制，以平等协商和劳动合同为基本形式的经济权益维护机制，以劳动争议调解仲裁和劳动关系三方协商会议为基本形式的劳动关系协调机制。

1. 健全职代会制度，完善民主管理的主要载体

职代会是现代企业制度的基本形式，是职工民主管理的主要载体，是集中职工智慧推动单位发展的重要渠道。基层工会应狠抓职代会制度健全，严格按照制度规范职代会工作程序，推动单位决策做到“四不”，即不经职代会审议的重大生产经营方案不决策，不经职代会审定的改革举措不出台，不经职代会决定的涉及职工切身利益的问题不拍板，不经民主评议的领导干部不任用。使各级班子的决策过程变为职工参与的过程，确保职代会成为企业

凝心聚力、建言献策、集中民智的有效载体。

基层工会健全职代会制度，首先要规范职代会会议制度。职代会届期原则上为三年至五年，每年至少召开一次，每次会议参会代表必须达2/3以上代表人数方可召开；基层工会组织职工代表在职代会上与企业经营者签订集体合同、工资集体协议，进行选举和通过涉及职工切身利益重大事项时，应采取无记名投票表决方式，通过票数达全体职工代表一半以上才能实施。其次要严格会议程序。在职代会筹备期间，要成立筹备工作组，扎实做好会议各项筹备工作；会前，要将会议时间、议程、工作安排等报上一级工会组织预审；在正式大会上，要严格按照议程有序进行行政工作报告、工会工作报告、经费审查报告、代表讨论、通过提案征集报告、通过决议等，每个环节依序进行，而且一个都不能少；在职代会闭会期间，由职代会执行委员会代为履职，凡是需要职代会讨论的内容，必须及时召开执委会协商决定，并组织实施，保障职代会闭会期间的民主管理不出现空当。

2. 健全平等协商和集体合同制度，改善民主管理的基本途径

集体合同制度是在企业成为独立的法人实体和市场竞争主体后，保证企业依法行使用工和分配权利，切实保障《劳动法》赋予职工的各项权利，通过平等协商使双方权利得以实现的契约化、法制化、规范化的办法。[①] 平等协商和集体合同制度是市场经济条件下协调劳动关系的重要法律制度，也是工会维护职工合法权益的有效机制。要切实保障职工参与平等协商的民主权利和维护自身的劳动经济权益，基层工会必须完善集体合同履约责任制度、集体合同监督检查制度及集体合同草案经职代会审议制度，为落实集体合同保驾护航。健全平等协商和集体合同制度，一是为防止合同双方和个人违约行为的发生，保护被侵权者的利益，要订立集体合同履约的责任制度。在集体合同履约过程中，如果出现矛盾或遇到问题，劳资双方应及时沟通协调，共同研究处理意见或修订合同条款，直至问题解决。二是为全面履行集体合同，及时了解集体合同在履约过程中存在的问题，要实行集体合同的动态管理，有效防止劳动争议的发生，建立集体合同监督检查制度。每年由双方代表至少进行两次履约情况的督导检查或不定期抽查。三是为确保集体合同的

---

① 商保坤，侯小力．关于在建立现代企业制度中工会工作与民主管理的问题与建议［J］. 1995（5）：4.

条款更加贴近企业、贴近职工和有效执行，必须制定集体合同草案经职代会审议制度。每次集体合同讨论修改后，要提交职工代表大会审议通过，并由工会主席代表职工与企业法定代表人进行集体合同的签订，使其具有法律效力。

3. 完善厂务公开制度，构筑民主管理的长效机制

厂务公开就是依照有关法律法规，将与本单位发展和广大职工切身利益密切相关的事项，通过适当形式向广大职工公开，吸收广大职工参与决策、管理与监督的制度。厂务公开的本质是让职工知晓、知情，关键是公开内容要客观真实，这是民主管理的前提和重要环节。基层单位推行厂务公开以来，有力推进了科学民主决策和持续健康发展，但依然存在公开内容不全面、公开深度不够、公开范围不广、公开方式不新等问题。在新形势下完善厂务公开制度，提高厂务公开质量，就要实现三个拓展：一是拓展公开内容。要从表面浅层次公开转向关键领域的深层次公开，不避讳实质性问题，将公开内容的重点放在职工关心的热点、单位活动的难点和反映的焦点问题上。对大宗物资采购、人事干部竞聘任免、职称评定、业务培训、职工福利等干部职工关心的事情，都要事先公开，听取群众意见，接受群众评议，事后接受群众监督，真正落实职工的知情权、评议权和监督权。二要拓展公开工作制度。完善定期分析公开问题、定期更新公开内容和定期检查公开质量的配套制度。三要拓展公开形式，提高公开的时效性。要使厂务公开起到作用，就需要保证公开速度快、内容全面准确、条理清晰。在公开形式上，可以结合当前的新技术手段，提高公开信息的覆盖面。

（三）拓展参与渠道，创新基层工会民主管理方式

时代在变，环境在变，职工在变，这些无疑都对基层工会创新民主管理工作提出了新要求、新挑战。基层工会民主管理工作要取得实效，就必须顺应时代发展，迎合职工需求，除了按照相关法律制度规范有序地开展工作外，还得立足实际，不断研究新情况、新问题，提出新思路、新对策，开辟民主管理新渠道、新路径。

1. 研究新需求，为创新民主管理提供依据

随着经济发展和时代进步，职工队伍正在悄然发生深刻变化。社会物质生活的整体改善使得职工群众更加向往富足的物质生活，渴望更加丰富的精神世界。广大职工文化教育程度的提高使其参与民主管理的意识开始觉醒，参与民主管理和民主监督的能力不断提升。职工群体中“80后”“90后”青年职工比例逐渐增大，也使得职工群体的思想和需求变得更加多样化、复杂化、个性化。在企事业单位，广大职工不仅关心基层工会的组织建设与作用发挥，也希望通过自己的努力争取更多权益；他们对自身发展权益的关注可能超过对眼前利益的关注，对民主权益的追求有时超过了对经济利益的追求；他们对新事物的敏锐、对新知识的领悟、对新情况的判断，都有其独特的思维和见解。为此，基层工会要经常深入职工、联系职工、了解职工，通过召开座谈会、个别交谈、书面征询意见等各种途径收集了解职工群众的实际需求，并加以分门别类，归纳整理，根据不同时期、不同对象、不同需求，制定相应工作实施方案，有针对性地开展民主管理工作。

2. 探索新领域，为创新民主管理寻找机会

随着现代信息技术的不断发展和新媒体传播手段的不断出现，广大职工群众无论是思维方式还是行为模式，都深深地打上了互联网时代的印记。互联网时代给社会生活带来前所未有的冲击，“互联网+”思维和技术为工会工作也带来新的机遇，开始逐渐融入工会工作，成为基层工会开展民主管理的载体和手段。在民主管理工作中，基层工会可以充分利用互联网的及时性、共享性、便捷性和隐蔽性、平等性等特征，积极拓展职工民主管理的网络模式，为职工民主权利的实现提供无限可能，为职工参与民主管理和监督提供便利。例如，在网络设置“在线交流”板块，通过实名认证管理，设置观众席和主播席，全程录音录像，实现方案讨论、案例分享和人员培训等。“网上提案”板块，通过设置征集提案、报送提案、收集提案、处理提案、反馈意见等流程节点，公开提案处置情况，让职工代表随时了解和跟踪提案处理情况。可见，未来的基层工会民主管理可以利用线上线下相结合的方式，打破时间空间的限制，最大限度地落实职工参与民主管理的权利。

3. 尝试新做法，为创新民主管理提供路径

辩证唯物主义告诉我们，一切事物总是在不断发展变化之中。基层工会的民主管理工作也同样如此。只要我们善于学习，勤于思考，敢于创新，基层工会不仅可以在新领域、新空间为民主管理工作寻找新渠道、新路径；也可以在传统的民主管理工作模式中探索新思路、新方式，不断改革创新，推动职工群众民主权利的真正实现，也推进现代企业制度的不断完善。例如，为了确保代表质量，选举职工代表时，要根据会议审议内容，适当扩大参加会议的职工代表人数，使参加联席会议的人员更具有广泛性；职工代表选举后，要对职工代表进行培训，提高其参政议政的能力，确保其代表职工履行好民主权利。为了让代表们有充分的时间进行审议，可将各种会议材料提前下发给职工代表，会议期间本单位党政领导要列席各代表团会议，认真听取代表意见和建议。在对议案或决议进行表决时，可利用电子投票器进行无记名投票，既能提高投票统票的效率，又能真实准确地反映职工代表意愿。总体而言，只要有利于征求职工的意见和建议，有利于推动单位决策的民主化和科学化，基层工会都可以进行尝试。

（四）狠抓队伍建设，激发基层工会民主管理活力

基层企事业单位民主管理的顺利推进离不开职工群众、职工代表和工会干部三支队伍的共同努力。从任务和职责的划分来看，基层民主管理的主体是全体职工，职工代表是代表职工群众行使民主权利的部分职工，而工会干部则是民主管理工作的具体组织者和实施者。基层工会民主管理的实效性和职工民主权利的落实很大程度上取决于这三支队伍的综合素质和能力状况，因此加强这三支队伍建设、增强其民主管理意识和能力，是新时代激发基层工会民主管理活力迫切需要解决的问题。

1. 打造一支业务精湛的工会干部队伍

从根本上而言，基层工会民主管理工作最终依靠工会干部去组织、实施和落实。工会干部队伍是否想管、愿管、敢管、会管，是基层工会能否有序推进民主管理工作、落实职工民主权利和维护职工合法权益的重要因素。当前基层工会干部普遍存在年龄老化、文化程度较低、兼职现象严重等问题，

严重影响和制约了基层工会民主管理工作的推进。为此，狠抓工会干部队伍建设，推进工会干部的社会化、职业化和专业化，努力打造一支讲政治、懂法律、爱群众、业务精、能力强、作风正的工会干部队伍，是今后一段时期基层单位和基层工会都应该高度重视的问题。

打造一支业务精湛的工会干部队伍，首先，要不拘一格选才用才，要知人善用，任人唯贤。严格按照标准配备好工会干部，把那些勇于为职工群众发声，积极为职工群众办事的人员选入工会干部队伍；把年富力强、德才兼备、勤政廉政的优秀干部选配到领导岗位。其次，要加大对工会干部的培养力度。通过多种途径和方式，如举办培训班、专题讲座和学习交流会等及时分析工作形势，探讨工作难题，研究工作思路，为拓展和创新民主管理工作提供源源不断的智慧。再次，要建立完善工会干部考核评价和奖惩机制。除了自上而下的监督检查外，每年还应定期组织职工群众对工会干部履职情况进行评议。对履职好、群众评价高的工会干部给予表彰奖励；对得过且过、履职敷衍了事、群众评价低的工会干部进行批评教育；屡教不改者应予以行政处罚，甚至淘汰、免职。最后，要设置配套保障措施解决工会干部的履职困境。在工会干部的选拔任用上，改变过去由党政或企业主直接任命的做法，而应该严格按照选拔条件和选举程序，由广大职工民主选举产生，择优聘用。对想管、敢管、会管的工会干部应给予相应的政策支持，免除工会干部认真履职的后顾之忧。

2. 培育一支履职尽责的职工代表队伍

职工代表是全体职工行使民主权利的代表人员，职工代表必须具备较高的政策理论水平、较强的参政议政能力和较好的业务知识素养，才能代表全体职工行使好民主管理和民主监督的权利。为此，基层工会要着重提高职工代表的“四种能力”：一是参与能力。职工代表要熟悉掌握党的方针政策和国家的法律、法规及相关的业务知识，能够积极建言献策，确保关键时刻参得上、议得出。二是分析能力。职工代表对单位发展规划、改革举措，职工反映的热点、难点问题，能进行科学的分析归纳，形成较客观合理的意见，以便及时有效地提出建议。三是调研能力。职工代表应经常深入职工中，了解职工所思、所想、所急、所盼，掌握第一手有血有肉的材料，及时准确地反映职工的意愿，更好地代表和维护广大职工的合法权益。四是表达能力。职工代表要充分发挥上情下达和下情上传的作用，一方面把职工的意见和建议传上来，另一方面把职代会精神和决定传下去，以求形成共识，形成合力，共促单位发展，共谋职工权益。

3. 培养一支高素质的职工队伍

职工是企业的主体，拥有高素质的职工队伍是企业稳步发展的基础，也是推动企业民主管理进一步规范化、程序化、科学化的需要。基层单位应该让职工当“参谋长”，强化职工在决策体制中的作用，使之成为决策体制的重要组成部分。要让职工当好“参谋长”，就必须培养他们参与民主管理的意识和提高他们参与民主管理能力，能够依法理性表达自身的诉求，维护自身的合法权益。培养职工群众的民主管理意识和能力，需要做好以下工作：一是加大民主管理的宣传。以职工群众易于接受的方式，将党和国家的相关政策、本单位的发展状况以及职工的民主权利等全面系统地向职工进行宣传，推动职工了解、理解民主管理工作，并自觉将个人命运和单位发展紧密地联系起来，增强参加民主管理的积极性和主动性。二是开展民主管理专题培训。针对职工群众想参与民主管理，但又缺乏民主管理能力的现状，组织职工观看、收听和参加民主管理讲座、节目与活动，并利用网络媒体的优势，开展职工群众民主管理培训，提高广大职工参与民主管理和民主监督的能力。三是做好职工帮扶引导工作。要经常深入职工、联系职工、关心职工，全面了解和准确掌握职工群众的所思所想，针对职工群众存在的思想问题和心理疑惑，要及时予以解释、说明和疏导，帮助职工树立正确的民主权利观，依法行使自身的民主权利，切实维护自身合法权益。

【典型案例 5 -1】

全员共管理 民主入人心[①]

——石家庄铁建公司工会探索民主管理新形式

为了加强在工程项目中的民主管理，切实保障一线职工行使民主管理的权利，充分调动广大职工投身企业改革建设发展的积极性、主动性和创造性，努力构建和谐企业。石家庄铁建公司工会积极探索项目职工大会的民主管理

---

① 刘鹏．全员共管理 民主入人心——石家庄铁建公司工会探索民主管理新形式［J］．工会博览，2015（10）：59.

形式，取得了良好的效果。

一、整章建制，规范程序

为了使工程项目部职工大会不流于形式，石家庄铁建公司工会制订了《中铁六局石家庄铁建公司工程项目部职工大会实施办法》。一是确定了工程项目部召开职工大会的时间。各项目部每年初在公司召开职代会后一个月内要召开职工大会，若确有特殊原因不能按开职工大会，须经公司批准方可延期召开，但延期不得超过一个月；二是明确了工程项目部职工大会的主要议题。首先项目经理必须在职工大会上做行政报告，其次党政正职做口头述职报告，班子副职书面述职报告提前两天张贴公示；再次民主测评项目部班子及领导干部，并对部门负责人及相关工作人员进行民主测评；最后审议有关涉及职工切身利益的重要规章制度等其他事项，并进行投票表决。三是规范了工程项目部职工大会的程序。在公司职代会项目部做好前期准备工作后，将资料上报工会工作部。项目职工大会到会职工必须达到项目职工总数的2/3以上方可召开。参与测评人数不得低于项目职工总数的80%，否则测评无效。

二、加强督导，刚性执行

为了确保一线职工充分行使自己的民主权利，一是公司由党委工作部、党委干部部、人力资源部、工会工作部组成督导小组，全程监督、指导各项目部职工大会的召开；二是公司人力资源部（党委干部部）专门制定并下发了《中铁六局集团石家庄铁路建设有限公司中层干部及项目部关键岗位人员考核测评办法》，明确规定：考核结果作为干部选拔任用和调整的重要依据。对测评不称职票超过30%的干部诫勉一年，诫勉期满后，考核测评不称职票仍超过30%的应免去其现任职务；对测评不称职票超过50%的干部免去现任职务。三是公司职代会召开后一周内，公司工会逐一提示各项目部准备召开职工大会，统一规划各项目部职工大会的召开时间，并对相关程序、会议筹备进行全面指导。

三、作用发挥，成绩凸显

项目部职工大会实施三年以来，既加强了公司的民主管理，也受到了广大职工的普遍认可。一是充分维护了职工的知情权、参与权等民主权益，畅通了职工表达诉求和意愿的平台。使广大职工更加清楚公司及项目部的经营状况、面临的形势、当前的主要任务和今后的工作思路与计划，从而积极主动地参与到项目部的各项管理之中；二是对项目班子成员及关键岗位人员起到了群众监督的作用。广大职工公平、公正、实事求是的民主测评，为公司考核干部提供了可靠的依据。三是提升了项目部领导干部维护职工利益的自觉性。由于项目部领导干部的言行举止都会在民主测评中得到充分体现，所以项目部在出台各项制度和办法时，都会主动权衡职工群众的利益，使得项目的各项规章制度更加人性化、合理化、科学化。

【典型案例5-2】

黑龙江省农垦宝泉岭管理局工会民主管理多措并举①

黑龙江省农垦宝泉岭管理局工会注重维护职工合法权益，将厂务公开民主管理工作，作为广聚民智、发挥职工主人翁作用的有效载体，纳入加强和创新社会管理总体规划，精心组织，扎实推进，形成了工作机制健全、公开范围扩大、内容深化、形式多样的良好发展态势。

一、科学完善基层“两会”

规范企事业“两会”，即“场（厂）级职工代表大会、基层职工民主大会”。在召开职代会中，严把“代表竞选关”“比例关”“提案关”“联审关”和“报告关”等五关，实行“统一思想、统一布置、统一审批、统一召开、统一总结”五统一工作方法，确保民主管理的质量。通过自荐报名、资格审查、竞选演讲、民主选举、公示备案等程序，把正直淳朴、技能过硬、敢于反映职工群众意见的高素质职工选为职工代表，并严格控制领导干部代表比例，保证一线职工、女职工比例，增加农民工比例。他们要求会前统一把提案征集表发放到广大职工手中，把职工真正关注的问题征集上来，筹备小组组织相关部门召开专门会议进行分类和解答，整理成提案解答报告在职代会上听取审议。实行这一做法以来，连续五年各项议案通过率在96%以上，职工代表对厂务公开落实情况的满意率在97%以上。

二、扎实推进“五项制度”

一是民主评议领导班子制度。要求副处级以上领导干部在职代会上述职，并接受职工代表评议。基层党政领导干部在本单位职工民主大会进行述职并接受职工评议。严格把关会议程序，确保参会人数，测评结果直接在大会公

---

① 谢荣，刘博．黑龙江农垦宝泉岭管理局工会注重基层民主管理建设促进企业和谐健康发展[J]．中国工人，2016（11）：44-45.

布，并将评议情况汇总上报存档。二是职工代表述职、评议制度。职工代表在每年本单位职工民主大会上进行述职，接受职工测评，达标每月发放务工补贴，优秀进行奖励，不称职则进行罢免，通过抓实此项制度倒逼职工代表公平公正行使权力。三是职工代表巡视制度。管理局13个农场在项目建设各个关键节点，都组织首席职工代表进行巡视检查，确保了工程质量。四是行政领导与职工代表民主对话制度。各农场每月设置民情接待日，由一名场领导与职工面对面交流，对职工反映的问题限时给予解决。五是财务联审联签制度。要求农场及所属基层单位成立联审联签民主监督小组，由党政领导、工会主席、财务负责人、三名职工代表组成，基层单位在每月报账前必须召开联审联签民主监督小组会议，所有支出票据纳入联审联签范围。

三、健全“五个一”厂务公开机制

从2015年开始，管理局实施了“五个一”厂务公开工作机制，即一个公开栏、一张明白卡、一个公开网、一个微信群和一个公众号，广大职工群众在家中用电脑或手机就能了解公开信息。在公开内容上，凡是关系企业发展的重大问题，涉及职工群众切身利益的重要问题，企业的重大决策、管理经费使用情况、重大项目安排等及时公开。将涉及职工利益的土地承包细则、地号图、地费收缴、大宗物资材料采购等进行常年公开。在责任划分上，坚持党委领导、行政支持、工会牵头、部门配合、纪委和职工代表监督评议的机制，共同推进厂务公开工作向纵深发展。

第六章　基层工会的职工服务

代表和维护职工群众利益，全心全意为职工服务是工会组织的根本宗旨，也是其职责所在，这是由我国的国体、工会的性质和传统所决定的。我国是工人阶级领导的、以工农联盟为基础的人民民主专政的社会主义国家；工会是工人阶级利益的代表者和维护者。这种性质决定了中国工会在 90 多年历史中，一直把热诚为广大会员和职工群众服务，作为思想和行动的根本宗旨，自始至终保持同会员群众的密切关系，依靠会员群众开展工会工作。基层工会作为距离职工最近、联系职工最直接、服务职工最具体的工会组织，是各项工会工作的组织者、推动者和实践者，也是各级党政部门联系职工的桥梁和纽带，是工会履行职责和发挥作用的关键所在。俗话说："地基不牢，地动山摇。"在我国进入全面建成小康社会和社会主义现代化强国的新时代，基层工会要更好地适应新形势、新要求，就必须坚定根基在职工、血脉在职工、力量在职工的认识，在思想上尊重职工，在感情上凝聚职工，在工作上依靠职工，进而在行动和服务上贴近职工①；必须牢牢把握"一切为了职工，一切服务职工"的基本理念，全心全意当好职工诉求的代言者，合法权益的维护者，服务职工的贴心人。

一、基层工会职工服务概述

"基层工会职工服务"是指基层工会组织坚持以职工为本的服务理念，把为职工群众服务作为工会工作的出发点和落脚点，针对职工的实际需求，千方百计为职工办好事、做实事、解难事，急群众所急，想群众所想，把职

① 吴亚玲. 关于推动基层工会服务职工新发展的思考 [J]. 山东工会论坛，2015 (6)：18 - 19.

工群众满意不满意作为检验工会工作的重要标准，切实维护职工合法权益，努力提升职工群众的满意度和幸福感。改革开放后，基层工会响应号召，调整工作方向，立足实际积极为职工群众开展各种服务，充分发挥了党联系职工群众的桥梁纽带作用和国家政权的重要社会支柱作用。但是与此同时，部分基层工会依然不同程度地存在思想认识偏位，服务职工的意识不强、思路狭窄、手段落后、资源不足等问题。为了今后更好地推进职工服务工作，把服务职工与组织引导职工以及维护职工权益紧密结合起来，发挥作用，突出特色，体现价值，为推动经济科学发展和社会和谐进步多做贡献，基层工会必须从职工群众的角度重新审视自身工作，弄清工会职工服务的丰富内涵、重要意义和工作原则，才能为广大职工提供满意服务。

（一）基层工会职工服务的丰富内涵

为职工服务是工会组织的本质要求，也是基层工会存在的应有之义，是基层工会工作的主要任务。基层工会职工服务的范围广、内容多、要求高、任务重，深刻理解和准确把握基层工会职工服务的要义，需要进一步弄清其中的丰富内涵，处理好以下的几种关系：

1. 正确理解服务大局和服务职工的关系

工会是党领导下的职工群众组织，为党和国家工作大局服务是工会工作的价值所在；为职工群众服务是工会组织的天职。① 这就意味着基层工会既要服从服务于党和国家的工作大局，团结和带领广大职工积极投身于社会主义事业建设，加快全面建成小康社会和社会主义现代化的伟大进程；同时也要适应职工队伍日益壮大与劳动关系日益复杂的新形势，增强服务职工意识，创新服务职工手段，主动贴近职工群众，倾听职工呼声，反映职工诉求，维护职工权益，把广大职工群众更好地紧密团结在党的周围。基层工会服务大局和服务职工，并非是随意的主观选择，而是具有客观的现实基础，这是由党和国家的性质以及基层工会的地位所决定的。我国是共产党领导的人民民主专政的社会主义国家，党是人民利益的忠实代表，国家的繁荣富强和社会的文明进步反映工人阶级的根本利益，也是广大职工群众的共同愿望。只有

---

① 杨鼎家．新形势下基层工会工作创新实用手册［M］．北京：中国言实出版社，2016（3）：15.

国家实现了繁荣富强，基层工会才能获得丰富的社会资源为职工群众谋求更多的福利、提供更好的服务，广大职工的诉求和愿望才能得到更大程度的实现。因此，从根本上讲，服务大局和服务职工是一致的，二者并不矛盾。服务大局是基层工会工作的根本方向，服务职工是基层工会工作的具体体现，基层工会必须在党的领导下开展服务职工的工作，只有通过服务职工群众才能实现服务大局的目标。

2. 正确处理维护职工权益和服务职工的关系

全心全意为职工服务是工会的根本宗旨，维护职工合法权益是工会的基本职责。从某种意义上说，基层工会主动为职工提供全面、精准的服务，既是维护职工权益的内在要求，也是维护职工权益的外在表现。也就是说，服务是维权的载体和形式，维权是服务的本质所在。在社会经济发展转型的关键时期，经济结构的调整和利益格局的重组不可避免地会带来一系列社会矛盾和劳资冲突，基层工会的身份也随之变得多样化，面临的任务也更加复杂化。在推进各项工作时，基层工会要坚持全心全意为职工群众服务，准确全面把握服务型工会的丰富内涵，深刻领会服务是工会维护职能的延伸、细化、发展，维护职能的实现离不开服务。基层工会只有强化服务意识、创新服务手段、完善服务功能、增强服务能力、提高服务质量，以职工满意为重要依据，以职工得实惠为根本目的，通过多渠道的服务才能实现全方位的维护。与此同时，在服务职工的过程中，基层工会要始终牢记代表和维护职工的合法利益是工会的基本职责和根本任务，要突出维护职责的定位，把维护职工权益作为服务职工的中心工作，使维护的旗帜更鲜明、维护的力度更强大、维护的效果更满意，使基层工会真正成为职工群众利益的维护者和代言人。①

3. 正确对待普惠型服务和特惠型服务的关系

随着我国城镇化和工业化进程的不断加快，各地职工群体总量迅速增大，职工构成更加复杂，职工需求更加多样。面对如此庞大、多变的职工群体，基层工会必须正确对待普惠型服务和特惠型服务的关系，才能为职工提供全面、科学、精准的服务，最大限度满足职工需求。普惠型服务是指基层工会

① 蒋明芽．服务型工会组织的职能与创新发展［C］．学术视域下的2015全国两会热点解读——决策论坛，2015（3）：22.

为本单位全体职工会员提供的各种服务，不论性别、年龄、职务、收入等情况如何，全体职工均能公平享受同样的服务。而特惠型服务则是指基层工会针对突然发生变故或出现特殊困难的少数职工，或为国家社会、单位集体做出突出贡献的杰出职工所提供的特殊服务，这种服务只有少数或个别职工才能享有。普惠型服务和特惠型服务是普遍和特殊、整体和部分的关系，在服务职工的具体实践中，两种服务缺一不可，都是服务职工的重要内容。基层工会必须将普惠型服务和特惠型服务兼顾起来，既满足广大职工的共同需求，又顾及少数职工的特殊需要；既讲全面，又讲重点，点面结合开展服务职工工作，不留死角，为职工提供人性化、科学化、精准化的服务，真正做到为职工排忧解难或锦上添花，才能增强基层工会的凝聚力和感召力，成为职工心中真正信赖的“娘家人”。

4. 正确协调工会服务和社会服务的关系

在我国经济社会转型发展的新时期，职工群众对工会服务的需求日益个性化、多样化、复杂化；受限于工会的职能性质和社会经济的发展状况，基层工会无法拥有丰富的资源和手段为职工开展服务，有的工会组织尤其是中小型民营企业的工会组织缺乏足够的话语权和支配权，普遍受到资金、人力、物力等方面的限制，根本无法为职工群众提供所理想的服务，满足广大职工的需求。为此，在资源相对匮乏的条件下，基层工会为职工服务，一方面，要坚持统筹兼顾、确保重点、勤俭节约、量力而行的原则管好、用好工会资源，积极寻求本单位党政支持，充分挖掘组织内部资源为职工群众提供力所能及的优质服务；另一方面，要开动脑筋创新思路，突破组织界限，汇聚工作合力，发挥工会组织外各方面的积极性，注重整合和借助社会资源优势为职工群众提供服务。事实上，工会服务和社会服务是基层工会为职工服务的两种手段和途径，其中基层工会服务占主导作用，社会外界服务起辅助作用，社会服务是工会服务的进一步延伸和发展；二者服务的目的、对象和方向一致，你中有我，我中有你，相互交织，互为补充，取长补短。

（二）基层工会职工服务的重要意义

从工会的性质和党的宗旨来看，竭诚为职工会员提供服务是基层工会的使命和责任所在，也是基层工会长期必须坚持追求的目标和任务。在我国经济社会改革发展的关键时期，基层工会进一步增强服务职工意识，扩大工会工作覆盖面，努力为职工办实事、做好事、解难事，使工会工作更加贴近职工群众，更加符合职工群众意愿。这是适应我国经济社会发展的客观需要，是践行党的宗旨的重要表现，是体现工会本质属性的内在要求，也是创新工会工作的应有之义。

1. 职工服务是适应经济社会发展的客观需要

在我国，工人阶级是国家的领导阶级，是先进生产力的代表，也是改革开放和现代化建设的主力军。在经济社会发展的新时代，工人阶级的历史使命就是要在党的领导下，积极投身于社会主义现代化建设，努力推动中华民族伟大复兴中国梦的实现。中国工会作为党领导下的职工群众组织，肩负着团结职工、引领职工、服务职工的时代责任。为了顺应时代发展，充分发挥工会组织作用，更好地围绕中心、服务大局、服务职工，基层工会必须从党和国家事业发展全局的高度看待工会组织、把握工会工作，以改革创新精神全面提升工会围绕中心、服务大局的能力和水平，进一步激发广大职工的劳动热情和创造潜能，努力推动各项社会主义事业的建设发展，为服务职工创造更多更好的社会资源。同时，要强化服务意识，挖掘服务资源，提升服务能力。坚持从职工需要出发开展工作，让企业发展成果更多更好地惠及全体职工，把更多注意力放在困难群众身上，切实解决群众关注、利益攸关的劳动就业、收入分配、社会保障、妇女权益等问题，努力为群众排忧解难，真正成为群众信得过、靠得住、离不开的知心人、贴心人。

2. 职工服务是体现工会本质属性的内在要求

《工会章程》明确规定中国工会是会员和职工利益的代表，是职工为了保护自身利益而自愿组织起来的群众组织。围绕职工需要，为职工提供服务，维护职工合法权益是工会本质属性的内在要求。2013 年 10 月，中国工会十六大提出要加强建设服务型工会的目标，是新时期对建设什么样的工会，怎样建设工会的科学回应。它不仅体现了时代要求和实践需要，也为改进和加强基层工会工作指明了方向和提出了要求。今后很长一段时间内，基层工会必须坚持党的群众路线，进一步增强为职工服务的意识，按照“三严三实”专题教育要求，加强服务型工会组织建设，以更加严谨务实的作风，以职工需要为第一选择，以职工满意为第一标准，把维护职工合法利益作为工作的出发点和落脚点，并把实现好、维护好、发展好广大职工的合法权益贯穿于工会工作全过程，真心实意地为职工说话办事，为困难职工排忧解难，才能使工会组织成为职工利益的代表者和维护者，真正成为职工群众心中信赖的“职工之家”。为此，基层工会为职工群众提供满意的服务，既是顺应形势发展，回应党政要求、满足职工期待的必然选择；也是体现工会本质属性的内在要求。

3. 职工服务是充分发挥工会作用的必然选择

基层工会作为党领导的工人阶级群众组织，一直以来，都是通过服务大局和服务职工在不同社会时期发挥着重要作用。当前，经济社会的新变化和职工队伍的新要求，使维护职工合法权益成为基层工会新时期服务职工的中心任务和重要内容，而同时摆在基层工会面前的另一重要任务就是团结和引领广大职工积极投入我国各项改革建设事业之中，为全面建设小康社会、建成现代化强国、实现中华民族的伟大复兴贡献力量。两项任务的顺利完成，从某种角度来说，都有赖于基层工会竭诚为职工群众服务，维护职工合法权益，认真履行服务职工这一基本职责。只有突出职工群众的主体地位，赢得广大职工内心的真正认可和信赖，才能最广泛地把职工群众组织起来、动员起来、团结起来，进一步增强工会组织的凝聚力、号召力、影响力，从而进一步发挥工会组织在引领职工参与建设方面的作用。基层工会服务职工，为职工提供热诚服务，不仅是团结、凝聚职工的方式和手段，也是围绕中心、服务大局的前提和条件，它是基层工会发挥桥梁、纽带作用的必然选择。

4. 职工服务是践行党为人民服务宗旨的具体表现

中国共产党是工人阶级的先锋队，是中国特色社会主义事业的领导核心，代表中国广大人民群众的根本利益，其宗旨是全心全意为人民服务。自成立以来，党就始终保持同人民群众的血肉联系，并身体力行地将全心全意为人民服务的宗旨贯穿于革命建设等不同阶段。中国工会是党领导的工人阶级群众组织，自觉接受和坚持党的领导，不折不扣地执行党的路线、方针、政策，努力为工人阶级服务并为之谋取最大的福利，是长期坚持不变的思想理念和行动指南。2013 年 10 月 23 日，习近平总书记与中华全国总工会新一届领导班子集体谈话时强调，工会必须牢记党的重托、不忘工会职责，必须做好维护职工群众切身利益工作，促进社会公平正义，为他们排忧解难，始终同职工群众心连心，使工会组织真正成为广大职工群众信赖的“职工之家”。[①] 正是牢记党的宗旨和嘱托，基层工会始终以党中央的指示要求为行动指南，以服务改革开放大局和广大职工群众为历史使命，全心全意为职工服务，创新服务方式，搭建服务平台，深化精细化服务理念，打造精品化服务品牌，把党的宗旨自觉践行在具体工作实践中。

（三）基层工会职工服务的主要原则

新时代，我国经济成分的多样化和利益结构的调整以及职工需求的特殊性，使得基层工会服务职工的方式、内容表现出各自不同的特点。尽管如此，职工服务作为基层工会履行职能的共同手段和主要方式，在具体实践中必须要遵守和坚持同样的原则，才能保证服务工作的方向性、科学性，为广大职工提供高效满意的服务。总体而言，基层工会服务职工必须遵守的主要原则是：

1. 坚持党的领导的原则

中国共产党是中国特色社会主义事业的领导核心，也是中国工人运动和工会事业的领导核心。在中国革命、建设和改革的各个历史时期，工会组织在党的领导下，积极发挥党联系群众的桥梁、纽带作用，组织动员广大职工坚定不移跟党走，为党和人民事业发展做出了重大贡献，工人运动和工会事业从一个胜利走向另一个胜利。在新的历史时期，基层工会只有自觉坚持党的领导，工会工作才能始终坚持正确的政治方向，工会组织才能拥有广大职工的真正信赖，工运事业才能永葆生机活力。坚持党的领导，基层工会必须牢牢把握工会工作的正确政治方向，毫不动摇走中国特色社会主义工会发展道路。在思想上以党的理论武装自己，切实增强政治敏锐性和政治鉴别力，坚决贯彻党的意志和主张，严守政治纪律和政治规矩，在思想上政治上行动上始终与党中央保持高度一致。要健全完善党工共建机制，深化“党建带工建、工建服务党建”工作，把党的方针政策、决策部署转变为服务职工的自觉行动，引导广大职工坚定不移听党话、跟党走，把职工群众最广泛最紧密

---

① 刘琼．习近平同中华全国总工会新一届领导班子集体谈话［EB/OL］. http：//news. xinhuanet. com/politics/2013 - 10/23/c_117844453. htm，2013 - 10 - 23/2017 - 09 - 15.

地团结在党的周围，组织动员广大职工群众走在时代前列，为党的事业注入活力，做出贡献，建功立业。[①]

2. 坚持团结引领的原则

工人阶级是共产党执政的阶级基础、群众基础。能不能最大限度地把职工群众团结凝聚在党的周围，成为党执政的坚实基础和可靠力量是衡量基层工会服务职工能力和水平的重要依据。基层工会在服务职工过程中，应把密切联系职工群众作为生命线，认真查找并切实整改“机关化、行政化、贵族化、娱乐化”等脱离职工群众的问题，切实保持和增强基层工会的政治性、先进性和群众性。基层工会团结引领职工，一要抓好组织引领，依法推动基层单位组建工会，重点加强非公经济组织、社会组织的建会工作，不断扩大工会组织的覆盖面和工会工作的影响力，最广泛地吸引全体职工加入工会组织；二要抓好思想引领，深化“中国梦·劳动美”主题教育，加强中国特色社会主义理论体系的宣传教育，推动广大职工积极培育和践行社会主义核心价值观。认真研究新兴媒体发展规律，努力提高网络媒体运用水平，充分利用网络优势开展舆论引导和思想引领。三要抓好服务引领，把竭诚为职工群众服务作为一切工作的出发点和落脚点，进一步加强源头维护，把维护职工合法权益作为基本职责，为职工提供更多项目化、订单式、普惠性服务，让职工群众真正感受到工会是“职工之家”。

3. 坚持以职工为本的原则

基层工会的工作对象是职工，工作基础在职工。坚持以职工为本是工会组织的宗旨，也是工会存在和发展的内在要求，是工会的生命力之所在。只有牢牢把握这一原则，才能形成“一切为了职工，一切依靠职工，一切服务职工”的思想共识，切实解决代表谁、联系谁、服务谁的问题，才能赢得广大职工的理解、支持和信赖，把职工群众紧密团结在党的周围，真正成为党执政的坚实依靠力量、强大支持力量、深厚社会基础。坚持以职工为本的原则，必须把为职工群众服务作为一切工作的出发点和落脚点，紧紧围绕职工群众所思、所想、所盼、所需制定工作目标，推进各项工作，评估工作质量。要把职工群众愿望作为“晴雨表”，按照职工生物钟开展工作，推动解决职

---

① 郭志武．国有企业工会发展道路理论与实践［M］．北京：中国经济出版社，2013（6）：4.

工群众最关心、最直接、最现实的利益问题，把职工群众满意不满意作为衡量工会工作的重要依据。同时实际工作中，要以职工群众为中心，让群众当主角，而不能让群众当配角、当观众。要更多关注、关心、关爱普通群众，进万家门、访万家情、结万家亲，经常与群众进行面对面、手拉手、心贴心的零距离接触，增进对群众的真挚感情，争当全心全意为人民服务宗旨的忠实践行者、党的群众路线的坚定执行者、党的群众工作的行家里手。①

4. 坚持节约高效的原则

近年来，我们党为工会工作提供了大量的人、财、物支撑，有效改善了工会组织的工作条件，基层工会服务职工的资源较之以往更加丰富。但是，由于当前我国生产力发展不充分不平衡、贫富差距较大、贫穷落后没有得到彻底解决等问题依然突出，基层工会之间资源配备不均衡、工会经费捉襟见肘、工会服务不能满足职工需要等情况依然存在。因此，不管从国家层面还是从工会组织来看，基层工会都应该继承和发扬中华民族勤俭节约的传统美德和我们党艰苦奋斗的精神，将有限的资源投入无限的职工服务工作之中。要坚持节约高效的原则，自觉做到统筹兼顾、保证重点、量入为出、勤俭节约，以最少的投入为职工提供最好的服务，实现服务职工效益的最大化。基层工会服务职工时要少花钱、多办事、办好事，一方面，要坚决反对奢侈浪费之风，抵制乱花乱用工会经费的不法不端行为；另一方面，要防止过于节约，该花不花，该用不用，置职工需求而不顾的倾向。基层工会干部必须不断增强廉洁从业意识，树立正确的群众观、权力观、金钱观，密切联系群众和服务群众，切实保障好职工群众的利益，才能赢得广大职工的信任和拥护。

二、基层工会职工服务取得的成效

党的十八大和中国工会十六大以来，按照“努力建设学习型、服务型、创新型工会”的要求，各地基层工会在同级党组织和上级工会的领导下，坚定不移地走中国特色社会主义工会道路，始终牢记全心全意为职工群众服务

① 丁峰．习近平出席中央党的群团工作会议［EB/OL］．http：//news. xinhuanet. com/politics/2015 - 07/07/c_1115847839. htm，2015 - 07 - 07/2017 - 09 - 18.

的根本宗旨，认真贯彻落实“组织起来，切实维权”的工作方针，充分发挥贴近群众的优势，进一步增强服务职工意识，提高服务职工能力，创新服务职工方式，拓展服务职工领域，形成服务职工体系。在服务职工的具体实践中，基层工会强化组织建设，把服务职工、维护职工合法权益与组织职工、教育引导职工紧密结合起来，千方百计为广大职工办实事、做好事、解难事，努力做到保护好、调动好、发挥好职工群众的积极性和创造性，用实际行动赢得了广大职工的认可和信赖，使基层工会成为温暖的“职工之家”，工会干部成为职工信赖的“娘家人”。

（一）加强组织建设，努力打造服务职工平台

建立和完善工会组织，把广大职工最大限度地吸引到工会组织中来，是基层工会职工服务的前提和基础。按照《工会法》《中国工会章程》的规定和“哪里有职工，哪里就要建立工会组织”的原则，全国各级工会因地制宜，根据所处地区、所在行业的特点，不断创新基层工会组织形式。积极推动乡镇（街道）工会——村（居）工会——企业工会“小三级”组织网络建设，大力推进区域性行业性基层工会联合会建设，涌现出市场工会、项目工会、楼宇工会、农业产业链工会等新兴基层工会组织形式，基层工会组织体系更加完善。截至 2013 年 6 月，全国基层工会组织总数已经达到 275. 3 万个，覆盖基层单位 637. 8 万家，职工入会率达 81. 1%。截至 2012 年年底，全国共建立乡镇（街道）工会 4 万余家，基层工会联合会 12. 1 万个，覆盖小微型企业 287. 2 万个。[①] 各级工会认真研究职工队伍结构、分布和就业特点，加强分类指导，重点做好非公有制企业、在华外资企业和小微型企业工会的组建工作，大力发展服务业职工、农民工、劳务派遣工等群体入会，会员人数大幅增长，截至 2013 年 6 月，工会会员总数达 2. 8 亿人，其中农民工会员接近 1. 1 亿人，与 5 年前相比，平均每年净增会员 1 448. 5 万人。基层组织覆盖面不断扩宽，工会组织的吸引力、凝聚力不断增强。

此外，针对当前职工队伍总量大、分布广、流动快、结构与需求多元化等特点，基层工会充分利用网络技术和信息技术打造网上工会组织，创新入

---

① 王子辉．我国基层工会已超过 275 万个［EB/OL］. http：//news. xinhuanet. com/2013 - 10/21/c_117808462. htm，2013 - 10 - 21/2017 - 09 - 18.

会方式，优化入会流程，拓宽入会渠道，使职工群众通过电脑、手机等移动终端实现 24 小时入会的愿望。网上工会组织坚持以职工需求为导向，不管是发布推送的内容，还是服务职工项目的选择，都强调贴近职工需求，注重职工的反馈和互动。在传播表达方式上，顺应“双微”发展特点，采用文字、图片、视频等多种形式，以职工乐于接受、易于接受的网言网语贴近职工群众。为了方便职工接受服务，各地工会纷纷将服务窗口搬到网上，打造“网上职工之家”，使职工随时随地均可办理相关事务或向工会组织请求援助。例如，上海浦东新区总工会推出“云服务”，为职工提供“私人订制”服务；贵阳市总推出维权帮扶平台“微愿”APP，爱心人士可在平台上操作选择、资助帮扶对象；四川攀枝花工会打造“智慧工会”APP，职工可在线申请帮扶、法律援助、活动报名，等等。通过实实在在的便捷服务，不断扩大工会工作的覆盖面，把更多职工吸引到工会组织中来，凝聚到党的周围。

（二）狠抓教育引导，组织动员职工建功立业

工人阶级是建设社会主义伟大事业的生力军和骨干力量，他们的知识文化素质和业务职业技能的状况，直接影响到经济社会发展的好与坏、兴与衰，关系到社会和谐稳定的大局。为此，基层工会在职工服务过程中，充分发挥工会大学校的作用，坚持用中国梦和社会主义核心价值观凝聚共识、汇聚力量，积极开展群众性精神文明建设活动，引导职工群众树立崇高的理想信念，更加坚定中国特色社会主义的道路自信、理论自信、制度自信、文化自信。紧紧围绕统筹推进“五位一体”总体布局和协调推进“四个全面”战略布局，围绕服务区域发展总体战略和京津冀协同发展、长江经济带发展、“一带一路”建设等国家战略，引导广大职工增强主人翁意识，牢固树立并贯彻执行新发展理念，为实现“十三五”规划目标任务贡献智慧和力量。

为了主动适应经济发展新常态对职工素质提出的新要求，基层工会大力实施职工素质建设工程，通过开展多种形式的职工文化教育、技能培训、岗位练兵、技术创新、劳动竞赛等活动，引导职工群众树立终身学习理念，增强与企业同甘共苦、共同发展的责任感和使命感，进一步焕发创新创造潜能，积极投身“大众创业、万众创新”，在推进“三去一降一补”、振兴实体经济、增强企业核心竞争力中建功立业。据全国总工会统计，2016 年共有 180 多万家企业开展了劳动和技能竞赛，参与职工 8 000 多万人。同时，广泛开

展“中国梦·劳动美”主题教育，宣传劳动模范和其他典型的先进事迹，大力弘扬劳模精神、劳动精神、工匠精神，引导广大职工树立辛勤劳动、诚实劳动、创造性劳动的理念，让劳动光荣、创造伟大成为铿锵的时代强音。此外，基层工会还突出思想政治工作先导作用，把思想引领贯穿工会工作全过程，加强职工职业道德建设，打造文明健康、积极向上的职工文化和企业文化，把思想政治工作转化为生动活泼、特色鲜明、富有成效的社会生活实践，充分运用新媒体开展职工思想政治工作，教育引导广大职工不断提高思想觉悟和道德水平，以先进引领后进，以文明进步代替蒙昧落后，以真善美抑制假恶丑，使之真正成为党执政的坚实依靠力量、强大支持力量、深厚社会基础。

（三）创新服务方式，切实维护职工合法权益

当前，我国经济发展进入新常态，供给侧结构性改革深入推进，经济关系、劳动关系和社会利益关系更加复杂多元，迫切要求基层工会在服务职工、维护职工权益上更加有为，增强服务职工的意识、能力和效果。广大基层工会因势而谋、应势而动、顺势而为，坚持从职工群众需要出发开展工作，在群众所急、党政所需、工会所能的领域找准着力点，扬长避短，发挥优势，形成特色，不断创新职工服务模式，在维护职工劳动权益、民主权益、发展权益和健康权益等方面进行了积极探索。

1. 切实保障职工劳动权益

劳动权益是劳动者最基本、最重要的权利，是其他各项权益实现的重要基础，因此基层工会把维护职工劳动权益、获得合理劳动报酬的权利以及构建和谐劳动关系作为工会工作的重中之重，从强化源头参与到提供法律援助，从注重诉前工会调解到介入劳动争议仲裁、审理全过程，从委派特约律师主持诉讼调解到参与劳动法律全过程监督，取得了不少成绩。一是认真贯彻落实《劳动合同法》，深化集体协商集体合同工作，努力做到工资集体协商与集体合同签订“四个同步”，扎实推动集体协商的规范化、科学化。二是认真落实《安全生产法》和《工会参加生产安全事故调查处理暂行条例》，充分履行劳动保护监督检查的职能。大力开展“安康杯”“有毒有害防治卡”等特色活动，并把职工安全培训教育等内容纳入其中，推动“安康杯”竞赛

全方位覆盖、全领域延伸。三是针对所在用人单位侵犯职工合法权益的行为，如企业用工不规范、职工工资低于最低标准、工资被拖欠甚至克扣、劳动条件不符合安全要求等，及时对企业提出纠正意见，为职工提供法律援助，努力化解劳动争议，协调劳动关系，用实际行动彰显了“职工娘家人”的温暖。

2. 切实保障职工民主权益

民主权益是职工参与企事业单位管理，对企事业单位发挥民主决策、民主管理和民主监督作用的权利。它是职工的一项基本权利，也是实现其他权利的根本保障。为了确保职工民主权利的实现，基层工会积极推动工作运行机制改革。在组织建设方面，广泛吸纳优秀职工代表和劳模进入工会领导班子和国有独资公司以及国有控股公司董事会，增加一线职工比例，提高基层工会和公司董事会的职工代表性。在制度建设方面，建立和完善以职工代表大会为基本形式的企事业单位民主管理制度，实施重大事项报告制度和厂务公开制度，执行代表和职工监督评议制度，主动接受职工群众和社会监督，依法保障职工的民主管理权利。在民主参与方面，着力深化“双亮”、落实“四权”，把职工会员的权利落到实处，让职工参与工会工作的决策、执行、监督、评议等全过程各环节，使工会工作充分体现职工群众的意愿和要求。在工作方式方面，基层工会走出办公室和单位大院，深入职工群众，倾听职工意见；充分利用网络载体广泛收集和了解职工的需求，将职工诉求作为决策的重要依据。

3. 切实保障职工发展权益

发展权的核心内容是个人能力的充分开发和个性的自由发展。为了切实保障职工发展权益，基层工会把维护职工发展权作为发挥工会基本职能作用的重要内容，并充分发挥工会特殊优势，结合建设学习型、创新型组织的要求，积极为实现职工个人发展、企业凝聚职工和发挥工会职能搭建平台、创造条件。一是引导职工争当学习型、知识型、技能型、专家型职工，鼓励职工立足岗位，钻研业务，提高工作技能，在实践中学习成长。比如，天津港保税区针对新生代农民工确定了“两段式”素质教育思路，第一段为基本素质教育，帮助农民工尽快适应城市生活，融入社会；第二段为技能提升教育，帮助农民工学技能、长本领、做贡献。二是围绕节约资源、提高效能，广泛开展劳动竞赛、合理化建议、发明创造、技术革新、技术攻关和技术协作活动，鼓励职工改进工艺、技术和设备，最大限度地把发挥广大职工的潜能和聪明才智凝聚到实现企业目标上来。三是逐步建立健全了人才培养、考核评估和表彰激励的长效机制，努力营造尊重劳动、尊重知识、尊重人才的氛围，为职工的岗位成才创造良好的环境。

4. 切实保障职工健康权益

劳动者的生存权和健康权是职工最大最基本的权益。基层工会高度关注职工身体健康状况和家庭生活情况，定期开展普惠性服务和特惠性服务，千方百计地为职工办好事、解难事、做实事，不断提高职工身心健康水平和家庭生活质量。一是注重发挥职工文体活动阵地的优势，加大对文化宫、俱乐部、职工技校等活动阵地的投入力度，改善职工活动场所的设施设备；大力开展职工喜闻乐见、有益身心健康、丰富多彩的文化体育活动，以健康向上的精神引领职工，缓解职工工作压力，丰富职工业余生活。二是大力开展节日慰问、蓓蕾行动、清凉一夏、金秋助学、暖冬行动以及协助政府做好再就业等特色活动，将党和政府的温暖及时送到职工群众的心坎里。三是建立和完善困难职工帮扶制度，设立专门的困难职工帮扶中心和帮扶站。通过信访接待、政策咨询、职业介绍和职业培训、法律援助、生活救助等多种形式，为困难职工提供直接、快捷、方便的帮助和服务；与有关部门积极配合，帮助解决困难职工在就业、医疗、生活、子女上学等方面遇到的困难和问题，依法保障职工合法权益。

三、基层工会服务职工存在的问题

近年来，我国各地基层工会着眼于推进“四个全面”和服务“五位一体”建设大局，从职工的实际需求入手，坚持“组织起来、切实维权”的工作方针，开展“面对面、心贴心、实打实服务职工在基层”等系列活动，积累了丰富的工作经验，服务职工取得了明显成绩。但是由于各种主客观原因，当前基层工会依然存在服务职工“缺位”“偏位”“错位”现象，在一定程度上影响和制约了服务的深度、广度与效果，与党和职工群众的需求还存在一定差距，影响了工会组织的形象，不利于团结和凝聚职工。

（一）服务职工的组织建设不够完善

从全国范围来看，基层工会组织建设不够完善，明显存在全面发展与局部不平衡的矛盾。主要体现在：党政机关、国有企事业单位的工会在组织建设、服务职工方面明显走在外资、民营企业单位前面，组织机构健全，体制机制完善，工作更加规范，服务更加到位；经济效益好的企事业单位服务职工的力度、深度和广度明显好于经济效益差的企事业单位；大型企事业单位明显好于中小企事业单位。此外，基层工会组织建设不够完善还体现：

1. 工会组织建设还存在盲区

随着职工队伍规模的迅速发展壮大、非公有制企业职工与农民工的大量增加以及职工群众就业、生活、聚集方式的日益多元化，工会组建和会员发展在新就业形态和非公有制经济组织、社会组织等新领域中，还存在不少的盲区。虽然近年来组建的基层工会数量不少，但是往往组织松散，不能切实发挥应有的作用。尤其是一些微小型非公企业，错误简单地把工会组织视为对立面，对组建工会存在明显抵触情绪。所以即便它们已经组建了工会，但是组织尚不健全、制度不够完善，建会质量也不高，成为了事实上的“空壳”工会。在新兴企业工会，会员主体往往是流动就业人员，他们离职后并未及时办理会员接转的相关手续，导致会员重复入会和会员流失的现象都比较突出。此外，由于大数据思维和网络信息技术普遍缺乏，基层工会大多不能充分利用网络优势组建工会，拓展工会覆盖面，加重了会员流失，增加了工会工作难度。可见，基层工会组织建设的缺位，使职工服务失去了载体和主体，大量职工游离于工会组织之外，无法享受工会服务，工会的吸引力、凝聚力受到影响。

2. 工会干部队伍建设依然薄弱

当前，基层工会干部队伍建设整体比较薄弱，不管是干部的数量还是质量都难以满足新时代下广大职工对工会组织的期望。一方面，基层工会不同程度地存在干部配置不齐、人手不够、专职少兼职多现象。企业工会特别是非公有制企业工会，主席通常由中高层管理人员兼任，工会委员通常由中层管理人员、车间班组长或一线普通员工兼任，繁忙的生产经营和行政管理事务使他们无暇顾及兼职工作，难以履行工会干部的岗位职责。另一方面，基层工会干部普遍存在年龄老化、学历不高、性别失衡等问题，一些单位将临近退休的老干部、老职工或业务能力较差、工作态度不积极的“问题职工”调整到工会，使工会变成了老弱病残职工的“养老院”“收容所”。这些工会干部缺乏进取心，服务意识较弱，对职工群众的需求视而不见听而不闻，职工服务也只是停留在表面上搞搞形式、做做过场。可见，工会干部不作为暴露出基层工会干部队伍建设亟待加强，否则长期履职不到位的结果必然影响工会组织的凝聚力和号召力。

（二）服务职工的意识比较淡薄

长期以来，在计划经济体制和“单位制”的惯性影响下，工会组织主要依托党政力量和相关资源加以推进并发挥作用，客观地说，在当时的历史条件下，这一模式具有一定的合理性，并发挥了不可替代的独特作用。但是，这一模式的长久推行也使得基层工会组织思想错位，把自己等同于机关行政部门，而忽略了自身是职工群众组织这一根本性质；工会工作也更多集中于执行党政命令和服务大局方面，而忽视了代表和维护职工权益这一根本职能，服务职工的意识被弱化，工会工作出现了官僚主义和形式主义倾向。

1. 官僚主义现象明显

由于体制机制和部分工会干部的原因，基层工会不同程度地出现机关化、行政化倾向，与职工群众渐行渐远，存在脱离群众的现象。一些工会在制订工作计划或开展工作时，常常习惯于闭门造车或直接拍脑门，而对职工群众的需求置若罔闻、置之不理，职工服务存在拈轻怕重、消极怠工或敷衍了事的情况；更有甚者，还存在着命令主义的行为，工作方式简单粗暴，习惯对职工发号施令、大呼小叫，职工服务门难进、脸难看、事难办。有些工会领导干部在开展工作时，不遵守《工会法》和《工会章程》的规定，也未采用民主集中的方法做出决策，而是将工作和任务形成命令化，实行大面积的工作摊派和强制执行。这些行为不仅会使工会工作在开展过程中出现运行上的停滞，也会使基层工会组织逐渐疏远了职工群众，失去职工群众的信任和拥护。

2. 形式主义现象严重

除了官僚主义现象外，基层工会更为突出和普遍地存在形式主义。不少基层工会在服务职工时，习惯于按照工会单方面的喜好或工作便利行事，只是将“功夫”做到了表面，而忽略了以职工为本的原则，将职工的意愿和需求放置一边，未将职工服务落到实处，所以导致广大职工并未真正得到实惠，反而使其利益受到较大的隐性损害。比如，有的工会活动尚未启动，就先要求职工合影、拍照，而真正搞活动时，则敷衍了事、草率收场；有的基层工会领导慰问身患重病或家庭经济困难的职工，不顾职工感受通知媒体到现场做采访报道；还有的基层工会为了迎接上级组织检查，把大量的时间、精力用于拉横幅、摆鲜花、挂彩旗，将会场搞得花里胡哨，把许多资源浪费在与改善职工生活、提升职工素质毫不相关的“面子工程”上。诸如此类的形式主义直接损害了职工群众的切身利益，容易使广大职工产生不满情绪，使工会组织与职工群众的脱离现象愈演愈烈。

（三）服务职工的资源相对匮乏

随着我国经济社会的不断发展和人民生活质量的逐步提升，基层工会服务职工的资源较之以往有很大改善，但是与广大职工追求美好生活的需求还有一定距离，基层工会服务职工的资源相对匮乏。主要表现在两个方面：一是基层工会内部资源不足，经费紧张、阵地匮乏、实体资源较少等；二是基层工会外部资源较少，未能很好利用国家、社会的丰富资源服务职工。

1. 工会内部资源补充不足

受限于工会的性质和职能，基层工会无法拥有充足的经费和丰富的资源开展职工服务。通常大部分企业工会采用“一事一议”的行政划拨方式，工会有多少钱为职工办事，全看老板的良心和觉悟，一些中小型企业甚至连单独的工会经费账户都没有。还有一些实行了地税代征工会经费的省份，为了减少征缴阻力，在实际征收中，也并未按职工工资总额的2%全额代收，只是代收了上级工会提取的工资总额的1%部分，剩余1%留给企业工会的部分，绝大多数不能足额划拨到企业工会账户。① 由于中小型民营企业普遍受到资金、人力、物力等资源匮乏的困扰，经常出现“无钱办事、无人办事、无力办事”的情况，“挂牌工会”“空壳工会”“表格工会”不同程度存在。受制于没有固定的经费来源，基层工会“巧妇难为无米之炊”，腰包鼓不起来，腰杆也硬不起来，根本无法通过服务职工达到团结职工、凝聚职工、引领职工的目的。

2. 工会外部资源利用不够

任何一个社会组织都不能脱离社会大环境而独立存在，基层工会也同样如此。面对工会经费不足和内部资源缺少的现状，基层工会应该拓宽视野，创新思维，借助党和政府颁布的各项政策积极筹集工会专项活动经费，这样既为政府分忧解愁，也为职工谋取福利待遇。然而遗憾的是，大多数基层工会还停留在传统建会、管会的层面上，一味依赖于“等、靠、要”方式解决资源、资金问题，闭门办会的状态使其很少与各级政府部门、人民团体、企事业单位、社会组织等取得联系，无法利用社会上丰富的文化资源、物质资源、医疗资源和人力资源帮助基层工会解决资源不足、经费捉襟见肘的难题，也不能为职工提供种类多样、内容丰富、手段专业的服务。因此，涉及职工切身利益的劳动就业、社会保障、劳动安全、女职工特殊权益等方面的问题依然突出，影响了工会服务成效，制约了工会职能发挥。

（四）服务职工的方式比较单一

长期以来，基层工会尤其是民营企业工会服务职工的手段单一、方式落后，以组织一些固化、陈旧的活动为工作重点，工作内容、工作形式、工作方式与企业生产经营和职工群众需求结合不紧，缺乏针对性和实效性，使其难以满足职工群众日益增长的物质生活和精神文化的需求。虽然组织文体活动和发放慰问品，也是基层工会服务职工和联系职工的有效途径和方式之一，在一定程度上能提升职工群众对工会组织的认可。但是如果将此作为服务职工的主要方式，甚至是唯一手段，那么基层工会就会严重偏离工作重心，工会活动也就成了集体娱乐、唱歌跳舞、体育比赛的代名词。除组织职工活动

---

① 刘允明．我国服务型工会建设研究［D］．海口：海南大学，2015（5）：19.

以外，基层工会还有很多工作应该优先安排于职工活动之前，如落实民主监督、民主评选、调解劳动纠纷、开展劳动技能竞赛、疏导职工心理问题以及保障女职工特殊权益，等等。如果基层工会面对职工的利益诉求，采取回避、推诿的态度，长此以往，职工就不会向工会主动寻求帮助，而是直接向企业管理者提出要求，或者越过企业直接向产权实际所有者——政府机构或部门告状、上访，直接影响社会秩序的和谐稳定。

（五）服务职工效果有待增强

近年来，基层工会工作开始从送温暖慰问、开展劳动竞赛、组织文体活动等传统领域逐渐延伸到了职工权益维护、民主政治建设、和谐劳动关系构建等多个领域，特别是在以民生为重点的服务领域，采取了一些措施，收到了一定效果。但由于工会组织行政化、机关化、贵族化、娱乐化倾向明显，在履行社会职能方面有所弱化；工会工作长期偏离工作重心，不同程度地存在表面化、形式化现象，工会服务效果与职工群众的服务需求之间还存在较大差距和不匹配现象，基层工会工作还未完全达到党的要求和职工的期盼。主要表现在：对下岗职工、农民工、劳务派遣工等弱势群体关注不够，集体劳动合同的签订职工处于劣势，职工与企业之间出现劳动纠纷无法得到有效救助，职工的工资待遇、劳动报酬得不到切实保障，等等。基层工会工作缺乏实质性效果，职工并没有从中真正受益，职工群众便会逐渐疏离工会，降低对工会组织的情感归属和忠诚度；更有少数极端主义者认为工会是形同虚设的组织，没有任何实质的作用和意义。失去了职工群众的认可和信赖，基层工会就不能发挥联系党和职工群众的桥梁和纽带作用。

四、新时代基层工会职工服务的优化思路

在我国经济发展进入新常态，供给侧结构性改革不断推进，职工结构分层化和利益多元化等现实语境下，基层工会作为直接面对和服务职工的群众组织，就必须明确目标任务，聚焦主责主业，以职工需要为第一选择，以职工满意为第一标准，把维护广大职工利益作为出发点和落脚点，从思想上真心实意关心职工、理解职工、帮助职工，从行动上为职工提供科学化、多元

化、精准化服务。要着力破解工作难题，进一步健全组织体系、完善体制机制、创新方式方法、重视服务效果，让工会工作更好地与职工意愿同频共振，不断满足职工对美好生活的向往，为党分忧、为民解困，做党政信任的有力助手，做职工最信赖的“娘家人”。

（一）完善基层工会组织建设，夯实服务职工基础

工会组织是服务职工的主体，基层工会离职工最近，联系职工最直接，服务职工最具体。加强基层工会组织建设是服务职工的基本前提和组织基础，没有健全完善的工会组织，服务职工就成为无本之木、无源之水。为此，各级工会组织和基层单位要按照“哪里有职工，哪里就要有工会组织”的要求，把“建立组织、吸纳会员、扩大影响、跟进维权”与服务职工结合起来，不断提高基层工会“组建率”和职工会员“入会率”，强化对工会干部的教育培训，从而为服务职工打下坚实的组织基础。

1. 建立完善基层工会组织

把职工群众最大限度地团结和凝聚到工会组织中来，是基层工会服务职工工作的首要任务。基层工会必须把建立完善工会组织、广泛发展工会会员作为头等大事来抓。要根据当前我国的职工群体变化速度快、流动性强的特点，积极探索具有群众性、广泛性的工会组建模式。要按照“哪里有职工，哪里就有工会组织”的原则，因地制宜，依法建立健全工会组织，不留任何“盲点”和“飞区”，努力实现工会组织的全覆盖。在组建过程中，尤其要注重非公有制经济单位和外商投资企业等领域的建会工作，要尽量防止“空壳工会”“格式工会”的出现，不得随意撤销、合并工会组织或将其归属于其他部门共同管理。要借助互联网等新媒体创新工会组建方式，将实体工会搬到网上，简化入会手续，方便职工 24 小时入会，不断延伸工会组织的触角。加强会员会籍管理，及时接转组织关系，防止会员流失，确保将农民工、劳务派遣工、临时工吸收到工会组织中来。大力加强基层工会规范化建设，更加注重提高建会的质量和运行的效果。

2. 建立健全基层工会三级服务体系

建立健全基层工会三级服务体系，根本目的在于加强组织规范化建设，

整合社会服务资源，形成“党委领导、行政支持、工会运作、全员参与”大服务工作格局，让职工群众随时都能得到“家”的庇护、感受到“家”的温暖。基层工会建立健全三级服务体系，一方面要积极融入市、区县总工会和街道（乡镇）总工会构建的“大三级服务体系”，充分利用市、区（县）工会服务中心和街道（乡镇）工会服务站承上启下的作用，对上反映情况、提供决策依据；对下业务指导、创造工作条件，逐步形成政府和工会机制互联、功能互补、力量互动的社会管理和公共服务体制。另一方面，基层工会要建立健全工会委员会，分厂、车间、科室分工会，工会小组的“小三级服务体系”，搭建服务职工平台，构建服务体制机制，建立综合性服务项目，打造服务职工特色品牌，着力解决服务职工的难题，为职工群众提供优质服务，形成上下联通、信息共享，做到服务职工全覆盖。

3. 努力打造高素质基层工会干部队伍

切实保障职工权益，为职工提供满意服务，关键在于要打造一支忠诚党的工运事业，热爱服务群众工作，政治立场坚定、品德作风正派、工作经验丰富、乐于学习创新、善于团队合作、勇于攻坚克难的专业化、社会化工会干部队伍。当前，基层工会普遍存在兼职人员太多、人手不够、干部素质不高等问题，严重制约了服务职工的效率和质量。要彻底改变这一现象，就必须拓宽选配工会干部的渠道，通过社会招聘、上级工会选派等多种途径配齐配强工会干部，形成“专兼聘”相结合的基层工会工作队伍。此外，要按照“分级负责、分类组织、分层培训”的原则，坚持“需培就培、应培尽培、培训管用”的理念，采取举办培训班、研讨班、以会代训、交流考察、网上咨询等多种形式，加大对教育培训的力度，狠抓工会干部作风建设，研究制订工会干部责任考核办法，推行会员（代表）评议工会干部制度，不断提高基层工会干部服务职工的意识和能力，树立基层工会组织和工会干部的良好形象。

（二）拓展服务职工资源，充实服务职工力量

科学整合服务职工资源，是消解基层工会职工服务供给矛盾，激发基层工会活力、调动工会干部积极性，提高服务水平和效率的有效途径。在开展职工服务的过程中，基层工会必须主动积极接受党的领导，争取各项政策支

持，既要用足“内力”，又要巧借“外力”，还要形成“合力”。[①] 只有不断优化资源配置，形成上下互动的社会资源网络，基层工会才能突破自身局限，实现自身良好发展，最终为职工群众提供更加优良的服务。

1. 强化工会内部资源的开发利用

工会内部资源主要指工会经费、财产和国家及企事业单位拨给工会使用的不动产，是工会开展活动和举办各项服务事业的物质基础。开发利用工会内部资源，保护工会财产不受侵害，是基层工会开展职工服务的前提和条件。基层工会内部资源的开发利用，一是必须依法依规地开发好工会资源。要按照《工会法》和《工会章程》的规定，建立独立核算的基层工会经费账户，坚决反对任何阻碍成立工会经费账户的思想和行为。企业、事业单位要按时足额拨付工会经费，为基层工会开展工作，独立自主使用经费提供方便；在基层工会组织专项活动时，追加或帮助工会获取有关的社会资源。同时党委和行政要主动为基层工会提供必要的办公条件，为“职工之家”的建设提供必需的场所和设施。二是必须保护工会财产不受侵害。工会资产要实行“统一所有、分级监管、单位使用”的资产监管体制，任何单位、组织和个人都不得随意侵占、挪用和调拨。切实在经费安排、物资使用等方面给予基层工会更多更大的倾斜和支持，有效解决基层工会“无钱干事”的问题。

2. 积极争取外部社会资源的支持

基层工会职工服务是工会工作的基础，也是党的群众工作的重要组成部分。由于此项工作涉及的服务对象广、服务内容多、服务要求高，单纯依靠基层工会的薄弱力量无法完成这些复杂而艰巨的工作任务，所以基层工会必须充分借助外力，积极争取社会支持，广泛开发和利用社会资源，优化资源配置，改善服务条件，突破自身局限，汇聚工作合力。比如：通过人大、政协及时反映基层工会难题，促进相关问题的解决；加强与劳动、税务、公安、法院等部门的联系，协调处理工会组建、职工维权、纠纷解决等有关问题；加强与组织、人事、国资、财务等部门的联系，为基层工会争取更多的人力、物力、财力的支持。在资源相对有限的情况下，基层工会要坚持量力而行、节约高效、保障重点的基本原则，切实做好“党政所需、职工所急、工会所

① 杨家鼎．新形势下基层工会工作创新实用手册［M］．北京：中国言实出版社，2016：84.

能”的服务工作。

3. 营造良好的基层工会工作环境

基层工会职工服务是一项关系广大职工切身利益和社会稳定和谐的基础性工作，各级党委行政应该予以高度重视。习近平总书记多次强调，各级党委必须从党和国家的大局出发，切实加强和改进对工会工作的领导，为工会组织开展工作创造良好的条件。为此，各级党委和政府要主动关心、支持工会工作，坚持力量配备、服务资源向基层倾斜，形成党委统一领导，党政齐抓共管，工会履职尽职的工作格局。要切实保证并支持基层工会行使法律、法规赋予的权力，对事关广大职工整体利益、长远利益的决策，工会组织要有过程的参与权、结果的审议权；对事关广大职工最直接、最现实、最迫切的利益问题，工会组织要有否决权。此外，要建立党政工联席会制度，把工会工作纳入党政重要议事日程，定期研究和解决基层工会工作难题，帮助基层工会理顺和疏通各种关系，加强工会组织和工作的宣传，广泛营造良好的基层工会工作环境和氛围。

（三）增强服务职工意识，提升服务职工能力

思想决定行动，意识决定态度。基层工会干部服务意识强，才能产生服务职工的强大动力，将党政所需、职工所愿自觉转变为工会所能所为，将服务职工中存在的现实问题主动转变为未来工会工作努力的方向，积极克服困难、挖掘资源，不断提高职工服务的能力和水平，最终实现团结职工、凝聚职工、引领职工的目的。

1. 树立全心全意为职工服务的意识

在计划经济时代，类似于机关行政部门的运行机制模式，使得基层工会忽略了代表和维护职工权益、为职工提供服务的职责所在，与职工群众渐行渐远，工会组织的群众性有所淡化。为此，增强基层工会服务职工意识，转变机关化、行政化、官僚化的工作作风，是当前基层工会服务职工，提升职工满意度迫切需要解决的问题。具体而言，一是广泛宣传工会组织、工会工作以及建设服务型工会的重要意义，增强社会公众对工会组织的了解度、认可度，营造良好的基层工会工作氛围，提升基层工会干部的职业荣誉感、幸

福感。二是各级工会要坚持重心下移，把更多的人力、物力和财力向基层向职工倾斜；要多深入基层、深入群众调查研究，少一些指令，多一些指导；少一些形式主义，多一些实际支持。三是基层工会干部要始终牢固树立宗旨观念，坚持以职工为本的工作理念，增强为职工群众服务的自觉性和主动性，把服务职工的意识内化于心、外化于行，不断创新组织形式、活动方式和工作模式。要少说空话多办实事，切实转变和改进工作作风，破除机关化、行政化等不良风气，加强与职工群众的联系，不断增强工会组织影响力和感召力。

2. 提升全心全意为职工服务的能力

工会干部服务能力的高低是基层工会能否顺利推进服务工作，为职工群众提供满意服务的一个重要条件。服务意识强、服务能力高自然能为服务职工锦上添花；服务意识差、服务能力低，服务职工质量和效果则会大打折扣，甚至出现好心办坏事的情况。提升服务职工能力，首先，要建立健全工会干部的选任机制，从政治素养、思想道德、业务能力等方面对基层工会用人标准进行明确规定，确保政治立场坚定、热爱群众工作、懂群众、知群众、爱群众的高素质、高能力人才成为工会干部。其次，要加大工会干部教育培训力度，通过讲座报告、座谈交流、学习考察等方式，定期对工会干部进行业务培训，不断提高工会干部学习创新能力，增强服务职工本领。最后，建立完善工会干部监督考评机制。将日常工作表现和职工群众意见作为考核的重要依据，将工作态度、工作绩效纳入考核的重要内容，有效防止漠视职工需求，不为职工谋福利的不作为现象，最大限度地保证为职工群众办实事做好事解难事。

（四）创新服务职工方式，增强服务职工实效

创新是基层工会职工服务工作的动力源泉。通过转变观念和创新思维，基层工会才能不断破解资源有限、人力紧张、技术缺乏、效率不高等难题，以更加社会化的视角、专业化的水平、信息化的手段、现代化的理念，创新工会工作活动方式，完善工会组织运作机制，策划组织各类主题活动，打造基层工会工作品牌，从而增强工会组织凝聚力、号召力。

1. 创新服务职工的方式方法

要紧紧围绕职工需求，大胆探索、小心求证，积极借鉴和吸收先进的社会工作理念和方法，以专业化、职业化和社会化的服务手段为职工群众提供高效优质服务。一是积极探索企事业单位“小三级服务体系”运行机制。按照小型、分散、多元、适度、高效的原则，根据职工意愿和企业需求，有计划、有目的、有重点地开展工作和活动，形成百花齐放的生动局面。二是创新困难职工帮扶载体。建立完善困难职工档案，大力推广“差什么添什么、缺什么补什么”的困难职工家庭“标准化”帮扶工作经验，积极探索“助学+助能+助业+助志”链条式的社会化助学模式，努力打造包括困难帮扶、互助保障、职业指导、信访接待、劳资协调、法律援助、心理咨询等功能的综合服务平台。三是打造“互联网+”服务平台。充分利用网络、微信、APP等新媒体，创建网上工会组织，搭建网上工作平台，开展网上工会工作，找准服务的切入点和着力点，推动新时代工会工作的转型升级，实现服务对象全覆盖、服务时间全方位。让职工群众在网上找到工会组织、参加工会活动、表达利益诉求，形成网上网下深度融合、互联互动的工会工作格局。①

2. 打造服务职工的特色品牌

基层工会要结合自身情况和职工需求，积极探索和创新服务方式和内容，打造服务职工的特色品牌，最大限度地为广大职工提供多样化、科学化、精准化服务。一是深入开展劳动竞赛。围绕企业生产经营中的关键技术问题，广泛开展技术练兵、技术创新、技术攻关竞赛，激励职工开展发明创造创新活动，推动企业持续健康发展。二是大力实施困难帮扶。建立完善困难职工档案，坚持“必访”制度，探索适应经济社会发展的困难职工帮扶体系，做实做靓“送温暖”“金秋助学”等帮扶品牌，真心实意为职工排忧解难。三是全面提升职工素质。充分发挥工会“大学校”作用，把职工素质培训纳入企业发展规划，建立完善职工技能培训、技能帮带、技能竞赛、技能晋级“四位一体”工作机制，帮助他们掌握现代科学技术知识，提高劳动技能，鼓励他们岗位成才、自学成才。四是切实维护职工权益。完善以职工代表大

---

① 中华全国总工会办公厅．中华全国总工会关于增强基层工会活力发挥基层工会作用的实施意见[EB/OL]．http：//www.acftu.org/template/10041/file.jsp？aid=89884，2014-08-01/2017-08-15.

会为基本形式的民主管理制度、厂务公开制度、职工监事制度等；深入开展工资集体协商，提高职工工资收入水平；推进“安全生产示范岗”活动，全力构筑职工“安全网”。五是丰富职工文化生活。开展丰富多彩的群众性文化体育活动，满足职工精神文化需求，增进职工身心健康，营造健康文明的文化氛围和积极向上的精神面貌。①

3. 健全服务职工的长效机制

着力提升基层工会服务职工质量，确保服务工作规范、有序、高效，必须建立健全服务职工群众工作的长效机制。一是建立健全联系职工制度。镇街、村社和企业基层工会干部要主动与职工保持紧密联系，对困难职工做到“必访”，对企业生产发展和职工权益实现情况“必清”。二是建立健全职工利益诉求表达制度。通过建立职工工作室、员工诉求中心、职工维权岗，发放服务职工联系卡，开设网上政策咨询窗口、意见箱等，及时收集反馈职工群众的利益诉求，畅通职工利益诉求表达的渠道。三是建立健全为职工办实事制度。针对职工实际需求，制定具体工作计划，明确办理实事内容，狠抓相关措施落实，严格控制工作时限，及时公布完成情况，赢得职工的信赖和认可。四是建立健全劳动争议调处和法律援助制度。加强工会法律援助与服务，推动企业建立劳动争议调解组织，为困难职工和农民工提供法律咨询、代拟法律文书、代理诉讼、参与调解仲裁等法律援助，参与本单位矛盾纠纷调解。五是建立健全职工服务效果评估与反馈制度。要重视对服务职工项目的实施情况进行动态管理和跟踪，根据职工反馈意见和满意程度适时调整优化工作方案，切实提高服务的效率和质量。

【典型案例 6－1】

构建多元化服务职工体系②

——内蒙古北方重工业集团公司工会服务职工纪实

北重集团工会以“打造三项工程”“推进两项建设”“强化一种作风”为“龙头”的多元化服务职工运行体系，提升了工会服务效能，赢得了党政

① 郭志武．国有企业工会发展道路理论与实践［M］．北京：中国经济出版社，2013（6）：220－222.

② 张春晖．构建多元化服务职工体系［J］．工会信息，2014（4）：31－33.

的认可和职工的赞誉。

打造“三项工程”，拓展多元化服务领域

北重工会秉承服务大局与服务职工相统一、服务全体职工与服务困难群体兼顾的“大服务”理念，竭诚服务广大职工群众，在促进企业和谐发展中凸显作为。一是实施帮扶救助“暖心工程”，构建“多元化”人文关怀机制。打造职工服务中心“六位一体”帮扶维权品牌，逐年增加帮扶经费投入，年均投入帮扶资金150余万元；完善帮扶网络体系，巩固扩大各级帮扶组织网络建设和网络化管理，公司荣获全国“职工互助保障”先进单位、全国“人文关怀”先进单位。二是实施人文关怀“凝心工程”。坚持用知识技能培育职工、普惠职工，实施“职工素质登高”工程，职工受教育面达90%以上，建成全国职工教育培训示范点2个、全国“职工书屋”3个，以劳模和技术带头人名字命名的创新工作室36个。同时引入“EAP”职工援助计划，建立员工心理咨询室，帮助职工打造阳光和谐心态。三是实施健康保障“安心工程”。聘任“安全指导专家”与“群众安全监督员”，签订《安全隐患查找责任书》；以推进班组“三无”（个人无违章、岗位无隐患、班组无事故）“安康杯”对抗赛为平台，将“安康杯”竞赛活动落实到班组、机台和个人，贯穿于生产经营全过程。公司连续5年实现了零重伤、零死亡，3次荣获全国“安康杯”竞赛先进单位。

推进“两项建设”，构筑多维度服务体系

加强基层民主政治建设和职工文化建设，是集团工会服务企业、服务职工的重要抓手，是构筑多维服务体系的有效载体。一是发挥职代会主体作用，组织员工参与企业管理。通过厂务公开对领导干部廉洁自律、干部选拔使用、业绩考核、职称评审、带头人评聘、用工人员选用、送温暖基金使用等进行监督评判，保证职工知情权、参与权和监督权的有效落实。二是按照“工会工作好不好，会员说了算”的工作思路，由会员群众评价工会工作、工会领导人，实现了工作重心和着力点向关注职工满意度转变，依靠全体会员建设工会的意识进一步增强。三是运用群众化、通俗化的方式，将社会主义核心价值观融入职工文化、企业文化和精神文明创建中。搭建群众舞台，举办职工文化艺术节、职工运动会、全民健身活动及各类比赛，公司为此荣获全国“全民健身活动先进单位”。

强化“一种作风”，夯实服务职工的根基

强化“一种作风”，即求真务实作风。一是推行“一线工作法”。实行基层联点服务制度，成立基层指导服务队伍，工会对基层一线班组进行责任承包、联点服务；执行定期访谈和过错约谈制度，指导督促基层工会工作；坚持为一线职工送知识、送法律、送健康、送清凉、送温暖、送文化。二是大兴调查研究之风。工会干部深入车间、班组，发现、提炼、推广蕴含在基层和职工中的好做法、好经验，围绕工会重点工作和职工关心的热点难点问题选题立项、开展调研。三是建立学习创新制度。开展工会干部“月书月策”学习实践活动，建立“工会干部学习论坛”制度，通过全员参与，轮流登台宣讲，使得工会干部学习、谋划工作和服务能力得到提升；举办工会主席创新论坛，交流基层创新经验，展示基层创新成果；强化创新工作考核激励，把创新列为工会业绩考核和评先评优的重要内容，提升了工会工作的群众满意度。

【典型案例 6 - 2】

以“一家两站”一体化建设打造服务型工会①

国网金华供电公司工会在浙江省电力公司系统率先开展“一家两站”（职工之家、职工代表接待站、春暖职工服务站）的一体化建设，探索出地市电网公司服务型工会建设新模式。

构建服务型工会体系的前沿阵地

1. 建立三级服务构架。2012 年至今，金华公司工会已建成由公司、基层单位、班组三级组成的春暖职工服务体系。2014 年开展的“一家两站”一体化建设，在原有的服务中心（站、点）的基础上，增加职工之家（职工小家）、职工代表接待站（点）的内容，形成了立体式、综合性的基层服务型工会阵地。

2. 实施“三式”服务模式。一是“开放式”，把与职工生产生活密切相关的事项尽可能列入服务范围。二是“全程式”，由工会网站、工会管理系统提供信息化服务手段，实现 24 小时“一站受理、快速处理、上下联动、全程服务”。三是“阳光式”，结合厂务公开，印制《服务指南》发给职工，并设置意见箱，公布监督电话，让职工评价。

---

① 张宁姝，朱起民．以“一家两站”一体化建设打造服务型工会［J］．当代电力文化，2014（10）：70 - 71.

3. 采取“三化”服务行动。一是提供“精细化”服务内容，为职工提供维权服务、职工诉求服务等12大类40多项服务内容。二是采用“人性化”服务方式，针对职工需求，采取“集中组织与分散活动＋突出重点与兼顾普遍”相结合的办法提供服务。三是夯实“规范化”服务基础。规范硬件设施，实施“七有”建设（有组织机构、有活动场所、有标识、有办公设备、有热线电话网络邮箱、有工作制度、有服务队伍）。

提升服务型工会能力的工作平台

1. 打造服务主体，把服务型队伍建设好。成立由工会干部、职工代表、春暖职工志愿者、心理关爱内训师、党员服务队、团员服务队组成的服务队伍，围绕“愿服务、懂服务、会服务”，建设一支作风过硬、甘于奉献的基层服务型队伍。

2. 完善服务保障，把服务机制构建好。一是健全领导制度。成立以党政主要负责人为组长、工会主席、副主席为副组长，职能部室负责人为成员的领导小组。二是完善管理制度。实行“受理—派单—办理—督办—反馈—回访—归档”的工作流程，实现“有问必答、有求必应”。三是建立完善激励考核评价机制。把“一家两站”一体化建设纳入健全职工之家综合考核评价体系，建立党组织领导机制、职工评价工会主席和工会工作的机制。

建设服务型工会目标的实践基地

近年来，公司工会着眼于增强基层工会服务功能，打造了月月主题帮扶活动、员工心理关爱计划、爱心互助会、送温暖工程、困难职工帮扶、金秋助学、法律援助、医疗共建、女职工关爱行动等活动等一系列品牌工程，成为基层工会替企业党政分忧，促进企业和谐的重要载体。工会既以创新服务回应职工诉求、赢得职工认可，又组织带领职工投身公司改革发展稳定的大局，促进了公司科学和谐发展。

第七章　基层工会的经费管理

工会经费是工会组织依法取得并开展正常活动所需的费用，也是工会组织服务大局、服务职工、维护职工合法权益的物质保障。工会经费的收缴是否到位、开支是否规范、管理是否科学、监督是否有效，关系到工会组织能否顺利地开展各项工会工作，关系到能否更好地维护职工群众的整体利益，关系到工会组织能否全面地履行社会职能。近年来，随着工会事业的不断发展和工会经济活动的不断拓展，基层工会的经费收缴和财务管理工作越来越呈现出重要的物质基础作用。进入中国特色社会主义新时代，党和政府更加重视群团工作，支持工会组织和工会工作的力度加大，各级工会不负党政重托，牢记历史使命，不断加强组织建设，大力推进工会财务工作，努力收好、管好、用好工会经费，最大限度地为广大职工提供科学、精准、满意的服务。站在新的历史起点，基层工会如何适应新形势、新要求，依法依规地做好工会经费的收缴、开支和管理，为增强工会组织的履职服务能力和提升工会组织服务质量，是当前基层工会面临的一项重要工作。

一、基层工会经费管理概述

工会经费是基层工会开展工作、履行职责、服务职工的物质基础和重要保障，关系着工会事业的生存和发展。《工会法》明确规定了工会经费的法律地位和基层单位与工会组织之间的权利义务关系，为基层工会做好工会经费的收支管理提供了法律依据。管好工会经费这个“钱袋子”，用好工会经费这个“福袋子”，基层工会首先需要正确认识工会经费及其管理的内涵、特征、属性，要自觉遵循工会经费收支管理的基本原则，严格控制工会经费的收支范围，依法收好、管好、用好工会经费。基层工会干部要当好工会会员的“财务总监”，算好账、用好账、好算账，为基层工会依法履职、高效履职提供必要的经费保障，为职工群众当好家、服好务。

（一）工会经费的内涵和特征

1. 工会经费的内涵

工会经费，是指维持和保障工会组织正常活动所需要的费用。工会经费在法律上应属于工会全体会员所有，由会员选出的职工代表或工会干部负责管理并定期接受工会会员的监督。工会作为职工会员的群众性组织，代表工会会员依法享有占有、使用、收益和处理工会经费的权利。工会经费要按照工会全体会员制度的生效规则进行支配，以维护会员利益为核心。工会经费是工会开展各项工作的前提，为工会组织开展活动提供必要的资金支持，也是工会依法履行职责、实现社会职能、发挥功能作用、发展壮大组织必不可少的物质保障条件。根据《工会法》第四十二条规定，工会经费主要有五个来源：一是工会会员缴纳的会费，二是建立工会组织的企业、事业单位、机关按每月全部职工工资总额的2%向工会拨缴的经费，三是工会所属的企业、事业单位上缴的收入，四是人民政府的补助，五是其他收入。

2. 工会经费的特征

（1）工会经费的收缴具有强制性。

从工会经费的收缴来看，不论是工会会员个人缴纳的会费，还是工会所在单位行政拨缴的工会经费，以及其他工会经费的来源，都必须按照规定足额按时缴纳到工会账户。按照本人工资收入的5‰向所在基层工会缴纳会费是每一位工会会员应尽的法律责任和义务，也是会员依法享受工会组织福利待遇和服务帮扶的前提条件。企业、事业和机关单位按全部职工工资总额的2%向工会组织拨缴工会经费是国家以立法形式规定工会组织所享受的经济权利，也是企事业单位和机关必须履行的法律义务。如果企业、事业单位无正当理由拖延或者拒不拨缴工会经费，基层工会或者上级工会可以向当地人民法院申请支付令；拒不执行支付令的，工会可以依法申请人民法院强制执行。可见，按规定比例收缴工会经费，不是工会组织胡乱收费，更不是工会组织的敛财手段。工会经费必须用于开展工会工作和组织工会活动，任何个人和组织都不能擅自占用、挪用和侵吞工会经费。

(2) 工会经费的开支具有规范性。

工会经费的开支必须用于为职工服务和开展工会活动，要严格按照《工会法》《工会会计制度》和《基层工会经费收支管理办法》规定的范围和标准进行开支，开支程序要合法合规、开支账目要一目了然。各级工会要管好用好工会经费，必须认真执行工会财务制度，坚持“统筹兼顾、保证重点、量入为出、收支平衡”的原则，将工会经费有效用于维护职工权益、开展职工教育、组织职工活动等服务职工群众工作中，千方百计为职工群众办实、做好事、解难事。为确保工会经费的使用效益，基层工会要勤俭节约，杜绝浪费，严格执行全总下发的《关于加强基层工会经费收支管理的通知》中的“八不准”，同时严格预算管理，认真编报和执行经费预算，确保工会经费真正惠及广大职工群众，不断增强工会组织的凝聚力。

(3) 工会经费数量具有局限性。

虽然按照《工会法》的规定，基层工会经费的来源含有五个部分，但现实中基层工会经费主要包括工会会员缴纳的会费和基层单位行政按全部职工工资总额的2%拨缴经费的留存部分，而且后者占基层工会经费的70%以上。由于部分基层单位对工会工作不够重视，对拨缴工会经费认识不到位，时常出现延迟划拨工会经费，划拨工会经费额度不足，甚至从未划拨过工会经费等现象；还有一些基层工会尤其是民营企业工会甚至根本没有独立的工会经费。与此同时，有些企业职工对工会组织不够了解，对缴纳会费有抵触情绪，会员拒缴会费在基层工会时有发生，“以费养会”在非公有企业难度较大。基层单位行政支持不力和工会会员缴纳会费积极性不高，加之缺乏其他的经费来源，使得基层工会经费的数量十分有限，基层工会开展工作经费捉襟见肘，维护会员权益、服务会员群众缺乏必要的经费保障。

(二) 工会经费管理的内涵和特征

1. 工会经费管理的内涵

管理是在特定的环境下，对组织所拥有的资源进行有效的计划、组织、领导和控制，以便达成既定的组织目标的过程。其对应的英文是“Management”或“Administration”或“Regulation”。狭义的管理是指为保证一个单位全部业务活动而实施的一系列计划、组织、协调、控制和决策的活动，对应的英文是“Run”。工会经费管理，要求工会组织针对工会经费做好收缴、预算、使用、决算、审查审计等相关活动。工会经费管理，是指各级工会组织以及所属企事业单位，在谋求自身生存发展和履行工会的社会职能过程中，发生的筹集、分配、运用、管理资金的活动过程。工会经费管理的主要任务就是要收好、管好、用好工会经费，最大限度地使工会经费发挥维护会员合法权益，增强工会组织凝聚力和向心力的作用。

2. 工会经费管理的特征

（1）工会经费管理具有独立性。

从工会经费的性质看，工会经费不是国家的财政拨款，其收支和管理自然不应该受到单位行政的干预。工会经费管理的独立性是工会组织独立自主开展工作的具体体现，基层工会只有独立使用和管理工会经费，才能真正做到主动担当、主动作为，尽心尽职地为职工会员服务，为广大职工办好事、做实事、解难事。工会经费的独立性，主要表现在：第一，基层工会经费的收缴、开支和管理，要按照“统一领导，分级管理”的原则，由工会组织独立管理，不纳入国家预算体系，国家也不进行任何干预。第二，各级工会设有独立的财务账户，由工会负责人担任法人。第三，工会建有独立的财务体系和财务制度。每年制定专门的工会财务工作计划，独立编制工会经费预决算，规范开支工会经费，开展工会经费的审核监督。可见，收好、管好、用好经费是基层工会服务职工的职责所在，只有独立自主、依法依规地管理好工会经费，才能充分调动工会干部为党分忧、为民解难的信心和决心，有效提升工会工作质量。

（2）工会经费管理追求绩效性。

按照目前的工会经费收缴体制，基层工会经费主要来源于两部分，一是会员按照工资收入的5‰缴纳的会费，二是企事业和机关单位按全部职工工资总额的2%拨缴经费的留成部分。除此以外，绝大多数基层工会没有任何其他经费来源。工会经费来源的单一性从某种程度上决定了基层工会经费数量的有限性，这就要求基层工会必须精打细算，厉行节约，把有限的经费用在“刀口”上，要“量入为出，突出重点”，以提高工会经费使用的绩效性。此外，有些基层工会还存在单位行政划拨费用不到位、工会会员拒缴会费等情况，这对经费原本已经很紧张的基层工会而言，无异于雪上加霜，迫使基层工会不得不创新工作思路，千方百计开源节流，不断提高经费使用效率，以有限的工会经费创造出最大的服务效益。

(3) 工会经费管理坚持公开性。

工会经费属于工会会员所有，工会经费的管理要始终做到公开透明，定期公开有关账目，自觉接受会员监督和上级工会、同级工会经费审查委员会的审查。基层工会要定期通过职工代表大会、公示公开栏、官方网站等载体向会员定期公布工会经费收支情况，接受会员的监督。要建立健全工会经费审查制度，采用上级组织抽查和同级经费审查委员会审查相结合的方式，对工会经费的收支情况实施全过程、全方位的审查审计；要特别针对职工群众关注的困难职工帮扶资金、公务活动经费等不定期开展专项审查审计，真正体现哪里有工会经费的“收、管、用”，哪里就有审计监督。要依照规定职责、权限和程序，深化工会干部任期经济责任审计，针对审计审查中发现的问题，要明确责任，制定措施，落实整改。

(三) 基层工会经费管理的原则

基层工会经费是维持和保障基层工会正常活动所需要的费用，科学、合理、高效的工会经费管理是基层工会开展各项工作的条件和保障。按照2017年10月18日中华全国总工会印发的《基层工会经费收支管理办法》的规定，基层工会在工会经费的收管用方面，要遵循以下的基本原则①：

(1) 遵纪守法原则。

基层工会应依据《中华人民共和国工会法》的有关规定，依法组织各项收入，严格遵守国家法律法规，严格执行全国总工会有关制度规定，严肃财经纪律，严格工会经费使用，加强工会经费收支管理。

(2) 经费独立原则。

基层工会应依据全国总工会关于工会法人登记管理的有关规定取得工会法人资格，依法享有民事权利、承担民事义务，并根据财政部、中国人民银行的有关规定，设立工会经费银行账户，实行工会经费独立核算。

(3) 预算管理原则。

基层工会应按照《工会预算管理办法》的要求，将单位各项收支全部纳入预算管理。基层工会经费年度收支预算（含调整预算）需经同级工会委员

---

① 中华全国总工会办公厅．关于印发《基层工会经费收支管理办法》的通知［J］．中国工会财会，2018（01）：61．

会和工会经费审查委员会审查同意，并报上级主管工会批准。

（4）服务职工原则。

基层工会应坚持工会经费正确的使用方向，优化工会经费支出结构，严格控制一般性支出，将更多的工会经费用于为职工服务和开展工会活动，维护职工的合法权益，增强工会组织服务职工的能力。

（5）勤俭节约原则。

基层工会应按照党中央、国务院关于厉行勤俭节约反对奢侈浪费的有关规定，严格控制工会经费开支范围和开支标准，经费使用要精打细算，少花钱多办事，节约开支，提高工会经费使用效益。

（6）民主管理原则。

基层工会应依靠会员管好用好工会经费。年度工会经费收支情况应定期向会员大会或会员代表大会报告，建立经费收支信息公开制度，主动接受会员监督。同时，接受上级工会监督，依法接受国家审计监督。

二、基层工会经费管理取得的成效

在党的十六大，尤其是中央党的群团工作会议召开后，全国各级工会组织深刻认识新形势下工会改革的重要性、必要性和紧迫性，高度重视基层工会建设，将工作重心和大量的人财物资源向基层倾斜，基层工会迎来了改革发展的又一个春天。各地基层工会抓住发展的历史性机遇，围绕党政所需、职工所盼、工会所能，最大限度收好、管好、用好工会经费，充分发挥工会财务工作物质基础的重要作用，服务大局、服务职工。针对基层工会经费的“收”“支”“管”等关键环节，进一步明确了财务管理和会计核算、会计监督在工会工作中的地位和作用，提高风险管控意识，突出工会经费的预算管理，规范工会经费开支和审计监督，基层工会经费的收缴和使用效果得到提升和改善。

（一）基层工会经费收入稳步增长

工会经费的收缴是基层工会工作的物质基础，也是推动基层工会工作不断发展创新的关键所在，维系着工会事业的生存和发展。2001 年修订的《工会法》为基层工会做好工会经费的收缴提供了充分的法律依据和有力的法律手段。2017 年 12 月 18 日，中华全国总工会办公厅印发的《基层工会经费收支管理办法》在《工会法》的基础上，进一步明确规定新时期基层工会经费收入的范围包括七个方面[①]：一是工会会员按照本人工资收入的 5‰ 向所在基层工会缴纳的工会会费；二是建立了工会组织的单位按全部职工工资总额的 2% 向工会拨缴的经费中的留成部分；三是上级工会拨付给基层工会的各类补助款项；四是基层单位行政依法对工会组织给予的各项经费补助；五是基层工会所属的事业单位上缴的各项事业收入；六是基层工会依据相关规定对外投资取得的收益；七是基层工会接受社会捐赠和银行利息等其他收入。

随着党和国家对工会工作的高度重视，各级政府对工会工作支持的力度不断加大，各级工会组织也将工作重心和大量的人财物资源向基层工会倾斜，基层工会积极作为、开源节流，工会经费来源稳定，并实现了工会收入的稳步增长。以沈阳市企业工会为例，在实行工会经费地税全额代收后，沈阳市总财务部每月及时将企业行政通过地税系统缴纳的工会经费按照比例返拨给基层工会。反拨经费在前 100 户的企业工会，平均每户滚存经费结余 328.75 万元。[②] 这充分说明目前大型企业工会的经费收入能够满足工会开展各项工作的资金需求，为服务职工群众和为职工排忧解难提供了充足的资金保障。针对中小型企业工会，会员工资较低、经费较少、困难职工比例较高，工会开展活动难度较大的问题，各级工会加大了对中小企业工会的补助力度，将补助资金进一步向中小型企业工会倾斜，在较大程度上弥补了中小型企业工会经费的不足，为其服务职工群众提供了必要的补充经费，保证了中小型企业工会工作的正常开展。

（二）基层工会经费预算逐渐加强

1. 基层工会经费预算编制呈现准确性科学性

基层工会经费预算是指基层工会经过一定程序制定的工会及其所属企业、事业单位的年度财务收支计划。它是基层工会有计划地组织收入，合理分配

---

① 中华全国总工会办公厅．关于印发《基层工会经费收支管理办法》的通知［J］．中国工会财会，2018（01）：61－62.

② 徐冬青．关于沈阳市企业工会经费管理情况的调研报告［J］．中国工会财会，2017（04）：42.

支出，促进增收节支，保证工作需要，充分发挥工会财力作用的重要手段，为发言工会财务民主，接受群众监督创造了有利条件。自 2009 年全国总工会颁布《工会预算管理办法》以来，各级工会加大宣传工会经费预算的重要性，广泛推行工会经费的预算、决算，基层工会的经费预算意识明显增强。广大基层工会结合本单位实际情况，以准确性科学性为重要目标，认真组织编制年度经费收支预算，将各项财务预算指标落实到各工作环节，形成全方位科学化的财务预算指标体系。在编制经费预算时，基层工会财务人员根据年度工会工作计划，按照收入来源和金额，充分考虑本年度各项变动因素，认真收集、整理、核对基础数据，依法、真实、完整、合理地编制预算，确保了经费预算的准确性和科学性。在编制原则方面，坚持勤俭节约的原则，优化经费支出结构，把资金开支重点安排在维护职工权益、为职工服务和工会活动方面，明显提高了工会经费的使用效率。在编制方法方面，灵活采用零基预算和增量预算相结合的方法，既体现年度预算的合理性，又反映跨年度预算的预见性。

2. 基层工会经费预算程序性公开性

近年来，基层工会经费的预算编制与其他行政性经费的预算编制一样，严格执行预算申报和审批程序，以往无预算和超预算的现象逐渐减少，为工会经费的科学使用、降低工会财务风险，提高工会经费的管理水平打下了坚实的基础。通常情况下，工会经费的预算草案在上年末或当年初，由工会财务人员编制后，经工会委员会（常委会）讨论和本级工会经费审查委员会审查通过，报上一级工会组织审批或备案。在预算执行中，当出现新情况新问题需要调整预算时，基层工会同样按照预算编制审批的相关程序，根据实际情况予以适当调整，有效保证了预算的严肃性和规范性。与此同时，大多数基层工会还将预算执行过程和结果公开透明化，通过会务公开栏、工会网页等平台，将所有资金流量规范公开地反映到具体项目上，及时公布接受职工的监督，有效提高了工会经费使用的透明度，防止了工会经费使用过程中的不规范行为。各级工会通过把工会预算执行情况和结果列入年度工会目标和财务经审工作考评内容进行考核，使基层工会预算从编制执行到结果评估形成了一个程序规范、执行严格、监督到位的有效运行机制。

（三）基层工会经费开支更加规范

1. 基层工会经费开支范围界限明晰化

工会经费开支范围是指工会经费开支的界限，明确基层工会开展工作或活动的哪些费用由工会经费开支，是基层工会管好、用好工会经费的前提条件。党的十八大以来，我国党风廉政建设和依法治国的力度不断加大，工会组织依法建会、依法管会不断深入，广大基层工会的财务意识和能力明显增强。在工会经费的开支方面，基层工会坚持将工会经费主要用于为职工服务和开展工会活动，明确工会经费开支范围，聚焦重点、突破难点，不断提高工会经费使用效益，最大限度地满足职工会员的需要，让广大职工群众得到更多看得见、摸得着的实惠。

当前，根据中华全国总工会印发的《基层工会经费收支管理办法》的规定，基层工会经费支出的范围主要包括：职工活动支出、维权支出、业务支出、资本性支出、事业支出和其他支出。一般而言，职工活动支出是指基层工会组织开展职工教育、文体、宣传等活动所发生的支出和工会组织的职工集体福利支出。维权支出是指基层工会用于维护职工权益的支出，包括：劳动关系协调费、劳动保护费、法律援助费、困难职工帮扶费、送温暖费和其他维权支出。业务支出是指基层工会培训工会干部、加强自身建设以及开展业务工作发生的各项支出，主要包括：培训费、会议费、专项业务费以及其他业务支出。资本性支出是指基层工会从事工会建设工程、设备工具购置、大型修缮和信息网络购建而发生的支出。事业支出是指基层工会对独立核算的附属事业单位的补助和非独立核算的附属事业单位的各项支出。其他支出是指基层工会除上述支出以外的其他各项支出，包括：资产盘亏、固定资产处置净损失、捐赠、赞助等。

除了以上工会经费的正常开支范围外，基层工会时刻紧绷党规党纪这根弦，始终保持清醒头脑，筑牢拒腐防变的思想防线，严格遵守中央八项规定，应开尽开，不应开的坚决不开支，如不得用于请客送礼，滥发奖金、津贴、补贴，参与高消费性娱乐和健身活动，违规设立“小金库”，截留、挪用工会经费，参与非法集资活动，以及报销与工会活动无关的费用等。切实保障基层工会经费“取之于民、用之于民”，基层工会干部把心思凝聚在服务振兴发展大局上，把精力集中在维护职工权益上，把力量投入在工会组织创新发展上，激发干事创业正能量、弘扬时代主旋律，为各项工会工作目标任务的完成提供坚强的物质保证。

2. 基层工会经费开支程序规范化

近年来，随着我国各级党政对工会工作和基层工作的更加重视，各级工会组织工作重心逐渐下移，在组织建设、人员配备、资金划拨等方面向基层工会大幅倾斜，基层工会经费较之以往有明显增长，基层工会工作条件有了较大改善。各地基层工会大多数按照《工会法》规定，已经设立了单独的工会财务账户，工会经费基本实现了独立核算，形成了比较完善的财务管理制度。为了科学、合理、高效地用好管好工会经费，以更好地履行社会职能、参与社会建设、服务职工会员，基层工会坚持经费开支正确方向，高度重视经费开支的程序化、规范化，严格按照工会财务的相关规定，认真执行工会委员会集体领导下的主席负责制，严格落实工会主席“一支笔”审批制度，对重大活动开支，实行集体讨论决定制度，严控基层工会经费管理和使用，确保工会经费用于服务职工群众和开展工会活动，有效防止基层工会贪污腐败行为，切实保证了工会经费开支的安全性。

从具体操作层面来看，当前基层工会开支经费主要遵守以下程序和规范：一是工会经费严格执行预算编制。通常情况下，在上年末或当年初基层工会要编制当年度工会经费收支预算，当年的工会经费支出原则上在年度预算范围内严格控制。二是基层工会经费的开支实行工会委员会集体领导下的主席负责制。在设有独立财务账户的基层工会，经费年度预算和涉及重大事项的经费支出或支出经费超过一定数额的款项，大多都要经过工会委员会和经费审查委员会讨论通过后，由工会主席签字认可方可执行。三是工会经费专款专用。基层工会将所有来源经费都纳入工会收支预算，并按规定在相关科目中如实列支、核算。在列支经费时，基层工会坚持专款专用原则，将工会经费主要用于维护职工合法权益等服务职工事项，坚决避免和抵制企业、事业单位将应在行政列支的费用转到工会账户支出的违规行为，同时依法及时足额地向上一级工会组织缴纳工会经费。四是工会经费开支程序合法合规。在具体开支经费时，基层工会严格按照相关规定和办法，明确开支事由、开支标准、开支程序，并严格执行。例如，严格原始凭证的审核，购买多种物品的必须附上明细清单；对于开展活动发放的奖品支出凭证，必须附上奖品领取人员名单、物品清单、活动方案及活动结果；对于发放慰问品等支出，必须附上详细的发放签收清单等。

（四）基层工会经费监督得到强化

工会经费独立，需要有经费的审查监督来保障、维护，在“收好、用好、管好”上进行切实的审查监督，才能使工会经费真正用在“刀刃”上，用在维护职工权益、为职工群众服务、发展工会事业上。正是基于这样的认识，各级工会高度重视工会经审工作，不仅将其作为基层工会财务工作的一个重要环节，也将其作为基层工会干部队伍反腐倡廉的一个重要手段。当前，基层工会的经费监督方式主要包括内部监督和外部监督两种，内部监督主要指工会经费审查委员会代表工会会员执行经费监督职能，外部监督主要是上级工会组织对基层工会经费收支情况进行抽查、审计、监督。

就全国范围来看，大多数已经建立了工会组织的企业、事业和机关单位都成立了工会经费的监督机构——工会经费审查委员会，但是仍然少部分基层工会，特别是非公中小型企业工会，尚未成立经审组织，有待后期进一步建立和完善。工会经费审查委员会一般由工会会员大会或代表大会选举产生，并报上一级工会组织批准。工会经费审查委员会，依法独立行使经费审查职权，代表会员对所属工会经费开支情况和财产管理情况进行审查监督。工会经费审查委员会向同级会员大会或会员代表大会负责并报告工作；在会员大会或会员代表大会闭会期间，工会经费审查委员会向同级工会委员会负责并报告工作，并接受上级工会经费审查委员会的业务指导和督促检查。基层工会经费审查委员会依照规定职责、权限和程序，对工会经费收支、资产管理情况实施全过程的审查审计监督，实现审计范围全覆盖，经费使用公开透明，并将经费审计结果作为考核、任用和奖惩工会干部的重要依据。此外，有些基层工会定期通过信息公开栏、官方网页、职工代表大会等方式向职工会员公布工会经费的收支情况，广泛征求职工群众对工会经费管理的建议，汇聚众人之智管好、用好工会经费。

另外，按照《工会法》规定，基层工会的经费管理工作与其他工会工作一样，共同接受上级工会的指导和监督。上级工会往往根据工作需要，对基层工会的经费开支情况进行定期或不定期的抽查和审计监督，针对基层工会是否建立独立财务账户、基层单位行政是否及时足额将工会经费划拨到位、工会经费开支是否规范化、工会经费管理是否合法合规等问题进行逐一审核，并就审核中发现的问题及时与基层工会进行沟通，提出具体的整改要求。如果在审核中发现有违法乱纪的行为，还将追究其相关人员的行政责任和法律责任，以确保基层工会经费收支符合相关法律法规，最大限度满足职工会员的需要。总体而言，通过内部监督和外部监督的共同发力，有力推动了基层工会收好、管好、用好工会经费，确保工会各项工作的方向性和实效性。

三、基层工会经费管理存在的问题

随着市场经济体制改革的逐步深入，职工群众对自身权利意识日益觉醒，基层工会逐渐从过去传统的“福利机构”角色向现阶段的“工人权利代表”的角色转变。在维护职工合法权益、履行社会职能、服务职工的过程中，基层工会经费的收缴、开支和管理都随之发生了一些可喜变化，但是同时我们也不难发现，基层工会经费的收缴、预算、开支、监管等各个环节依然存在不少与工会改革发展不配套不适宜的地方，亟待今后进一步改善和解决。

（一）基层工会经费收缴存在的问题

当前部分基层单位特别是非公有企业在工会经费的划拨方面明显存在认识不到位的现象，由于思想认识的偏差和局限性，直接导致拨缴工会经费行为滞后、数额不足，甚至拒不拨缴等不良现象。基层工会经费收缴不充分，数额不充足，使用受限制，不能真正满足基层工会履职尽责的需要，为开展工会工作带来不良影响。

1. 对基层工会经费的收缴认识不到位

有些基层单位和个人对工会经费的法律地位、工会会员的权利义务以及工会组织与单位行政之间的关系认识不足，依法缴纳和拨缴工会经费的法律意识和主动性、积极性不强。具体表现为：一是部分新建的非公有企业，尤其是中小型民营企业，对《工会法》有关建立工会组织和企业应每月按照职工工资总额的2%向工会拨缴经费这些规定并不了解，对拨缴工会经费的法律义务认识不清；二是一些非公有企业知法犯法，明知企业有拨缴工会经费的法律义务，但是他们对工会组织及其工作的地位和作用认识不够，普遍存在拨缴工会经费会增加企业负担的想法；三是一些企业职工，尤其是临时工、农民工对工会组织并不了解，对加入工会的意义和价值认识不清，对会员的权利和义务缺乏基本常识，所以他们只是片面地认为缴纳会费会减少家庭收入或增加个人负担。这些企业和个人认识上的偏见，在很大程度上会影响会员缴纳会费和企业拨缴工会经费的积极性。此外，偶尔也有少数国有企事业单位因对工会工作不重视，而挪用、占用工会经费的现象。

2. 部分基层工会经费拨缴不到位

由于对工会经费的认识偏差，加之工会经费收缴的具体配套制度建设不到位，保障手段措施比较落后，制约力度不足，部分基层单位依法拨缴工会经费的随意性较大。基层工会经费往往受各企业的经营情况和发展状况的制约，而不能及时足额地划拨到位，经费滞后和短缺的情况时有发生。具体表现为：一是拒不拨缴工会经费。这种现象主要存在于一些股份制企业、民营企业、外资企业或部分已经建立工会的新建企业之中，个别行政、事业单位偶尔也有拒缴工会经费现象。二是不及时足额拨付工会经费。由于对工会组织的错误认识和对工会工作的忽视，基层单位应该拨缴的工会经费，在现实中往往因为各种原因而不能及时足额划拨到位。三是虚列工会经费。少数基层单位为了应付上级检查，不惜采用“偷梁换柱”“挂羊头卖狗肉”等做法，虽然拨缴了工会经费，但工会经费又往往被基层单位强行挪为他用，或者基层工会无法独立支配经费的情况时有发生，工会经费有名无实。这些现象在很大程度上造成基层工会经费的缺口，对基层工会系统的有效运转带来负面影响。

（二）基层工会经费预算中存在的问题

《工会章程》第三十八条规定：“工会根据经费独立原则，建立预算、决算、资产监管和经费审查监督制度。”各级工会经费管理必须建立预算制度，严格进行预算的编制、审批和执行，避免经费开支的主观性、随意性和无序性，确保“用好、管好”工会经费。然而，当前基层工会由于预算观念淡薄，使得工会经费缺少预算编制，或者存在预算编制不科学、审批不规范、执行不到位等问题，使有限的基层工会经费使用混乱、不规范、不合理现象时有发生。

1. 预算编制不够科学

科学的工会经费预算编制是管好、用好工会经费的前提条件和重要手段。基层工会应在每年年初根据当年工作计划，对各项工作进行逐一测算，将现有工会经费按照一定比例合理安排在所有工作方面。科学合理的预算编制不只是简单地将现有工会经费化整为零地安排到各个项目，更重要的是要分清主次和轻重缓急，将有限的经费予以合理分配，确保各项工作都能有序推动。然而，当前基层工会普遍存在着“轻预算、重决算”的思想，有的根本不编制支出预算而随意批报；有的虽有预算，但也只是随意编排应付审查，在实际支出经费时甚至弃经费预算而不顾；个别的甚至胡乱支出导致“赤字预算”。在编制工会经费预算时，一些业务项目没有预算指标去列支；也有的项目预算不够精细化，只有收支预算数，没有明细数据和预算说明，直接影响工会工作的规范性和可操作性。从预算编制的方法来看，基层工会多年来一直采用“基数+增长”的预算编制方法。这种预算编制方法缺乏预算编制定额标准，使得预算管理缺少科学合理的量化依据，基数不变加上增长比例，导致预算只增不减，造成很大的资金浪费。

2. 预算审批不够规范

科学的工会经费预算是基层工会有计划地组织收入、合理分配支出、促进增收节支、保证工作需要、充分发挥工会财力作用的重要手段，也是发扬工会财务民主，接受群众监督的前提条件。然而，现实中基层工会的经费预算却难以发挥正常的作用，主要是由于经费预算的审批不规范，经费预算缺少严谨性、规范性和科学性。不少基层工会经费收支预算没有认真履行预算编审程序，未经工会委员会集体讨论和提交工会经费审查委员会审查。与此同时，工会经费的预算调整随意性较大，也没有严格遵守相应的工会财务制度。有些基层工会认为预算编制工作只要年初一次性完成，日后不需要进行任何调整，收支虽未按年初制定的预算进行，但却可以通过年底的决算进行调整反映，从而失去了预决算应有的作用。有些基层工会在预算编制时考虑不周，在预算执行过程中与预算编制出入很大，造成频繁调整，导致预算约束力不足，极大地影响了预算的严肃性。

3. 预算执行尚未到位

基层工会不同程度地存在“轻预算、重决算”的思想认识，导致了预算、决算“两张皮”现象比较普遍。一方面，基层工会财务工作人员在编制预算时，缺乏与其他部门的交流沟通，对所在工会工作缺乏全面了解和整体把握，制定的经费预算缺乏科学性、合理性，对实际工会工作指导作用不大。因此，在执行预算时，不能与其他部门的工作同步，无法对其各项经费支出提出切实可行的建议。另一方面，部分基层工会财务部门没有对预算编制情况予以及时公布和深入解读，导致一些业务部门对经费预算方案不了解或知之不多，所以开支经费、执行预算时大多比较随意，跟着感觉走，不能按照预算方案的项目和金额有条不紊地开展工作。还有少数基层工会曲解工会经费独立核算原则，误以为工会工作和项目可不按相关规定和程序予以报批，在实际执行中擅自更改或提高经费支出标准，使得工会经费未能很好地维护职工权益，为职工群众服务，发挥工会经费的有效作用。

（三）基层工会经费开支中存在的问题

随着我国工运事业的稳步推进，基层工会依法建会、依法管会，工会经费的管理更加规范化、制度化、法治化。但是部分基层工会经费存在开支渠道不合法、开支结构不合理、开支程序不合规等现象，使得工会会员的合法权益受到一定损害，基层工会工作的效果受到了一定影响。

1. 部分工会经费开支结构不合理

基层工会经费的使用既要坚持“统筹兼顾、保证重点、量入为出、收支平衡”的原则，又要坚持勤俭节约的原则。要少花钱、多办事，节约开支，依靠职工用好经费，提高经费使用效益。从目前的情况看，基层工会经费的使用虽然没有突出的违法乱纪现象，但仍然存在部分经费支出结构不合理的情况。不少的工会经费被用于办公经费、工作人员的劳务津贴以及接待外来人员等，而对职工关切的教育培训、权益维护、小家建设等事务却开支较少。尤其是全国总工会明确工会可在传统节日、会员生日等开展职工慰问后，部分基层工会用于发放职工集体福利待遇的经费比重偏大。有的基层工会经费因支出超范围、超标准而巧立名目，也有的基层工会把“节约开支”曲解为

“少开支”，尤其在党风廉政建设的高压态势下；有的基层工会干部抱着“多一事不如少一事”“做得越多犯错越多”“当一天和尚撞一天钟”等错误思想，不为职工发展着想，也不为职工谋福利，未能合理安排各类经费支出，以过度节约来积累家底，导致工会职能履行受限，发挥作用薄弱，没有满足职工群众的意愿，引起了职工群众的不满。

2. 部分工会经费开支程序不合规

按照工会财务制度的有关规定，基层工会经费的支出必须严格遵守相应的程序，在逐一经过相关人员如实填报、认真审核无误后，方可进行经费报销。但是在基层工会经费开支的实际过程中，一些环节相关人员未严格按照财务规定操作导致工会经费的开支程序出现不合规范的现象。比如经办人在购买活动用品、用具时，如果销售方不能提供正式发票，则在报账时随意采用白条代替或简单以书面说明的方式予以报销；经办人在填写报销单据时，常常因粗心大意把数据填错，导致单据数额与发票数额不相符；工会领导在审核签字时不够仔细或严格，未能审查出报销单据的各种问题，让一些原本不该报销的经费得到开支；此外，基层工会的财务会计不少是工会外聘的兼职人员，他们责任心不够强，工作不够严谨，未能认真执行财务制度，有的见领导已经签字，就不再做任何审核，直接报销了事；还有的报销单据证明材料不足、假发票以假充真、虚报金额等等，这些现象在一定程度上使工会经费开支的合理性、合规性、合法性难以得到保障。

（四）基层工会经费监管中存在的问题

基层工会经费，归根结底，绝大部分是职工会员的劳动成果。因此基层工会必须精心管好、用好来之不易的工会经费。按照《工会章程》第三十八条明确规定：工会根据经费独立原则，建立预算、决算、资产监管和经费审查监督制度。实行“统一领导、分级管理、分级负责”的经费审查监督体制。然而遗憾的是，当前不少基层工会经费的监督机制不健全、监督工作不到位，使得工会经费的监督效果受限，在一定程度上，影响了基层工会作用的发挥。

1. 部分基层工会经费监督机制不健全

经过多年的努力，当前基层工会经费“收、管、用”的监督机制已经基本建立，不少基层工会按照规定设立了经费审查委员会，配备了工会经费审查委员，代表会员审查基层工会经费收支和财产管理情况，监督财经法纪的贯彻执行。同时，基层工会也积极配合上一级工会组织对经费收支和财务状况的审核审计。但是由于各种原因，仍然有部分基层工会并未建立和执行科学、规范的经费监督机制，同级经审委员会和上一级工会组织的监督尚未发挥应有的作用。比如，有些基层工会的经审委员由兼职人员担任，缺乏专门的财务知识，财务审计能力不强；有些经审委员工作任务重，没有时间和精力认真履行监督职责，所以同级经审委员会对工会经费的审查普遍属于走走程序，搞搞过场，走马观花似地看看账目，对经费开支中存在的违规问题未能客观如实地予以反映，谈不上是实质性监督。部分尚未设立单独财务账户的基层工会，工会经费和本单位行政经费混淆不清，更是尚未成立工会经费审查委员会，工会经费的审查监督工作还处于一片空白。此外，上级工会组织由于人手紧张，面临的基层工会多，开展普遍性工会经费审查监督难度较大，每年接受上级抽查的基层工会非常有限。因此，不管是内部监督还是上级监督，基层工会经费的监督机制有待进一步完善和落实，要继续加大对基层工会经费的监管力度，彻底改变“监管工作流于形式，发挥作用不充分”的局面。

2. 部分基层工会经费监督结果不透明

按照《工会章程》规定，基层工会的经费收支和资产管理情况，要接受上级和同级工会经费审查委员会的审查监督。工会经费审查委员会应定期将审查监督情况向会员大会或者会员代表大会报告。除此以外，基层工会还可以通过各种途径将工会经费的收支情况主动向会员进行通报，接受全体会员监督，体现会员在工会财务方面参与民主管理、民主监督的权利。但是现实情况是，一些基层工会组织和制度建设不健全，有的未成立经审委员会，也有的尚未建立完善的职代会制度，不仅缺失对工会经费的审查监督环节，也减弱了工会经费的公开、透明，不利于基层工会经费的科学、合理使用。有些基层工会虽然建立了经费审查委员会和职代会制度，但是经费审查委员会向大会提交的工会经费收支情况报告却过于笼统，存在经费收支数据不精确，审查审计结果不明确，问题描述笼统模糊，责任界定不清楚等问题，使得工会会员或代表无法准确、全面掌握工会经费收支的真实情况。此外，除了职工代表大会或职工大会外，基层工会大多没有主动接受会员监督的意识和渠道，工会经费收支情况的公开透明度犹如雾里看花，在一定程度上，难免会引起会员的猜疑和误会，使基层工会的形象受到负面影响。

四、新时代基层工会经费管理的优化思路

通过上述有关基层工会经费管理各个环节的问题梳理，我们不难发现，当前基层工会的经费收缴和财务管理都不同程度地存在一些问题，虽然较之过往已经有了很大改善，但是尚且不能适应我国社会主义新时代的新形势、新特点、新要求，也不能满足工会会员的需求，与充分发挥基层工会的作用仍然有较大的差距。这些问题究其原因，主要是部分基层工会自身建设不够完善、财务意识不到位、管理不够科学、人员业务素质欠缺造成的。为了有效改善和解决基层工会经费管理中存在的问题，本书从工会经费的收缴、预算、开支、监督四个环节，有针对性地提出以下对策和建议。

（一）推进基层工会经费收缴工作

1. 健全体系，细化基层工会经费收缴操作依据

众所周知，《工会法》明确了工会经费的法律地位，为基层企业、事业和机关单位履行向本单位工会拨缴一定数额的工会经费义务提供了充分的法律依据，同时针对拒不拨缴或拖欠工会经费的行为还规定了强制措施和追究其法律责任的方式。虽然《工会法》为基层工会财务工作和工会经费的收缴指明了方向，但是由于基层工会的情况千差万别，仅仅具备这些方向和框架性的规定还不足以为基层工会的经费收缴提供强有力的支撑和保障。当前仍有部分基层单位游离于法律规定之外，拒不拨缴工会经费或不及时、不足额拨缴工会经费。为此，各省市总工会应该在《工会法》规定的框架内，制定详细的符合当地实际情况的配套制度和实施办法，进一步明确具体执行时具有法律效力的行为主体、行为规范、工作措施、表册文书、相关责任等，不断丰富基层工会经费收缴可利用的法律资源，增强法律规定的可操作性，保

障基层工会经费依法应收尽收，按时足额收缴到位。

2. 加强宣传，优化基层工会经费收缴外部环境

部分基层工会经费收缴不到位，就其原因主要在于：基层单位尚未正确认识工会经费拨缴的重要性和强制性，工会会员对缴纳工会会费的义务和责任不明晰，对工会组织及其职能认识缺位。为此，各级工会应加强《工会法》和有关政策法规的宣传，既要做好面向全体会员的普及性宣传，也要做好面向企事业单位主要负责人的针对性宣传；既要做好关于工会组织的性质、职能的宣传，赢得广大会员和基层单位对工会组织的认可和支持，也要做好关于工会经费的性质、开支范围、管理方式的宣传，增强工会经费收支的公开性和透明度。要采用会员易于接受、乐于接受的方式，通过组织会议、开支活动、网络平台、宣传橱窗等多种渠道，广泛宣传工会组织和工会经费的法律法规，推动广大会员在了解法律法规的基础上，增强对工会组织的信任度和理解度。此外，要加强基层工会干部的教育培训，切实增强其解释、执行法律政策和协调关系的业务能力；要采取措施避免和纠正靠人情、靠关系收缴工会经费的倾向，防止出现权利义务关系混乱的情况。

3. 拓展思路，确保基层工会经费收缴及时到位

工会经费是基层工会开展工作和组织活动的前提和保障，基层工会必须根据相关法律法规，并结合实际情况，不断拓展新的工作思路，创新工作方式方法，确保工会经费的足额及时到位。解决当前基层工会经费收缴不到位的问题，可以从以下几个方面着手：一是必须建立独立的工会财务账户，为会员缴纳会费和单位拨缴工会经费提供统一的归口，从源头上杜绝工会经费和行政经费混淆不清的情况，为基层工会独立开展工作赢得必要的财权。对于极力阻扰建立工会财务账户的基层单位，工会可向本单位党组织和上级工会组织申请援助和支持，共同推进此项工作；也可通过全额代收、先征后返的地税代收方式，来确保工会经费应收尽收，切实解决基层单位拒不拨缴、延误缴纳或不足额缴纳工会经费的问题。二是创新收缴会费方式，为会员缴纳会费提供便利。当前基层工会收取会员会费，大多采用面对面的现金收缴方式，不仅速度慢而且容易出错，尤其随着会员不断增多，会员流动性大而工会干部人手又较少的情况下，更是增加了收缴会费的难度。因此基层工会可以充分利用网络支付第三方平台，为会员提供 24 小时缴纳会费的便利，也大大提升了工会收取会费的效率。

（二）强化基层工会经费的预算管理

预算管理是一项基层工会财务管理中重要基础性工作。要确保基层工会的长远稳步发展，应加强对基层工会财务的预算管理，切实提高工会经费的使用绩效。基层工会应严格执行《工会预算管理办法》，按照统筹兼顾，保证重点；量入为出，收支平衡；真实合法，精细高效的原则，能力提高预算编制的科学性、准确性和完整性，使工会经费预算从编制到执行形成程序规范、监督到位的运行体制，提高预算编制的科学性和有效性。

1. 采用科学有效的预算编制方法

基层工会应高度重视预算编制对全年工作的规划、规范和指导作用，要合理确定年度收支预算计划，细化预算编制内容，切实掌握科学的预算编制程序和方法。在实际编制经费预算时，基层工会应借鉴其他行政事业单位的“零基预算”法，不以上年预算、决算为基数，而是每年初以零为起点，对项目预算重新科学评估，判断是否合理必要，即工会预算资金是否重点用于为职工群众服务，维护职工合法权益方面。重大预算项目应采取立项评审方式，对预算事项的目的、效果和金额等进行综合立项评审，确定细化预算项目，明确预算涵盖的具体内容，包括时间进度等，克服概算和毛算，努力提高预算编制的科学性、准确性和完整性。

2. 加强工会经费预算的执行管理

经费预算是全年工会工作在经费使用上的具体体现，经费预算是否合理也是工会工作计划和安排是否科学的直接反映。然而，在实际工作中，基层工会经常存在预算和执行“两张皮”的现象，使预算流于形式，执行偏离方向。为了真正实现预算编制的目的，基层工会必须严格按照工会委员会审核同意的预算方案安排各项开支，提出经费执行申请①，由财务人员按预算控制额度进行审核，最后由分管财务的工会主席审批。基层工会组织和工会干

---

① 操作人员在具体经办时，应同时附上预算审批文件，以备工会财务人员予以对照审核。未经过事前预算和审核通过的开支，原则上不予准许报销。

部都应该严格遵守预算，特别是工会主席对预算执行管理负有重要责任，要坚持原则，依法办事，不乱开口子，支持财务部门严格按照预算进行结算。在预算执行过程中，财务部门要加强信息反馈，对预算执行情况进行跟踪监督，及时调整经费开支偏差，定期向领导汇报预算执行情况，确保预算执行不偏离轨道，提高预算执行的有效性，杜绝无预算、超预算支出等问题。

3. 建立工会经费预算绩效管理机制

为了使有限的工会经费在工会活动和服务职工群众中产生最佳效果，就需要通过工会经费绩效管理，强化工会经费支出效果分析，及时发现问题，调整和优化工会经费支出结构，从而使工会经费能够最大限度地满足职工需求，更好地推进维护职工合法权益、服务职工群众等重点工作。2016 年 1 月 20 日，全国总工会办公厅印发了《工会预算支出绩效评价管理暂行办法》。这是落实工会预算管理办法有关“预算安排的项目要逐步实行绩效考评制度”的具体措施，也是适应工会改革发展需要的有力抓手。基层工会经费管理工作要按照中央全面深化改革的要求，不断改进完善经费管理方式方法，实行工会经费支出绩效管理，建立“预算编制有目标、预算执行有监控、预算完成有评价、评价结果有反馈、反馈结果有应用”的全过程预算绩效管理机制，把工会预算执行情况和结果列入年度工会工作目标和经审工作考评内容进行考核，与评先评优挂钩，使工会预算从编制执行到结果评估形成一个程序规范、执行严格、监督到位的有效运行机制，从而提高预算资金使用的科学性、规范性和实效性。

（三）规范工会经费的开支管理

工会经费开支的过程也是基层工会开展工作、履行职能的过程，工会经费开支的结构直接反映基层工会的工作内容和工作重心。科学规范的经费开支将有利于协调有序推进各项工会工作，赢得职工群众的信任和认可；混乱无序的经费开支将阻碍工会工作的开展，影响工会组织的良好形象。要做到科学规范地开支基层工会经费，应注意把握以下几个要点：

1. 突出工作重点，进一步优化工会经费支出结构

基层工会经费的使用，应围绕工会组织的职能职责，将工会经费支出的重点定位于维护权益、服务职工、推动发展方面；同时要结合工会工作实际，坚持以职工为本，不断优化工会经费支出结构，使有限的工会经费发挥最大的作用。基层工会经费应用于本单位全体职工会员，在支出的结构和数量上，要统筹兼顾、确保重点，确保基层工会重点项目、重大活动、基础工作的经费供给，重点保证职工权益维护、困难职工帮扶、劳动就业保护、职工活动开展等中心工作的资金投入。要推动工会经费的精细高效管理，最大限度地把职工组织到工会组织中来，协调好企业的劳动关系，推进工资协商、集体合同及女职工特殊保护专项合同的签订、充分发挥各级仲裁委员会维护职工合法权益的作用，为职工提供法律咨询和服务，努力创造和谐企业，实现企业、职工的双赢。在具体开支时，应该开支的严格按照预算如实开支；可开支可不开支的经费，尽量少开支；不该开支的坚决不开支；不得擅自扩大开支范围、提高开支标准。此外，还应充分发挥工会组织的纽带作用，把科学合理地安排工会经费与积极争取社会资金、充分调动社会资源有机结合起来，通过项目化运作和购买社会性服务等途径，努力提高基层工会经费使用效率。

2. 落实支出要求，进一步推动工会经费支出规范化

工会经费开支规范化是基层工会依法管会的根本要求和直接体现。经费开支规范化有利于预防和避免基层工会滥用经费、超额使用经费等违规违纪行为，确保工会经费真正用于为职工服务、维护职工权益，使广大职工得到真正实惠。进一步推动工会经费的规范化，是新形势下基层工会必须高度重视和严格执行的一项重要工作，需要从以下三个方面予以着手：一是要严格按照《工会法》《工会章程》以及全总有关文件精神，明确工会经费开支范围、标准和渠道，做到开支经费头脑清醒、心中有数。要时刻警惕经费开支“红线”，自觉遵守中央“八项规定”和“厉行节约反对浪费”有关要求，在经费使用上精打细算，严格执行会议、出差、公务接待等相关规定，坚持“八不准”，不去踩“红线”。二是严格遵守工会财务报销制度，坚持工会委员会领导下的主席负责制，在集体领导和分工负责的原则下，基层工会经费支出和报销实行“一支笔”审批制度。三是严格按照经费报销程序和要求，逐一履行相关报销步骤，确保工会经费支出的真实性、合规性和合理性。通常说来，基层工会经费的开支，要由经办人如实填报《费用报销单》，附上相关的原始发票单据，并按规定签字确认后，报工会经费审查委员会主任和工会会计处进行审核，在确定经费开支符合预算、报销凭证真实、报销金额无误、签名和附件单据完整的条件下，送工会主席审核签字[①]，最后将工会主席签字确认的报销单据送工会出纳处进行报销。

（四）落实对工会经费的监督机制

工会经费的有效监督是用好、管好工会经费的重要环节和必要方式。然而，当前基层工会经费的使用普遍存在监督薄弱的问题，经费审查委员会执行监督不到位，工会经费开支的内部监管不力，使得基层工会经费开支不同程度地存在违纪违规、结构不合理、透明度不够等现象。要改善和解决这些问题，可从组织建设、明确任务、强化审计三个方面着力推进。

1. 加强工会经费审查监督的组织建设

加强工会经费审查监督的组织建设，是推动经审委员会有效履行工会经费审查监督职能的基本保证，是充分发挥经费审查委员作用，做好经费审查工作的重要基础。加强工会经费审查监督的组织建设，一是按照“三同时”的原则，建立专门的工会经审组织，形成“哪里有工会组织，哪里就有经审组织，哪里就有经审工作”的良好局面。二是配齐、配强经审委员，充实经费审查力量。严把选配“三关”[②]，筛选出事业心强、政策水平高、业务素质过硬，特别是在财务、审计、纪检监察等方面有专长的人员，使经审组织逐步向专业型、知识型发展。三是建立经审委员定期联络制度。经审委员会要定期召集经审委员开展工作，与工会组织经常保持联系，监督和审查基层工会经费开支情况，做到经审组织有人管理，经审委员有人组织，经审工作有人开展，使经审组织实现高效运行。

2. 明确工会经费审查监督的工作任务

基层工会经审委员会及其委员对自身权责认识不清和工作任务不明确，是其工作落实不到位的主要原因。从根本上说，明确了经费审查监督的工作任务，就明确了经费审查监督的工作方向和着力点。基层工会经费审查监督

---

① 按照中华全国总工会办公厅印发的《基层工会经费收支管理办法》规定，基层工会各项收支实行工会委员会集体领导下的主席负责制。但在支出经费报销的实际过程中，有些基层工会是常务副主席代表工会主席审核签字，履行“一支笔”职责。

② 选配经审委员的“三关”：人员筛选关、审核评价关和民主选举关。

的工作任务主要包括：（1）审查工会年度经费收支预算方案和上年度经费预算执行情况。（2）检查工会对职代会有关财务工作所做决议的执行情况，以及对经审会的建议。督促工会定期公布财务账目，报告财务收支情况，实行财务公开。（3）宣传党和国家的财经政策，对违反国家财经法规、财务工作的组织和个人进行批评教育；对模范执行财经法规、财务工作成绩显著的单位或个人给予表彰奖励。（4）深入职工群众进行调查研究，听取职工关于工会经费的收支、管理和资产经营的改进意见和建议，促进工会各项财务制度的完善。（5）负责工会组织机构变动或财务负责人变动时的交接工作；对工会领导干部实施经济责任审计。（6）制定和完善工会经费审计制度。（7）参与政府或上级工会规定的其他审计工作。

3. 突出工会经费审查监督的审计职能

经过十年的发展，基层逐步形成了以经费预算执行情况和财务状况审计为主，以经费计拨、基建工程、资产管理、经济责任等方面审计为辅的审计工作体系。目前，对基层工会经费的审计主要包括：工会财务预算和决算情况审计、经费收支情况审计、工会经济活动过程情况审计、资产保值情况审计、工会经费使用情况的绩效审计等。要做好这些方面的审计，需要注意以下事项：

第一，财务预算和决算情况的审计。要准确掌握工会经费年度预计安排资金额度、正在执行或者已经完成的经费使用额度，检查预算编制是否细化到具体项目，检查预算执行是否存在随意性，避免因资金随意分配而出现资金闲置浪费的情况。

第二，工会经费收支情况的审计。要明确工会经费的来源和经费支出项目都在审计监督范围之内，把握每一项收支项目的准确性、合理性、合规性。在收入方面，要准确了解会员会费、拨缴经费、上级补助、单位专项补助、其他资金等全部经费来源情况；在支出方面，要了解基层工会各项工作和活动支出的准确数额。

第三，工会经济活动过程情况的审计。经济活动过程的审计相当于一次事中审计。对基层工会经济活动过程进行监督，有利于掌握经费开支细节，最大限度保证资金流转过程和流转环节不出问题，真正为工会经费安全运行起到良好效果，能有效避免因事后审计带来的一些信息不对等而发生审计障碍情况。

第四，工会经费使用情况的绩效审计。除了对基层工会经费的开支实行合法合规合理性审计监督外，还应定期对工会经费的收支、结存等情况做绩效审计，认真分析和研究基层工会经费的开支是否做到了统筹兼顾、保障重点、节约高效；并且可以尝试将有关工会经费开支的经济性、效益性、效果性向工会会员进行公布，广泛听取职工群众的意见和建议，从而提高工会经费管理水平，促进工会经费健康运行。

【典型案例7-1】

云南省昭通市昭阳区总工会加强基层工会经费管理①

自中央八项规定和中华全国总工会《关于加强基层工会经费收支管理的通知》相继出台以来，云南省昭通市昭阳区总工会对加强工会经费管理、合理合法发放职工福利、维护职工合法权益作了一些有效的探索和尝试。

一、争取单位党政领导重视支持

广大基层工会干部特别是工会主席要认真吃透吃准政策，对行政补助工会经费、单独开设工会账户、配备工会财务人员、经费管理使用要求等关系职工合理福利和合法权益的问题，做到早汇报、勤汇报，争取党政领导重视并给予更多支持，在人、财、物等方面给予工会更多倾斜，为工会保障职工合理福利、维护职工合法权益创造条件、提供资源。

二、建立健全相关管理制度

严格执行国家有关法律法规政策及工会财会制度，以全总规定、省总办法等经费收支管理要求为准绳，建立健全本级《财务管理制度》《帮扶慰问制度》《预决算审批管理制度》《经审工作制度》《财务公开制度》等制度，在工会经费管理使用上，做到既要厉行节约、杜绝浪费，又要以人为本、保障职工合理福利。在建立健全制度的同时，加强制度执行力建设，强化制度刚性约束，确保制度成为带电的“高压线”。

三、强化工会经费预决算管理

对单独开设工会账户的基层工会全面实行预决算管理，做到统筹兼顾，保证重点，力求做到收支平衡，提高工会经费使用绩效。在预算编制过程中，提前计划好全年活动安排，根据预算编制管理的各项基本要求，统筹安排支

---

① 刘松．加强工会经费管理　保障职工合理福利［J］．中国工会财会，2017（12）：37-38.

出，编制预算草案，经本级经审委审查后提交职工（代表）大会讨论通过，报县区总工会备案。要坚持年初预算年终决算，大预算套小预算，大决算套小决算，及时准确地掌控预算执行情况。

四、提高相关人员财务管理水平

重点是提高工会主席、财务人员、经审委员三类人群的财务管理水平，通过召开专题培训会、互相交流学习、强化树立典型等方式，加强对相关财务管理规章制度，尤其是全总规定和省总办法的学习，使工会主席掌握财务管理知识和要求，财务人员账目管理规范有序，经审委员能够全程跟踪监督工会经费收支管理情况，避免在财务管理工作上，特别是职工福利问题上陷入“人云亦云、少知而迷、不知而盲、无知而乱、好心办坏事”的困境，给自身、单位、上级带来不必要的风险。

五、充分发挥经审组织作用

工会经审是确保工会经费安全、完整和效益的有效手段。县区、基层两级工会经审组织围绕财务管理规范化，重点审查工会经费是否实行专户管理、是否专款专用，工会会员是否缴纳会费，发放职工福利是否超标准，库存现金是否符合现金管理规定，相关凭证是否符合要求等，随时“咬咬耳朵、扯扯袖子”，多吹吹风，提醒提醒，严防各种违规使用经费现象，避免小毛病演变成大问题，小事情转化为大麻烦。

【典型案例7-2】

靖江市总工会“多措并举”加强基层工会财务管理规范化①

为了提高基层工会对财务规范化建设工作的重视程度，江苏省靖江市总工会每年组织机关财务人员，进行与财务会计管理规范化建设有关的政策法规学习，使财会人员树立爱岗敬业、依法办事、服务经济的职业道德。

加强配合，促进经费收缴稳步增长。市总工会与地税部门配合，按照《工会法》《工会章程》和有关工会经费计提拨缴的政策规定，要求地税部门结合税法宣传和税收工作实际，由企业在申报缴纳工会经费时，严格按照国家统计局工资总额2%计提缴纳工会经费，保证工会经费的足额收缴。与此

---

① 靖江市总工会财务部．“多措并举”强化财务管理规范化建设．中国工会财会，2017（12）：36.

同时，工会加强配合经审工作。每年进行财务大检查，市总工会财务部联合经审办对基层工会进行专项审计，不仅检查基层工会的财务收支情况，而且对行政计拨工会经费情况进行重点审计，在审计中发现一些未按照规定计提缴纳工会经费的单位，通过沟通协调，促使其及时计提并申报缴纳工会经费，堵塞了工会经费收缴漏洞。

从严要求，规范财务处理。第一，经济业务是否符合财务制度和费用开支范围。第二，报销手续是否完备，经济业务所反映的标准是否符合相关文件制度规定。第三，审核原始票据是否合规、真实、有效。规范处理日常账务，在日常账务处理中严格遵守重要性原则、一贯性原则，不同时期同一业务要采用相同的会计处理方法，便于各经济单位会计信息的纵向比较；财务人员按制度规定定期检查账务，有效防范工会资产的流失。

科学编制财务报表。力求财务报表能够真实全面地反映特定时段的财务状况，为上级统管单位提供详细的数据资料，为领导决策提供可靠的依据，探索建立完整的报表体系及报表分析制度，力求做到信息真实、内容完整、数字准确、考评规范，为工会领导和政府职能部门提供优质、高效的服务。

强化督查，严格落实财务规范要求。坚持把收好、管好、用好工会经费，管理好工会资产这项基本任务落到实处，让所有基层工会主席真正担负起“管理工会资产和经费”的职权。同时加强对基层工会财务管理工作的检查指导，并将基层财务管理工作情况纳入年终工会工作考核评比的重要内容，推动基层工会财务管理不断登上新的台阶。

第八章　基层工会的队伍建设

工会事业的兴衰成败关键在人，选人、用人是关系工运事业健康发展的一个关键性、根本性问题。工会干部队伍是党的干部队伍的重要组成部分，是做好工会工作的重要组织保证。加强工会干部队伍建设，是基层工会组织履行职能，实现各项工作任务的基础和前提，也是激发“正能量”、维护社会和谐稳定的推动力。基层工会干部直接面对企业和服务职工群众，是密切联系职工群众的根基，是广大职工最直接、最亲近的“娘家人”。当前，随着企业发展步伐的日益加快和劳动生产组织方式的持续优化，职工队伍的思想观念、素质结构、物质和精神需求也在发生深刻变化，加紧建设一支思想好、作风硬、业务精、纪律严的高素质工会干部队伍，是保持和增强基层工会和工会工作的政治性、先进性、群众性，确保新形势下工会组织桥梁和纽带作用发挥、维护职工合法权益、促进企业科学发展的一项非常紧迫而重要的任务。

一、基层工会干部队伍建设概述

基层工会干部是基层工会工作的组织者、实施者和执行者。他们服务意识的强弱和业务能力的高低，直接影响工会工作的质量和效率。当前我国基层工会干部主要由两部分组成，一部分是专门从事工会工作，个人工作关系只属于工会组织的工作人员；另一部分是由除了从事工会工作外，还同时从事其他工作的人员兼任工会干部，他们的工作关系大多也不在工会组织。基层工会干部队伍建设是指通过各种途径、利用各种手段和方式，努力提升工会干部的思想文化素质和业务工作能力，不断增强工会干部队伍整体实力的过程。加强基层工会干部队伍建设，有利于促进工会干部转变工作作风，自党从情感上贴近职工、思想上引导职工、行动上深入职工、生活上关心职工，敢于和善于维护职工群众和单位的合法权益，及时解决劳资矛盾，调整劳资关系，实现企业与职工的良性互动、互利共享。习近平总书记在中央党的群团工作会议上明确指出，要坚持德才兼备、五湖四海，加强群团干部培养管理，选好配强群团领导班子，提高群团干部队伍整体素质。这为现阶段基层工会抓好干部队伍建设提出了新要求和新方向。

加强基层工会干部队伍建设，首先，要充分认识建设高素质工会干部队伍的重要性，真正理解加强基层工会干部队伍建设的深层次原因；其次，要明确基层工会干部队伍建设的目标，弄清建设什么样的工会干部队伍；最后，要掌握基层工会干部队伍建设的原则，弄清怎样建设工会干部队伍这一问题。

（一）基层工会干部队伍建设的重要性

1. 是新时期工会工作的地位和作用日益突出的必然要求

工会是中国共产党领导的职工自愿结合的工人阶级群众组织，是党联系职工群众的桥梁和纽带。当前，我国已进入全面建设小康社会、加快推进社会主义现代化的新阶段，党所处的历史方位的变化以及由此带来的党的中心任务和前进目标的重新确定，必然会影响我国工会在新时期的使命、任务和职责的变化。党在不同时期各个阶段的中心工作都对工会工作部署了具体工作任务。各级党委对工会组织寄予厚望，也提出了一系列符合新时代发展的新要求。面对新形势新任务，党领导下的基层工会要把思想统一到党的十九大精神上来，把党的十九大提出的一系列重要思想、重要观点、重大论断、重大举措，作为做好新时代工会工作的基本遵循，找准贯彻落实的切入点、着力点和落脚点，在统筹推进“五位一体”总体布局和协调推进“四个全面”战略布局中更好地发挥工会组织作用。作为基层工会干部，要适应新形势新任务的要求，认真学习宣传和贯彻落实十九大精神，自觉地以党的十九大精神为统领推进工会工作，切实履行忠诚党的事业、竭诚服务职工的使命和担当。要增强工会工作的自豪感、责任感和使命感，努力加强自身建设，克服无所作为的消极思想，振奋精神，埋头苦干，在推动社会主义现代化建设中找准位置，当好职工利益代言人和维护者，进一步提高工会在党和国家工作大局中的地位，充分展示工会的重要作用。

2. 是发挥好党联系职工群众的桥梁和纽带作用的内在要求

工会作为党联系职工群众的桥梁和纽带，工作开展得如何、作用发挥得如何，从一定意义上讲，关系到生产力的解放发展和全面建设小康社会目标的完成，关系到党的阶级基础和执政地位的巩固，关系到工人阶级的团结统一和国家社会的和谐稳定。工会干部是工会工作的具体实践者，一边是党和政府以及社会的重托，一边是职工群众的所思所想所盼，责任重大，任务艰巨。只有切实加强工会干部队伍建设，党联系职工群众的桥梁和纽带才会变得更加牢固。工会干部只有在党和政府的中心工作与职工群众的具体利益之间找到结合点，进一步密切党与职工群众的血肉联系，才能充分发挥工会作为党联系职工群众的桥梁和纽带作用。具体表现为：一方面，要坚定不移地贯彻执行党的路线方针政策，紧紧围绕党的中心工作开展工作，把广大职工的思想认识进一步统一到党中央的部署上来，把广大职工的智慧和力量进一步凝聚到实现全面建设小康社会的宏伟目标上来。另一方面，工会干部要表达职工意愿，维护职工利益。把表达和维护广大职工群众的利益作为工会一切工作的出发点和落脚点，倾听职工群众呼声、反映职工群众愿望，依法维护职工群众权益，满腔热忱地为职工群众做实事、办好事、解难事。工会干部只有通过充分发挥党联系职工群众的桥梁和纽带作用，才能最广泛地把职工群众组织到工会中来，最充分地把工会组织的活力激发出来，不断增强工会组织的凝聚力和影响力。

3. 是加强工会组织自身建设的现实要求

近些年，随着社会经济的快速发展，职工队伍不断发展壮大，职工素质进一步提高，在党和政府及工会组织的共同努力下，共建共享的理念与格局基本形成。但在部分地区、行业和企业，劳动收入低、增长慢、克扣拖欠现象时有发生，劳动时间长，劳动环境恶劣、恶性工伤事故频繁发生，社会保障滞后与缺失的问题还没有得到有效解决。劳动关系的不协调导致社会不稳定的因素依然存在，并引发了一系列社会问题。当出现这些问题，职工群众往往会选择到政府职能部门进行“上访”，而较少选择去工会组织找“娘家人”。这一现象折射出基层工会、工会工作依然存在不少问题，工会工作的具体执行者和实施者——工会干部队伍建设方面也存在不少亟待解决和改善的问题，尤其是基层工会干部队伍整体素质还不能适应新形势新任务的要求，也未能很好满足职工群众的意愿和期盼。当前，基层工会干部队伍不同程度存在年龄偏大、文化偏低、专业单一、状态不佳等诸多问题，工会组织机关化、行政化、人员老龄化、工作表面化的现象还客观存在。个别工会干部缺乏工作责任心，事业心不强，进取心不够，精神萎靡，行为懈怠，工作敷衍了事。少数工会干部偏离自身的职责和任务，不愿下基层，不想与职工联系，面对职工“脸难看、门难进”，脱离职工现象比较严重，影响了工会工作的实效性和工会组织在职工群众心中的形象。这些使得加强基层工会干部队伍建设，建设高素质的工会干部队伍，已经成为当前形势下加强工会自身建设的迫切需要。

（二）基层工会干部队伍建设的目标

基层工会干部队伍的建设目标是指基层工会要按照革命化、年轻化、知识化、专业化的要求，努力建设一支坚持党的基本路线，熟悉本职业务，热爱工会工作，受到职工信赖的干部队伍。换言之，这支队伍由知群众、懂群众、爱群众的高素质工会干部构成。工会干部的综合素质是工会干部开展工会工作所应具备的内在基本条件，是工会干部先天本质和后天修养、生理条件与心理因素转化为服务大局、服务职工的水平与特征。新时期基层工会干部的综合素质主要包括：政治素质、知识素质、能力素质、道德素质、心理素质五个方面。

1. 坚定的政治素质

首先，讲政治是基层工会干部做好工会工作的根本保证。工会干部讲政治首先要在政治上、思想上、行动上同党中央保持高度一致，在全面正确理解和贯彻执行党的路线、方针、政策上下功夫。其次，讲政治是加强政治学习，不断提高理论水平。最根本的就是加强对马列主义、毛泽东思想、邓小平理论、“三个代表”重要思想、科学发展观以及习近平新时代中国特色社会主义思想的学习，发扬理论联系实际的学风，提高运用理论解决实际问题的能力，不断加强党性锻炼和世界观、人生观、价值观的改造。最后，讲政治要牢记党的宗旨，规范自身行为，严于律己，清正廉洁，增强对腐朽思想和生活方式侵蚀的免疫力，把群众拥护不拥护、赞成不赞成，答应不答应作为工会干部开展工作和活动的出发点和落脚点。

2. 丰富的知识素质

21 世纪是知识经济时代，具有丰富广博的知识文化，是每个公民都应该具备的基本素质。知识素质也是工会干部素质的核心和基础，一个合格的基层工会干部至少应具备四个方面的知识：一是政治理论知识，即通过学习掌握已有的理论知识，增强对工会工作实践的指导，充分利用前人已有的经验，提高分析问题、解决问题的能力；二是工会知识，即工会干部必须全面了解和熟悉工会组织与工作的有关知识、规定、政策及工作方法，确保基层工会工作履行职责、服务职工不走样、不偏道；三是与业务相关的知识，即工会干部应该具有较丰富的经济、科技、管理、法律、外语、计算机等方面的知识，它们是提升工会工作效率和服务职工质量必不可少的手段；四是文化知识，即工会干部应该具有符合社会主流的人文精神和文化品位。

3. 专业的能力素质

能力素质是工会干部开展具体工作、实现工作目标的本领，是其知识、经验和智慧的综合体现。当前形势下，基层工会干部必须具备多种较强的专业能力，才能适应工作需要。具体说来，应该具备以下五种能力素质：一是创新能力。由于当前基层工会面临较多的新情况、新问题，仅凭过去的经验和传统的做法难以达到理想的效果，必须善于用创新的思维和方式去解决问题。二是决策能力。工会干部要在全面了解现实状况的基础上，以科学的理论指导，综合考虑多方因素，运用科学方法做出符合客观实际的准确判断和最佳选择。三是协调能力。工会的桥梁纽带作用决定了工会干部协调能力的重要性，要善于通过与党政、职工和社会的良好沟通协调，取得共识，形成合力，推进工会工作的不断发展。四是调研能力。即工会干部要深入群众调查研究，听取职工群众意见和要求，掌握职工思想生活工作的第一资料，增强工会工作的针对性。五是学习能力。提高工会干部素质，必须加强自身学习，不仅要勤于学习，更要善于学习；要通过不断向实践学习、向书本学习、向群众学习，努力提高为广大职工服务的能力和素质。

4. 高尚的道德素质

道德素质在工会干部素质中占有重要地位，尤其在我国正在推进“以德治国”的今天，基层工会干部具有高尚的思想道德素质，是赢得职工认可与信任的必备素质。基层工会干部应该具备的道德素质包括：一是正直，就是工会干部要有良好的工作作风、思想作风、生活作风，为人忠诚老实。二是诚信，要求工会干部要言而有信，“言必信，行必果”，不能言行不一，口是心非。工会干部的诚信度不仅反映出工会干部个体的素质，同时也直接影响到职工对工会组织的信用度。三要负责，即工会干部要忠于职守，敢于担当，善于作为，乐于奉献。面对任务不推诿、不懈怠，面对困难勇于挑战，积极面对。四要守法，依法治国是我国的基本国策，依法建会、依法管会是对工会组织的基本要求。基层工会干部必须强化法治意识，要在掌握基本的法律、法规的基础上，依法工作，依法治会。五是正气，即工会干部要敢于追求真理、坚持真理，在任何时候、任何风浪面前都必须坚定立场、坚持原则，无私无畏地追求真理，旗帜鲜明地捍为真理，为实现真理而斗争。

5. 强大的心理素质

随着各项工会工作的推进，基层工会干部面临着更多的挑战，因而承受的心理压力更大，必须有健全的心理素质，才能时刻保持高度的理智与冷静。基层工会干部良好的心理素质主要包括：一要有自信心。自信心是指个体对自身从事某项工作或活动所具备的能力和素质的高度认可。工会干部拥有适当的自信心，就能不断激发其履行职责的积极性和主动性，增强战胜困难、调整矛盾、解决问题的能力，推动基层工会不断改革发展。二要有自知力。自知力是指个体客观真实地了解自己、分析自己、评价自己的能力。作为一个理智、冷静的工会干部，应该知晓自己的长处、短处及优势、劣势所在，并在实际工作中取长补短，充分发挥自身优势，高效完成工作任务。三要有自控力。自控力是个体根据目标、原则、规定调整和约束自身思想行为的一种能力。无数实践证明，具备自控力的工会干部，就能自觉履行工作职责，严格遵守职业操守，自觉抵抗假公济私、滥用职权、以权谋私等违法违规行为的出现，坚决维护职工群众的合法权益，维护工会组织的良好形象。

（三）基层工会干部队伍建设的原则

工会干部是我们党干部队伍的组成部分，基层工会干部是工会干部队伍的坚实基础和重要构成。新时期基层工会干部队伍的素质如何，关系着职工群众合法权益的维护和实现，关系着我们党治国理政的社会基础，关系着我国改革开放和经济建设的进程以及社会稳定和谐的程度。为此，各级工会组织必须高度重视基层工会干部队伍建设，在基层工会干部队伍建设的过程中，严格遵守相关的原则，确保基层工会干部队伍建设取得实效，基层工会干部的素质稳步提高。

1. 坚持党管干部的原则

坚持党管干部原则，是做好基层工会干部队伍建设工作的重要保证。党管干部的实质，就是要保证处于执政地位的中国共产党及其各级组织，对干部人事工作的领导权和对重要干部的管理权。在加强基层工会干部队伍建设过程中，坚持党管干部的原则，要注意把握好以下基本要求：（1）工会干部队伍建设工作的路线、方针、政策必须由党制定。凡是关系全局、关系长远的工会干部人事工作路线、方针、政策，以及干部人事制度改革的重大措施，必须由中央统一制定或批准。各级工会组织所制定的一些具体政策和改革措施，必须与党中央的干部路线、方针和政策相一致。（2）干部的管理、推荐、提名、任免，必须由各级党委（党组）按照干部管理权限负责。（3）选拔任用工会干部必须经党委（党组）集体讨论，按照民主集中制的原则做出决定，决不允许个人或少数人决定干部任免。（4）要正确处理党委推荐干部与工会组织依法选举和决定任免干部的关系。党组织向工会组织推荐领导干部，是实现党对工会领导的重要保证，也是党管干部原则的具体体现。选举和决定任免工会领导干部，是法律赋予各级工会组织的重要职权。党委推荐工会干部和工会依法选举、决定任免干部，其本质是一致的。因此，各级工会要自觉维护党管干部的原则，认真贯彻党组织的意图，正确履行自己的职责。（5）要加快干部人事制度改革步伐。努力推进工会干部队伍建设工作的科学化、民主化、制度化；扩大干部管理工作中的民主，落实群众对干部选拔任用的知情权、参与权、选择权和监督权；积极推行公开选拔、竞争上岗等措施，确保促进工会干部奋发工作、能上能下；加强对干部选拔任用工作的监督，完善干部考核制度和方法；坚决防止和纠正用人上的不正之风。

2. 坚持工会干部协管的原则

工会干部协管的原则，主要指按照下管一级的原则，由上一级工会协助党委对下一级工会领导班子和领导干部进行管理。上级工会组织协管工会干部是一种把党管干部原则与干部双重管理原则有机结合的干部管理的重要形式，是工会协助党委按照工会组织的性质、特点和工作要求，配齐配强工会领导班子的一项行之有效的重要制度。各级工会应与各级党委共同抓好对工会干部的管理工作，严格遵守《工会法》和《工会章程》的有关规定，按照工会组织的性质、特点和工作要求，认真履行民主程序，协助党委配齐配强工会领导班子。要进一步明确工会干部协管范围，履行工会干部协管程序，执行工会干部协管制度，保证工会组织在工会领导班子配备、工会干部队伍建设和干部管理工作中切实起到协管的作用。具体说来，上级工会组织对基层工会干部协管的职责主要包括：（1）对工会领导班子的配备调整提出建议；（2）协助做好工会领导班子思想作风建设工作；（3）协助做好工会干部的考察、考核、政治审查和监督工作；（4）推荐优秀干部，协助做好工会干部交流工作；（5）指导、规划和组织工会系统干部岗位培训和各类业务培训；（6）协助做好工会后备干部选拔培养工作。

3. 坚持“任人唯贤、德才兼备”的原则

“任人唯贤、德才兼备”原则，是党的干部路线的集中体现和核心内容，是党选拔任用干部的总标准、总依据。选拔任用工会领导干部必须以党的事业为重，坚持任人唯贤，反对任人唯亲，不搞小圈子，不凭主观印象取人，不以个人好恶选人、用人，坚决抵制基层工会用人、选人上的不正之风。对工会干部的选拔和任用要进行综合比较，权衡优劣，实现好中选好、优中选优的目标。坚持德才兼备，就是要求基层工会干部既要有坚定的政治立场、高尚的道德品质，又要有较强的领导能力和较高的工作水平。所谓德，是指基层工会干部的政治标准，包括政治理论和思想、政治立场和政治方向、道德修养和思想品质、工作态度和工作作风、自律意识和纪律观念等。所谓才，是指基层工会干部的能力和水平，包括知识素养、业务水平、宏观决策能力、组织协调能力、综合分析和解决实际问题的能力等。“任人唯贤、德才兼备”是新时期工会干部任用的基本要求，基层工会干部只有德才兼备，才能更好地代表和维护广大职工的合法权益，才能更好地将广大职工紧密团结在党的周围，才能在实际工作中不为权所动、不为利所诱，全心全意为人民服务。

4. 坚持“群众公认、注重实绩”的原则

群众公认、注重实绩的原则，是党的群众路线和马克思主义认识论在干部工作中的具体体现和运用，也是由工会作为工人阶级群众组织的性质和特点决定的。群众公认，就是指选拔和任用的工会干部要被大多数职工群众所认可和拥护。在加强基层工会干部队伍建设时，要充分相信和依靠职工群众，扩大工会干部队伍管理和建设工作中的民主，落实群众对干部选拔任用的知情权、参与权、选择权和监督权。具体而言，一是选拔任用干部要经过民主推荐，凡是多数群众不拥护、不赞成的，不能选拔任用；二是考察干部要充分走群众路线，广泛听取各方面的意见；三是拟提拔的干部要在一定范围内进行公示，接受群众监督；四是对群众举报的干部违纪违规行为，要认真核实处理。

注重实绩，就是注重基层工会干部在执行党的基本路线和履行岗位职责的过程中所取得的实际成效。在全面考察干部的德、能、勤、绩、廉的基础上，要重点考察干部的工作实绩。对那些经考察确属德才兼备、实绩突出、群众公认的，要委以重任；确属德才平庸、力不胜任、相形见绌的，要坚决进行调整。

二、基层工会干部队伍建设取得的成效

随着改革开放的不断深入和社会主义市场经济体制的逐步建立，我国所有制结构、产业结构的调整和社会转型的步伐逐渐加快。在推动工业化、城镇化和农业现代化进程中，职工队伍的人数规模、分布结构、就业方式、文化素质、经济权益等方面都发生了深刻的变化。农民工作为新兴群体已经成为职工队伍的重要组成部分，职工民主政治诉求、法律意识、文化素养、精神追求日趋增强，同时普通工人与企业经营者或老板之间的矛盾有待进一步化解，利益分配格局差异凸显，一些不合理因素正在造成贫富悬殊，这些对基层工会的组织建设和干部素质能力提出了更高的要求。为了适应时代发展和职工队伍的新要求，各级党组织和工会组织高度重视基层工会工作，在加大基层工会组织建设的同时，狠抓基层工会干部的培养。通过多种渠道选配高素质、高能力工会干部，建立健全工会干部聘任、教育、监督、考核、评价机制。经过多年的努力，一支知群众、懂群众、爱群众，具有较高思想政治素质、较强业务工作能力的基层工会专兼职干部队伍正在逐步形成。

（一）基层工会干部队伍建设目标明确

基层工会作为直接联系和服务职工的群众组织，基层工会干部作为直接联系和服务职工群众的组织者、实施者，一直以来都受到党和国家的高度重视。新中国成立以后，各届党和国家的领导人在不同场合都充分强调工会工作的重要性，高度肯定工会组织在国家建设改革发展的各个阶段所发挥的重要作用，并结合现实具体情况，对各级党组织重视工会工作、加强基层工会干部队伍建设提出明确要求。以习近平总书记为例，2013 年五一国际劳动节即将到来之际，他同全国劳动模范代表座谈时强调，要把竭诚为职工群众服务作为工会一切工作的出发点和落脚点，全心全意为广大职工群众服务，让职工群众真正感受到工会是“职工之家”，工会干部是最可信赖的“娘家人”。[①] 2013 年 10 月，在同中华全国总工会新一届领导班子集体谈话时指出，群众路线是党的生命线和根本工作路线，也应该成为工会工作的生命线和根本工作路线。工会干部特别是领导干部，要更多到职工群众中去，依靠职工群众开展工作，使工会组织真正成为广大职工群众信赖的“职工之家”。[②] 2015 年庆祝“五一”国际劳动节暨表彰全国劳动模范和先进工作者大会上，习总书记强调，各级工会组织和广大工会干部要坚定不移走中国特色社会主义工会发展道路，坚持自觉接受党的领导的优良传统，自觉运用改革精神谋划推进工会工作，把工作重心放在最广大普通职工身上，带领亿万职工群众坚定不移跟党走。[③] 2015 年 7 月，在中央党的群团工作会议上习总书记强调，各级党委要坚持德才兼备、五湖四海，加强群团干部培养管理，选好配强群团领导班子，提高群团干部队伍整体素质。广大群团干部要加强思想道德修养，坚定理想信念，严格要求自己，自觉践行“三严三实”，自觉抵制和纠正“四风”问题。[④] 由

---

① 晓月．习近平：工会干部是职工群众最可信的“娘家人”［EB/OL］．http：//news. youth. cn/gn/201304/t20130428_3164341. htm. 2013 - 04 - 28/2017 - 05 - 06.

② 刘琼．习近平同中华全国总工会新一届领导班子集体讲话［EB/OL］．http：//www. xinhuanet. com/politics/2013 - 10/23/c_117844453. htm. 2013 - 10 - 23/2017 - 05 - 06.

③ 陈二厚，董峻．劳模受表彰　习近平：工会工作只能加强不能削弱［EB/OL］．http：//www. china. com. cn/cppcc/2015 - 04/29/content_35446055. htm. 2015 - 04 - 29/2017 - 05 - 06.

④ 程宏毅，常雪梅．习近平：切实保持和增强政治性先进性群众性　开创新形势下党的群团工作新局面［EB/OL］．http：//cpc. people. com. cn/n/2015/0708/c64094 - 27269059. html. 2015 - 07 - 08/2017 - 05 - 06.

此可见，我们的党和国家不仅高度重视工会工作和工会干部队伍建设，同时提出的治国理政新思想、新理念也为基层工会加强干部队伍建设指明了方向、明确了目标。

（二）基层工会干部队伍规模逐渐壮大

党和国家对工会组织的高度重视和充分信任，极大地激发了各级工会组织加强基层工会干部队伍建设的动力。职工队伍规模的扩大和基层工会组织数量的增加，为加强基层工会干部建设提出了迫切的客观要求。按照《工会法》和《工会章程》的有关规定与党和国家的相关要求，各级工会组织针对基层工会的实际情况，不断创新思路、拓展渠道，积极争取当地组织和人事部门的支持，给出政策优惠条件和个人福利待遇，广泛吸引各行各业的社会优秀人士加入工会干部队伍，基层工会干部队伍逐渐壮大。从全国范围来看，2010 年全国基层工会组织 197.6 万个，工会专职工作人员 86.4 万人。2015 年 12 月，全国基层工会组织就迅猛发展到 280.6 万个，工会专职工作人员也增加到 111.4 万人。[①] 除了按照相关规定、程序、条件选配一些高素质的专职工会干部外，部分地方的基层工会还采用企业自聘、社会招聘等方式，将热爱工会工作、具有较高专业素养、社会影响力较大的专业人士、劳动模范、专家学者、工会积极分子等聘为基层工会兼职干部，在一定程度上缓解了基层工会组织人手少、工作力量不足等问题，同时也有效弥补了基层工会干部技术不强、专业知识缺乏、文化素质较低等缺陷，使基层工会干部队伍整体素质得到了明显的提升。此外，基层工会还利用多种方式积极培养工会积极分子，通过多种渠道面向社会招募工会工作志愿者，充分利用工会积极分子和工会工作志愿者两支队伍为职工群众开展服务，为基层工会干部队伍增添了新鲜血液。经过多年努力，基层工会已经逐渐形成了一支以专职干部为骨干力量，以兼职干部为重要支撑，以工会工作志愿者为补充的基础工会干部队伍。

（三）基层工会干部队伍政治思想素质不断增强

工会干部的思想政治素质是确保工会工作正确方向的重要条件，也是做

① 国家统计局网站：http：//www. stats. gov. cn/

好工会工作的前提和先导。为了确保工会干部具有强烈的政治意识和坚定的政治立场，保持清醒的政治头脑，在思想上政治上行动上与党中央保持高度一致，基层工会大兴学习之风，积极创建学习型组织，把加强学习教育作为一项重要政治任务来抓，把理想信念教育作为工会干部队伍思想政治建设首要任务常抓不懈。将集中性教育和分散性学习有机结合，扎实推进“两学一做”学习教育，持续不断地为工会党员干部“补钙”“加油”，努力解决好工会干部队伍“领头羊”的世界观、人生观、价值观这个“总开关”问题。广大基层工会干部结合工作实际，通过多种途径和方式，认真学习马克思主义中国化的最新成果，努力掌握马克思主义的立场、观点和方法，认真学习党的路线方针政策，学习党的工运理论知识，学习宪法、劳动法、工会法等法律法规，学习党的群众路线和工作方法，学习互联网知识和新媒体技术，努力做到学以致用、用以促学、学用相长。同时按照“四讲四有”标准，努力做到政治合格、执行纪律合格、品德合格、发挥作用合格，[①] 自觉用党章党规规范和约束自身行为，坚持用习近平总书记系列讲话重要精神和治国理政新思想、新理念、新战略武装头脑、指导实践、推动工作。坚定不移地走中国特色社会主义工会发展道路，不断增强政治意识、大局意识、核心意识、看齐意识，不断增强做好工会工作的使命感和责任感，忠诚党的工运事业，坚持依法建会、依法管会，竭诚为职工群众提供满意服务。

（四）基层工会干部队伍业务工作能力日益提高

改革开放以来，我国工人阶级队伍迅速壮大，职工队伍受教育程度普遍提高，年龄结构更加趋于年轻化，职工需求更加多样化和个性化，对基层工会干部队伍的业务工作能力提出了新要求、新挑战。为了顺应职工群众的新要求、新期待，更好地履行工会组织的职能职责，彰显工会组织的优势，体现工会组织新作为，基层工会积极践行党的群众路线，把竭诚为职工群众服务作为工会一切工作的出发点和落脚点，广泛开展各类教育实践活动，不断提升基层工会干部服务职工能力和本领，基层工会工作更加趋于规范化、科学化、人性化。广大基层工会干部积极响应党的号召和群众的期盼，深入学

---

① 李睿祎．以加强工会干部队伍建设为关键点　为推进工会改革提供有力支撑［M］．工人日报，2017－05－09．

习贯彻党的十八大、十九大和习近平总书记的系列讲话精神，坚持用中国特色社会主义理论体系武装头脑，坚持和发展中国特色社会主义工会发展道路，不断强化工会事业的理论学习和实践创新，在学习中推动实践，在实践中深化学习，努力把学习成果转化为自身的执行力、组织的创造力和发展的内生力。在工作理念上，坚持以职工需求为导向、以职工满意为标准，把服务职工贯穿于履行职责的全过程，落实到工会工作的各方面。在工作路径上，高举维权旗帜，突出基本职责，在维权中体现服务，在服务中强化维权，不断拓展维权服务的领域，健全维权服务的机制，创新维权服务的手段，提高维权服务的水平。在工作方法上，加强服务载体的建设，规范服务程序的执行，深入职工群众，认真倾听职工呼声，及时回应职工诉求，从职工群众最关心的问题、最迫切的要求、最现实的困难入手，千方百计为职工群众提供优质高效的服务，扎扎实实为职工群众办实事、做好事、解难事，切实增强服务职工的针对性和实效性。

三、基层工会干部队伍建设存在的问题

近年来，各级党组织和工会组织高度重视基层工会工作，将工作重心和人财物资源向基层倾斜，为基层工会加强干部队伍建设创造了良好的条件，基层工会干部队伍的整体素质正在逐步得到提升。但是，新时代的到来给基层工会工作提出了新任务、新要求，基层工会工作要向更宽、更广的领域延伸，工会组织的触角要向更深、更细的地方探及。而当前工会干部队伍的结构、素养、能力与基层工会所承担的职责之间还存在一定的差距和一些不相适应的地方，亟待今后加以重视和完善。

（一）基层工会干部队伍结构不合理

从全国范围来看，虽然每年基层工会干部人数都有所增加，但是相对职工人数的增长幅度而言，基层工会干部人数还显得较少。新时代职工群众对工会组织的要求增多、对工会工作质量的要求变高，基层工会的工作任务会变得更加繁重。显然，当前基层工会干部的配备与当前繁重的工作任务不相适应，具体体现为：干部人数严重不足；干部结构不太合理，专职干部少，

兼职干部多；年轻干部少，中老年干部多。这在很大程度上造成基层工会干部履职不到位或者履职效果不好，制约了基层工会的作用发挥。

1. 专职工会干部少，兼职工会干部多

在我国，基层工会干部队伍通常由专职干部和兼职干部组成，在一定条件下，兼职干部是专职干部不足的有效补充，在工会工作中发挥着重要的积极作用。然而，当前基层工会明显存在专职干部太少，兼职干部太多，专兼职干部比例失调现象，严重影响和制约了工会工作的效率和质量。按照《企业工会工作条例》规定，企业职工人数二百人以上的，应配备一名以上的专职工会干部。但现实情况却是，企业工会干部大多由企业管理人员和中层干部等人员兼任，专职工会干部少之又少。尤其在非公企业、区域工会、行业工会和基层工会的二级、三级层面中，专职工会干部几乎没有，基本都是以兼职工会干部为主。从全国范围来看，截至 2012 年 9 月底，基层工会专职工作人员 91. 8 万人，兼职工作人员 710. 6 万人,① 兼职工会干部多达专职工会干部的 8 倍。可见，基层工会干部大多数是兼职人员，有的甚至身兼数职，他们根本无暇顾及工会业务，也没有精力学习工会业务知识。面对新媒体新技术的发展和职工群众需求的增多，部分兼职工会干部无法驾驭新技术，对遇到的新形势、新问题束手无策，难以应对，根本无法保证工会工作的顺利开展。

2. 中老年干部多，年轻干部少

在计划经济体制下形成的一些关于工会组织和工会工作的错误认识，使得人们长期难以摆脱这些错误认识的影响，或多或少地对工会组织和工会工作存在偏见。工会组织被人忽略、边沿化的现象普遍存在，一些单位把工会作为过渡性的岗位，将临近退休的人员或工作不积极、身体状况欠佳的人员，安排到工会中“混日子”“过渡过渡”；还有些单位认为工会工作就是“吹拉弹唱、打球照相”“发发福利、送送温暖、走走家访”，工作简单又轻松，便将一些能力不强、素质不高的人员安排到工会中。久而久之，基层工会便出现工作人员年龄偏大现象。与此同时，由于年轻的工会干部存在个人发展受限、福利待遇得不到保障等问题，他们在工会组织中缺乏存在感和职业荣誉

---

① 中华全国总工会．2012 年工会组织和工会工作发展状况统计公报．2013 - 03 - 15.

感，只好挖空心思另谋高就，不能安心于工会工作，加剧了年轻干部的流失和工会干部老龄化现象。据调查，目前基层工会干部大多数年龄在 50 岁左右或临近退休年龄，45 岁及以下的工会干部所占比例不足 1/4。虽然中老年工会干部经验丰富，但是大多缺乏开拓精神和创新能力，普遍安于现状，习惯墨守成规或沿袭旧模式，显然难以满足新时代基层工会工作的实际要求。

3. 人才知识结构单一，缺乏复合型工会干部

随着时代的发展，劳动关系复杂化、职工诉求多样化，需要拥有丰富专业知识的高素质复合型工会干部。然而现实情况是，基层工会干部的知识结构比较单一，与干部“年轻化、专业化”的要求甚远，难以满足新形势下工会工作的实际要求。由于工会干部社会地位不高、福利待遇差、准入门槛低，所以不少基层工会干部尤其是专职干部文化程度较低，政治理论水平不高，对于维护职工权益的相关知识特别是政策规定、法律知识、心理学知识等掌握不够。再加上受周围环境的影响，学习新理论主动性不强，更新知识节奏慢。一些兼职干部，虽然具有一定的文化程度和理论水平，但是在掌握工会法律、劳动法律、劳动工资、社会保障等方面的知识上有限，特别是熟悉工会理论和工会业务的人就更少。所以在真正需要结合生产经营去做思想政治工作、去协调处理矛盾、去解决比较尖锐的问题时，他们往往就显得无所适从、力不从心，对工会工作中遇到的新问题、新情况，往往缺乏独立分析、高效解决问题的能力，不能创造性地开展工作，造成工会工作的失位、偏位。

（二）基层工会干部队伍素质有待提高

基层工会干部作为职工合法权益的代表者和维护者，理应是各项社会资源的整合者，需要冲破固有的模式，在争取行政支持上有胆商，在与上级工作沟通上有情商，在开展群众工作上有智商。要能够“仰头看路”，而不只是“埋头拉车”。然而，现实情况是，基层工会干部思想意识不到位、工作能力尚显不足，还不能完全适应新时期工会工作的新要求。

1. 思想认识不到位

长期以来，工会组织存在机关化、行政化倾向，脱离职工群众的现象比较突出，加之工会宣传不到位，使得上上下下对工会组织和工会工作的认识缺位、偏位。具体表现在：一是部分党政领导对机关事业单位工会工作的重视不够，认识不到位，赋予工会的资源手段较少。不少领导和干部职工对工会的意义认识不足，对工会组织认同度不高，没有把自己当成工人阶级的一部分，认识不到当代工人阶级内涵的变化，对工会组织的意义和维权的内容缺少理论上支持。还有一些领导对工会工作不重视，认为干部职工工作岗位比较稳定，工资收入、生活福利基本有保障，对工会的依赖度相对不强。二是不少企业特别是非公有企业对工会组织存在误解，对工会工作不了解、不支持。他们在思想上过分夸大工会的维权职能，而忽略了工会同时承担着团结引领广大职工积极参与生产建设、推动企业科学发展的任务，从而错误地将工会视为“敌对面”，或者认为建立工会组织、配置工会干部、组织工会活动都会增加企业成本，给企业带来额外负担，所以他们千方百计拒绝、阻挠或推诿组建工会。三是部分工会干部对工会的性质、职能、地位和作用认识不足，自轻自贱思想比较严重，误认为工会不过是一个摆设、一块牌子，是企业的“附属物”，一切唯企业老板是从；工会工作就是收收会费、发发福利、搞搞活动、送送温暖。认识上的缺失，导致思想上的忽略和行动上的随意，从而使工会工作失去动力，往往流于形式，处于走过场、摆样子、无足轻重的状态。

2. 工作能力显不足

基层工会各项工作任务的有效实施，需要一支能适应社会发展、讲政治、懂法律、会组织、善沟通、能创造性地开展工作的干部队伍。然而，当前不少工会干部依然沿袭以往计划经济体制下的老一套，保持着思维定式，继续从前的工作作风和工作方法，故步自封、固守成规，不能满足党的工作的新要求，工作效果不能得到广大职工的认同。具体体现在：一是维权服务能力不足。维护职工合法权益是工会的基本职责，也是新常态下基层工会干部最直接、最迫切、最重要的工作任务。但是不少工会干部缺乏维权思维、手段和相关的专业知识，真正面对集体协商、劳动合同、劳动纠纷时，却往往感到束手无策，不能真正为职工维权。二是组织协调能力不强。一些工会干部工作行政化、简单化，缺乏与党政、职工和社会的联系沟通，不能很好地利用社会资源开展工会工作，有效激发职工参加工会活动的积极性，以至出现工会组织边缘化，工会活动企业不欢迎，职工不参与的现象。三是创新能力不强。部分工会干部不善于主动学习新知识、新理论，不愿意研究新情况，总结新经验，工作中墨守成规，存在“习惯思维”“固定模式”，面对新需求、新问题、新矛盾，缺乏创新的勇气，缺少解决的办法和应有的能力，点子不够新、办法不够多，导致工作成效往往不尽人意，事倍而功半。

（三）基层工会干部选拔培养机制不够健全

目前，我国基层工会干部队伍建设的主要方式，一是选拔、聘用热爱工会工作综合素质较高的人员。二是采取多种方式对现有工会干部进行培养，使其业务素质和工作能力在原有基础上有所提升；从而达到提升基层工会干部整体实力，满足新形势下工会工作的需要。然而在实际操作过程中，不少基层工会干部的选拔、培养都存在一些问题，工会干部整体素质提升缓慢，仍然不能完全适应新时代工会工作的发展需要。

1. 工会干部选拔存在缺陷

按照《工会法》和《工会章程》规定，各级工会组织要重视基层工会干部的选拔和培养，工会干部的选拔要自觉遵守党管干部和上级工会组织协管等原则，工会主席、副主席和委员应由工会会员（代表）大会民主选举产生。然而这些原则和要求，在选拔工会干部时并未得到完全落实。以某直辖市为例，基层以上工会专职工会干部中有930人通过选聘方式任用，占本级工会专职工会干部的36%，比例相对较低。[①] 工会干部选拔的如此方式，不仅背离了德才兼备、以德为先的用人标准，不利于将那些政治上靠得住、工作上有本事、作风上过得硬、人民群众信得过的人员吸收到基层工会干部队伍中；反而将那些敢为群众说实话、愿为群众办实事的好干部排斥在工会干部队伍之外，不利于基层工会核心工作的顺利开展。

2. 工会干部培养力度不够

基层工会是推进职工参加企事业文化建设的组织者和实施者，承担着鼓励、支持、帮助职工提高素质做好本职工作的重要任务。要做好这项工作，就必须首先加强对工会干部的教育和培养。然而，遗憾的是，由于基层工会任务繁重、人手不足、压力较大，虽然时有组织工会干部培训，但是却明显

---

① 张波．五大功能区域中重庆市工会干部人才队伍建设的调研［J］．重庆行政，2015（8）：110.

存在培训方式单一、培训内容陈旧、培训周期较长、培训对象狭窄等问题，无法达到有效提升基层工会干部队伍综合素质的目的。现实中，不少基层工会干部5～10年才有一次外出的学习机会，理论知识的更新完全跟不上时代的步伐。此外，基层工会干部也缺乏多岗锻炼提升的机会，使得很多工会干部视野不够开阔，工作缺乏激情，资源不够丰富，开拓创新不足。部分企事业单位对工会干部的交流使用不够重视，存在工会领导干部“短循环”、一般干部“不循环”的现象。绝大多数工会干部尤其是一般干部缺乏多岗锻炼，长期沉淀在工会得不到交流，逐渐变成了不思进取的“老工会”。

四、新时代基层工会干部队伍建设的优化思路

当前全面建设小康社会的目标，对各级工会组织和广大基层工会干部提出了新的更高的要求，仅凭一颗全心全意为职工群众服务的爱心和热心、乐于为职工服务的激情、热情还远远不够。各级工会组织必须牢固树立“事业兴衰，关键在人”的思想，以高度的政治责任感和历史使命感，把加强基层工会干部队伍建设、提高工会干部队伍的整体素质作为一项战略任务来抓。以建设一支热爱工会事业、热心服务群众、政治可靠、业务精湛、结构合理、德才兼备的高素质复合型工会干部队伍为目标，提高在思想观念、方法手段、工作要求和机制制度方面的新突破、新进展，使基层工会永葆活力，跟上时代的步伐。

（一）完善工会干部选拔任用模式，优化基层工会干部队伍结构

针对当前工会干部队伍结构中存在的突出问题，基层工会要坚持党管干部和上级工会协管干部的原则，积极推进工会干部人事制度改革，不断拓宽工会干部的选拔渠道，完善工会干部选拔任用模式，从源头上优化工会干部队伍结构，确保基层工会干部队伍整体素质的提升。

1. 拓宽工会干部的选拔渠道，进一步优化工会干部队伍结构

要按照公开、平等、竞争、择优的原则和年轻化、知识化、专业化和德才兼备的标准，全面推行工会干部竞聘上岗，打破论资排辈的做法，扩大工

会干部的选拔渠道，把大量高素质人才吸纳到工会干部队伍中来，解决工会干部后继乏人的问题。要更新选拔基层工会干部的陈旧观念，按照规定程序把作风正、业务精、有才能，善于做群众工作，敢于为群众说话，热心为职工服务的人才吸纳进干部队伍。大胆提拔政绩突出的工会干部，搭建工会干部交流平台，使工会干部队伍不断有新鲜血液输入，增强工会干部队伍的活力。要建立健全科学合理的选拔任用制度，把好工会干部的“入口关”，实行“凡进必考”和“择优录用”制度，从源头上保证工会干部的整体素质。要加大对工会工作的宣传力度，增强社会对工会工作的认知，将更多的有技术、有专长、懂管理、有经验、觉悟高的优秀人才吸引到工会干部队伍中来。推动工会干部和生产、经营、管理干部在不同层面、跨专业进行平等交流，促进企业中各类型、各领域干部之间的理解和沟通，为齐心协力建设和谐企业创造条件。

2. 坚持党管干部和工会干部协管的原则，不断优化工会领导干部结构

工会干部是我国党政干部的重要组成部分，必须坚持党管干部的原则，将国有企业、机关、事业单位工会干部的选拔、培养、交流提拔、日常管理纳入党政干部管理体系，统筹安排部署，统一组织实施。要加快干部人事制度改革，选好配齐工会领导班子，使工会领导班子结构明显优化，基层工会的凝聚力、战斗力显著提升。认真落实职工群众对工会领导干部选拔工作的知情权、参与权、选举权和监督权，加强对领导干部选拔任用的监督，防止和纠正用人上的不正之风。要建立工会干部保护机制，关心工会干部的思想、学习和生活，督促落实相应的待遇，把工会干部纳入党政干部交流提拔使用的范围。认真落实上一级工会协管干部的有关规定，做到换届联合考察，平时调整事先征求意见。党委组织部门在选配基层工会主要领导干部时，应主动向上级工会汇报，充分听取上级工会意见；凡是任免、调动基层工会领导干部，都要事先征得上一级工会组织同意；基层工会换届、工会领导班子配备也要提前征求上一级工会意见。要畅通工会干部发展通道，改变单向交流、只进不出的现象，真正实现干部的双向交流。为作风正、能力强、经得起考验、受群众爱戴的工会干部营造风清气正、干事创业的良好环境。

（二）完善工会干部教育培养模式，打造一支专业化工会干部队伍

基层工会干部教育培养的根本目的在于提高工会干部的“德”和“才”。开展工会干部教育培养，是提升基层工会干部队伍素质的重要途径。加强基层工会干部的教育培养，树立工会干部终身学习的观念，需要建立健全工会干部的教育培养制度，充分利用社会资源，丰富工会干部教育培养内容，营造工会干部主动学习的良好氛围，才能打造一支学习型的专业化工会干部队伍。

1. 完善教育培养制度，推动基层工会干部教育培养制度化

制度是开展工作的依据和遵循的法则，基层企事业单位和各级工会组织要认真研究新时代工会工作的特点和规律，分析工会干部素质标准和要求，建立健全工会干部教育培养制度，为基层工会干部教育培养工作提供有力支撑。要坚持“谁主管、谁负责”的原则，把工会干部培养列入企业干部培养的序列，要特别重视年轻工会干部的培养，既要为工会干部的深造创造条件，又要鼓励和安排年轻干部在实践中接受锻炼和考验。要立足现实、面向未来，有计划培养一大批熟悉经济管理、社会保障、法律事务等方面知识的专门人才，以改变目前工会干部队伍中事务型、活动型人才多、专业型、研究型人才少的结构失衡状况。要按照需求提供培养，根据社会上出现的新形势、新问题以及工会的组织任务、工会干部的素质结果进行需求分析，形成科学的培养项目，制定出符合工会干部需求的培养计划、培养内容和培养形式，从而达到预期的培养目的。加大教育培养经费的投入，建立工会干部教育培养专项资金，形成以工会经费投入为主体，政府财政支持和社会资金共同参与相结合的多元化资金投入，为基层工会干部的教育培养提供充足的经费保障。

2. 充分利用社会资源，丰富基层工会干部教育培养内容

新时期工会工作涉及法学、经济学、管理学、社会学、心理学、新闻与传播学等方面的知识体系。基层工会干部教育培养要充分利用基层党校、干部学院、高校、科研院所等丰富的教育资源，为广大干部提供新理论、新知识、新技能、新信息的培养。既要重视基本理论和系统知识的教育，提升工会干部的思想理论水平；又要注重工会法律、劳动法律、劳动争议调解、协

商谈判等工会工作实务的培养，提高工会干部的业务能力。要坚持以习近平新时代中国特色社会主义思想武装工会干部，使其成为广大工会干部的精神支柱和行动指南，增强对建设中国特色社会主义的信念及对改革开放和现代化建设的信心；要加大马克思主义群众观教育，使工会干部树立正确的世界观、人生观、价值观和权力观，增强全心全意为人民服务的宗旨意识，自觉践行党的群众路线；要加强工会干部基本素质和能力的培养，包括组织能力、协调能力、沟通能力、分析能力和判断能力等；要加强创新能力的培养，包括协调劳动关系的能力、维护职工合法权益的能力、应对群众性突发事件的能力、组织参与民主管理的能力以及经济建设方面的能力等，使其业务能力和综合素质不断提升，以便更好地服务群众。

3. 创新教育培养方式，增强基层工会干部教育培养实效

积极探索工会干部教育培养的新手段、新方法，增强教育培养的吸引力、感染力，提高教育培养的针对性、实效性，防止教育培养流于形式、浪费人财物资源，是当前基层工会尤其需要关注的问题。要进一步完善工会干部教育培养的激励和约束机制，提高工会干部参加学习培训的主动性、自觉性。重视学习，善于学习，是提高工会干部素质的关键。要进一步倡导工会干部终身学习的观念，营造工会干部刻苦学习、勤奋学习的良好氛围，以学习型工会干部建设学习型工会干部队伍。工会领导干部要成为学习的典范，带头学习，为推动工作创新、创造性完成工作任务，提供基本的素质保障。要努力为工会干部的学习创造条件，提供便利，对学有所成、学有所用的工会干部要给予一定的奖励。在培养方式上，可结合实际灵活采用分散和集中相结合的社会化培养方式，改变过去单纯以教师讲授为主的集中学习方式，积极探索发展网上教育、“菜单式”培养、小组交流、多媒体展示、实地考察等工会干部乐于接受式的培养方式。着眼于马克思主义理论在工会工作中的应用，着眼于对工会工作实际问题的理论思考，着眼于推动工会工作的创新和发展，不断提高学习的实效性。

（三）完善工会干部监督考核激励机制，促进基层工会干部队伍持续发展

制定科学化、标准化的考核评价指标，将原有粗放型的考核评价体系逐

步向科学化、标准化的考核评价体系转变，将绩效考核目标进行细化，考核指标进行量化，让工会干部进一步明确“要做什么”“该怎么做”“有什么结果”等问题，从而彻底解决当前基层工会中“干多干少一个样”“干好干坏一个样”“干与不干一个样”的不良现象，进一步激发基层工会干部干事创业的激情和信心，提升基层工会工作的规范化、科学化、精准化，更好地推进我国工会事业的发展。

1. 加大工会干部的监督考核，提高工会干部的工作效率

客观公正的监督考核是促进基层工会干部认真履行职责，有效防止工作懈怠、违规违纪行为，确保基层工会工作高效完成的重要手段。要着重加强对工会干部工作过程的监督，发挥工会干部自身、工会组织和职工群众的监督作用。工会干部作为行为主体，要了解自身的岗位职责，熟悉工会工作流程和要求，严格按照规定认真开展和完成各项工作。工会组织要对工会干部的工作进行全方位指导和全过程监督，尤其要加大涉及群众利益、经费开支等重要事项的监督力度，做到及时发现问题、及时予以指出、及时进行整改，确保广大职工利益不受损害，维护工会组织良好的社会形象，增强群众对基层工会的信任度和认可度。职工群众作为工会干部的服务对象，可针对工会干部的服务态度、服务方式、服务质量进行监督和评价，通过及时提出合理的意见和建议，帮助工会干部提升工作能力。

工会干部的考核是对一段时间内工会干部的工作表现和工作结果予以客观评价，使其了解自身工作效果，知晓工作不足，从而予以调整和改善工作的基本方法。从根本上说，干部考核不是目的，而是为了奖优罚劣。科学的考核评价，既要有定性的要求，更要有量化的指标；既要有阶段的工作成果，更要有持续的常期效应；既要有上级工会、同级党组织的肯定，更要有广大职工的认同，从而使工会工作的评价体系真正能够“透视”一个工会组织的工作，反映工会干部的整体工作水平。在具体考核时，要以职工群众的满意程度作为考核的重要依据，按照考核指标对工会干部的德、能、勤、绩进行逐一考核；考核方式可根据实际情况，采用自己评价、组织考核、群众考评相结合的方式，或采用书面总结、述职考评、民主评议的方式。考核结束后，要及时将考评结果告知被评价人，同时对考核结果优秀、工作踏实肯干、群众认可度高的工会干部予以表彰奖励，对考核结果较差、群众意见大的工会干部要予以批评教育，对一些屡教不改、屡犯不止的工会干部要予以处分甚至淘汰，从而真正达到奖优罚劣、优胜劣汰的考核效果。

2. 加大工会干部的激励力度，激发工会干部的工作激情

良好的精神状态既是工会干部的素质体现，也是工会干部队伍的活力所在。基层工会要从建立完善工会干部的激励机制着手，不断激发工会干部的工作激情和创造力。首先，要在提拔、任用、奖金、福利、培训深造上给予与其他管理干部同等待遇，增强工会干部的职业荣誉感和生活幸福感，以留住高素质人才、吸引高素质人才、激励高素质人才，稳定工会干部队伍。其次，要引进竞争机制，在对基层工会干部工作绩效进行客观、全面、科学评价的基础上，将考核评价结果与工会干部的薪酬待遇、福利奖励、提拔任用等挂钩，切实体现"干与不干不一样""干多干少不一样""干好干坏不一样"，从精神和物质两方面激励和带动工会干部干事创业的信心和决心。最后，要推进工会干部轮岗交流。通过大胆提拔使用素质高、政绩突出的工会干部，向党委或行政等重要岗位推荐优秀工会干部等途径，推动基层工会优秀人才的输出，使工会干部队伍不断有"新鲜血液"输入以增强整个工会干部队伍的活力。

【典型案例 8－1】

北京市平谷区总工会"六讲六到位"强化基层工会干部队伍建设

平谷区总工会以学习贯彻落实"十九大"精神为指引，实施"六讲六到位"举措不断强化工会系统干部职工队伍建设，通过开展专题培训、职工座谈、工会家访等系列活动，全面提升职工素质，营造"劳模精神、劳动精神、工匠精神"学习氛围，激发全区职工立足岗位、创业奉献热情。

一是讲信用，落实承诺到位。开展"工会干部走基层访职工"活动，将职工迫切的需求进行汇总并写入年初工作计划。年初，区总工会领导班子对年终将达到的预期目标在工会系统干部会上公开承诺。

二是讲民主，征求意见到位。组织劳模代表、一线职工代表、社工代表、工会干部代表 23 人开展民主生活会，对工会领导班子提意见，广泛征求职工意见建议 50 余条。

三是讲政策，强化培训到位。加大工会干部队伍的培训力度，建立"工会大课堂""工会微课堂""职工流动课堂"，通过集中培训、网上图书、送培训下乡等活动，丰富职工培训方式，增强干部职工全面了解工会的各项惠民政策、服务。

四是讲管理，落实制度到位。制定《平谷区总工会工作规则》《平谷区总工会党组工作规则》，坚持用制度管人管事，以规则用权制权。召开专题学习会，工会干部集中学习制度法规，树牢“制度”意识。

五是讲规矩，谈话谈心到位。班子成员对分管部室人员进行逐一谈话谈心，每名干部接受谈话不少于2次，并建立谈话记录台账，内容涉及党风廉政教育、十带头十严禁、新任职干部诫勉谈话等，强化干部纪律意识，自觉用政策、制度和纪律来规范自己的言行。

六是讲实效，重点服务到位。以“十九大”报告中关于群团组织的任务要求为工作重点，着力解决职工最关心的事情，开展“春送岗位、夏送清凉、金秋助学、冬送温暖”工会品牌服务，切实解决职工实际困难。

【典型案例8－2】

通州工会注重建设专家型基层工会干部队伍

南通市通州区总工会秉持“服务、学习、维权、创新”的理念，通过“六抓”“六强”举措打造专家型的工会干部队伍，不断推动了工会工作走上新台阶。

抓学习，强理论。以“六五”普法为契机，贯彻落实《江苏省工会劳动法律监督条例》和《女职工劳动保护特别法规》，组织19个镇区工会专职副主席及规模企业工会干部在通州区委党校进行培训；组织基层工会干部赴江苏省工会干部培训学校深造，要求参培人员取得“工会干部上岗资格证书”，为建设一支专家型的工会干部队伍奠定理论基础。

抓作风，强素质。始终将廉政教育作为重要任务来抓，引导广大工会干部树立社会主义核心价值观。通过进行主题多样的廉政专题警示教育，不但促使工会干部构筑自我拒腐能力，而且强化了工会干部的大局意识、宗旨意识、服务意识、法律意识，使广大工会干部认真遵守执行《南通市工会干部行为准则》，为工会干部队伍的专家型建设提供思想和政治上保证。

抓换届，强配备。截至8月底，各镇区均成功换届。换届过程中，镇区工会树立“以事业需要选人按岗位需要用人”的理念。换届后过半数的工会主席、副主席年龄为38岁左右，为工会干部队伍配备了有能力的专家型新手，确保了工会事业的可持续发展。

抓双代，强威望。所谓“双代”，一是实行职工诉求工会组织代言制，每月一次由工会搜集职工意见，与企业协商，维护职工权益；二是实行职工事务由工会干部代理制，如涉及工资纠纷、福利待遇、劳动安全卫生保护等维权事务。截至目前，区总已成功引导、督促1 500家左右的独立工会、190家村社区联合工会、1家行业工会基层工会及时签订了集体合同、工资专项集体合同、女职工权益保护专项集体合同、劳动安全卫生保护专项集体合同。通过“双代”打造了一支高水平的工会干部队伍，进一步提高了工会干部在职工心目中的威望。

抓实践，强实干。通过积极参与劳动模范“珍惜荣誉、再立新功”活动、组织开展职工技能比武大赛、组织开展“安康杯”竞赛等工会的日常活动，成功打造了一支精于引导企业、组织企业、监督企业发展的专业化工会干部队伍。

抓维权，强典型。通过在区、镇、社区（村）、企业分别建立职工维权监督组织，形成覆盖18个镇1个高新区的四级职工维权网络，可以随时掌握企业的劳动合同签订、工资发放、保险缴纳等情况，发现劳资纠纷时，第一时间介入、第一时间了解、第一时间协调解决。对一般问题由本级监督组织协调解决，数额较大或争议大的由上级工会出面协调解决，调处成功率达90%以上。在维护职工权益中提高了工会干部的专业化水平。

参考文献

[1] 中华人民共和国工会法 [EB/OL]. http://www.acftu.org/template/10041/file.jsp? cid=69&aid=691.

[2] 中国工会章程 [EB/OL]. http://www.acftu.org/template/10041/file.jsp? aid=81124.

[3] 中华全国总工会关于新形势下加强基层工会建设的意见 [EB/OL]. http://www.acftu.org/template/10041/file.jsp? aid=89884.

[4] 习近平. 决胜全面建成小康社会夺取新时代中国特色社会主义伟大胜利 [M]. 北京: 人民出版社, 2017 (10): 11.

[5] 习近平. 庆祝"五一"国际劳动节暨表彰全国劳动模范和先进工作者大会上的讲话 [N]. 人民日报, 2015-04-29 (02).

[6] 习近平: 切实保持和增强政治性先进性群众性　开创新形势下党的群团工作新局面 [N]. 人民日报, 2015-07-08 (01).

[7] 刘琼. 习近平同中华全国总工会新一届领导班子集体谈话 [EB/OL]. http://news.xinhuanet.com/politics/2013-10/23/c_117844453.htm, 2013-10-23/2017-09-15.

[8] 中华全国总工会办公厅. 中华全国总工会关于加强乡镇（街道）工会规范化建设的意见 [EB/OL]. http://www.acftu.org/template/10041/file.jsp? aid=37940.

[9] 丁峰. 习近平出席中央党的群团工作会议 [EB/OL]. http://news.xinhuanet.com/politics/2015-07/07/c_1115847839.htm, 2015-07-07/2017-09-18.

[10] 中华全国总工会. 中华全国总工会关于工会企事业单位资产监督管理的暂行规定 [EB/OL]. http://www.acftu.org/template/10041/file.jsp? aid=71845.

[11] 中华全国总工会办公厅. 中华全国总工会办公厅关于进一步做好

工会经费独立核算工作的通知［EB/OL］. http：//www. acftu. org/template/10041/file. jsp？ cid =581&aid =77460.

［12］中华全国总工会办公厅．企业工会主席合法权益保护暂行办法［EB/OL］. http：//www. acftu. org/template/10041/file. jsp？ aid =71791.

［13］李建国．高举旗帜　改革创新　团结动员亿万职工在实现中国梦历史进程中充分发挥主力军作用——在中国工会第十六次全国代表大会上的报告［EB/OL］. http：//www. acftu. org/template/10041/file. jsp？ cid = 222&aid = 88500.

［14］国家统计局党组．党的十八大以来我国经济建设取得成就和经验［N］. 新华网，2017 -11 -03. http：//news. xinhuanet. com/politics/2016 -03/03/c_128770886. htm.

［15］中华全国总工会．新中国建立初期工会运动重要统计资料［M］. //中国工会运动史料全书（电子版）综合第六卷附录五．北京：中国职工音像出版社，1997.

［16］《中国工会章程学习读本》编写组．中国工会章程学习读本［M］. 北京：红旗出版社，2008：14.

［17］马克思恩格斯全集（第2卷），北京：人民出版社，1957：512.

［18］毛泽东．毛泽东文选（第5卷）［M］. 北京：人民出版社，1996.

［19］邓小平．邓小平文选（第1卷）［M］. 北京：人民出版社，1994.

［20］中国工运研究所．中国工会读本［M］. 北京：中国工人出版社，2014：15，253.

［21］肖效钦，李良志．中国革命史（上册）［M］. 北京：红旗出版社，1983：57.

［22］张英硕．当代中国劳动制度变化与工会功能转变［M］. 保定：河北大学出版社，2008：11 -13.

［23］赵振洲，赵岩．新编基层工会工作流程与岗位规范实务全书［M］. 北京：中国言实出版社，2014.

［24］张举．基层工会“建会、建制、建家”工作实用手册［M］. 北京：中国言实出版社，2016.

［25］杨鼎家．新形势下基层工会工作创新实用手册［M］. 北京：中国言实出版社，2016：15，84.

［26］白斌．工会组织工作实用全书［M］. 北京：中国工人出版社，

2011：22－23.

［27］张安顺．基层工会建设工作手册［M］．北京：中国言实出版社，2015.

［28］郭志武．国有企业工会发展道路理论与实践［M］．北京：中国经济出版社，2013：4，220－222.

［29］章铮，杨冬梅．工会服务创新与学习型组织建设实务［M］．北京：红旗出版社，2013.

［30］章铮，杨冬梅．工会干部业务创新能力建设提升实务［M］．北京：红旗出版社，2013.

［31］霍起迈．创新新形势下职工群众工作——中国十六大重要精神工会干部学习指南［M］．北京：中国言实出版社，2013.

［32］王明哲．互联网＋工会——现代工会干部互联网思维与改革创新意识［M］．北京：中国言实出版社，2016.

［33］蔡志峰，张晓莹，张剑，孙玥等．互联网＋工会——移动互联网时代的改革创新思维［M］．北京：中国工人出版社，2016.

［34］王与剑．农民工工会组织建设的社会学思考［D］．湖北：华中师范大学，2008.

［35］王小波．经济全球化条件下的中国劳动关系与工会改革［D］．上海：复旦大学，2007：93.

［36］归鸿倩．天津市工会帮扶工作研究［D］．天津：天津大学，2012：5.

［37］孙玫贞．社会主义市场经济条件下的工会维权职能研究［D］．江苏：南京师范大学，2007：31－34.

［38］杨玲．转型期工会社会治理的问题与对策研究［D］．湖南：中南大学，2011：19.

［39］蔡伟．论转型期我国工会组织的职能［D］．吉林：吉林大学，2005：36－37.

［40］陈小冰．沈阳市高校工会建设的问题与对策［D］．辽宁：沈阳师范大学，2014：29.

［41］王凯．中国特色社会主义工会理论与实践研究——以太原市总工会为例［D］．新疆：新疆师范大学，2012：38－40.

［42］郭纪宁．转型期服务型工会建设问题研究——以北京市顺义区工

会实践为例［D］．北京：中国政法大学，2011：24－25.

［43］杨梅芳．非公企业工会组织建设问题研究——以浙江省为例［D］．江西：南昌大学，2016：18.

［44］高紫钧．鞍山非公企业工会组织建设研究［D］．辽宁：大连理工大学，2016：42.

［45］刘允明．我国服务型工会建设研究［D］．海口：海南大学，2015（5）：19.

［46］邓朴．马克思主义政党执政研究［D］．四川：电子科技大学，2011.

［47］顾玉兰．列宁社会发展理论研究［D］．江苏：南京师范大学，2003.

［48］徐泽润．基层工会干部队伍职业化的研究——以晋江市为例［D］．华侨大学，2013.

［49］曲延志，杨军．马克思主义工会学说中国化的最新成果［J］．中国劳动关系学院学报，2007（4）：15－16.

［50］高守雷．社会转型期工会工作面临的挑战及对策——以劳动关系为视角［J］．工会理论研究，2011（1）：21－23.

［51］陈燕．工会工作中民主管理的问题及思考［J］．理论前沿，2014（11）：148.

［52］吴亚玲．关于推动基层工会服务职工新发展的思考［J］．山东工会论坛，2015（6）：18－19.

［53］申泰州．大力推进工会工作改革创新［J］．中国工运，2015（10）：12－13.

［54］申泰州．坚持问题导向推进工会工作改革创新［J］．工会信息，2015（30）：12－14.

［55］何布峰．改革开放以来工会指导思想和工会工作的历史发展变化［J］．中国劳动关系学院学报，2014（4）：58－63.

［56］李飙，赖德胜．理查德·弗里曼对劳动经济学的贡献［J］．经济学动态，2017（1）.

［57］王晓明．新中国成立前后的工会理论探析［J］．求实，2010/S1.

［58］范春松．建设创新型工会的理性思考［J］．天津市工会管理干部学院学报，2006（9）：15－18.

[59] 洪剑涛. 浅析工会工作在新形势下的创新开展 [J]. 企业研究, 2013 (6): 174 – 175.

[60] 梅文武. 社会转型与工会改革 [J]. 工会论坛, 2006 (9): 11 – 12.

[61] 邓新华. 以"三性"推进工会工作改革创新 [J]. 工友, 2016 (2): 40 – 41.

[62] 曹培芳. 新形势下高校工会工作的创新探析 [J]. 才智, 2016 (1): 49.

[63] 李岩. 新形势下工会工作的思考与创新 [J]. 才智, 2016 (1): 248.

[64] 潘泰萍. 在全面深化改革中更充分地发挥工会组织的作用——基于辽宁省工会创新工作模式的调查 [J]. 中国劳动关系学院学报, 2016 (2): 65 – 70.

[65] 李建刚. 试论提高工会创新工作能力不断适应新形势发展需要 [J]. 陕西社会主义学院学报, 2012 (7): 48 – 49.

[66] 吴亚平. 新时代: 工会面临的挑战与基本职责 [J]. 中共浙江省委党校学报, 2010, 04: 8 – 12.

[67] 高大慧. "工会理论创新研讨会"发言摘登 [J]. 北京市工会干部学院学报, 2006 (3): 3.

[68] 秦义宝. 做好基层工会民主管理构建和谐稳定劳动关系 [J]. 中国煤炭工业, 2016 (7): 62 – 63.

[69] 张春晖. 构建多元化服务职工体系 [J]. 工会信息, 2014 (4): 31 – 33.

[70] 徐文锋. 湖南省总工会四举措推进基层工会组织建设"落实年"行动. 工会信息, 2016 (6): 39.

[71] 林卫东. 江铃汽车集团工会开展基层建家评比活动. 工会信息, 2017 (17): 60.

[72] 倪焱. 新时期下工会组织如何提升民主管理 [J]. 企业导报, 2014 (3): 72, 74.

[73] 王丽. 对工会社会中间层性质的法律解读——兼论高校工会的民主管理和监督职能 [J]. 工会论坛, 2011 (11): 1 – 4.

[74] 尹珊珊, 谭正航. 论我国高校工会民主管理制度的完善 [J]. 当代教育论坛, 2011 (2): 5 – 7.

[75] 张俊文. 基层工会民主管理的属性之辩 [J]. 时代金融，2011 (10)：122－123.

[76] 秦鲁隼. 深入学习习近平总书记系列重要讲话精神，推动产业工会工作改革创新不断发展 [J]. 中国工运，2014 (6)：10－13.

[77] 吴敬琏. 全面深化改革是转型唯一出路 [N]. 新京报，2013－07－01.

[78] 庞东梅. 从百废待兴到经济总量世界第二 我国经济建设取得瞩目成就 [N]. 金融时报，2014－09－24.

[79] 马建中. 创新发展工会工作的科学指南 [N]. 湖北日报 2014－09－20 (04).

[80] 中华全国总工会民主管理部. 企事业单位民主管理工作文件汇编 [Z]. 北京：中国工人出版社，2014.

[81] 蒋明芽. 服务型工会组织的职能与创新发展 [C]. 学术视域下的2015全国两会热点解读——决策论坛，2015 (3)：22.

[82] 张宁姝，朱起民. 以“一家两站”一体化建设打造服务型工会 [J]. 当代电力文化，2014 (10)：70－71.

[83] 李晓南. 社会转型期基层工会组织建设研究 [J]. 山西广播电视大学学报，2011 (6)：90－92.

[84] 欧阳秋桂. 加强企业基层工会组织建设的几点思考 [J]. 中国职工教育，6－7.

[85] 卓奇映. 国有企业基层工会组织建设思路探讨 [J]. 南方论刊，2015 (6)：87－88.

[86] 赵健杰. 加强企业工会建设 发挥企业工会作用 [J]. 中国劳动关系学院学报，2011 (5)：55－63.

[87] 郭稳才，高洁. 加强基层工会组织建设的“三要素” [J]. 工人日报，2007－10－16 (6).

[88] 葛萍. 以法治思维方式探析新形势下基层工会组织建设问题及对策 [J]. 2016 (5)：1－6.

[89] 吴亚平. 对工会民主管理工作的再认识 [J]. 中国劳动关系学院学报，2010 (2)：7－10.

[90] 冯同庆. 试论职工董事、监事制度与职工代表大会制度的关系 [J]. 工会理论与实践，2000 (4)：7－11.

[91] 汪仕凯．职工代表大会制度的理论问题 [J]. 南阳理工学院学报，2014 (2)：1-9.

[92] 杨汉平．用依法治国理念指导工会企业民主管理工作 [J]. 工会信息，2015 (15)：12-15.

[93] 张丽．以职工视角推进企业民主管理发展 [J]. 北京市工会干部学院学报，2015 (2)：16-22.

[94] 甘元英．发挥工会组织在集体合同平等协商中的作用 [J]. 现代工会经济和信息化，2013 (5)：32-34.

[95] 赵炜．西方工会理论给我们的几点启示 [J]. 中国工运，1997 (1).

[96] 刘志明．新时代国有企业基层工会工作开展的原则及相关对策研究 [J]. 理论研究，2010 (2)：12.

[97] 钮友宁．关于我国工会工作改革创新发展的基本任务 [J]. 中国劳动关系学院学报，2015 (2)：33-35.

[98] 吴子健．新形势下基层干部队伍建设问题研究 [J]. 改革与开放，2017 (2)：154-155.

[99] 王建波．县市工会加强基层工会干部队伍建设的途径探析 [J]. 山东工会论坛，2015 (10)：21-23.

[100] 马莹华，张瑶，滕国鹏．专业化+职业化+社会化：工会干部队伍建设的新视角 [J]. 中国劳动关系学院学报，2007 (2)：63-66.

[101] 张丽宏．关于加强工会干部队伍建设的调查与思考 [J]. 改革探索，2013 (15)：224.

[102] 张景华．工会干部队伍建设存在的问题与对策 [J]. 工作指导，2017 (3)：15-16.

[103] 王鹰华．坚持基层工会主席直选增强基层工会组织活力 [J]. 中国职工教育，2008 (3)：25.

后　记

当前，中国正处于全面建成小康社会的关键时期和深化改革开放、加快转变经济发展方式的攻坚时期，工会组织的责任更加重大，工会工作的任务更加繁重。基层工会组织和基层工会工作不是一朝一夕、一蹴而就的事情，而是一项需要党委重视、行政支持、工会主导、社会配合、职工参与的系统工程。新时代基层工会工作任重而道远。站在新的历史起点上，基层工会必须牢记宗旨，坚定信念，在推进中国特色社会主义伟大事业中去把握工作方向，从实现工人阶级根本利益的政治高度去认识时代价值，坚持“党建带动工建、工建服务党建、党工共建”的原则，锐意进取、扎实工作，充分发挥联系职工、服务职工的桥梁纽带作用，团结引领亿万职工为建设中国特色社会主义事业再立新功、再创辉煌！

《新时代基层工会工作实践探索》从策划到出版历时两年时间。本书由王静、文丽主编，王静负责第一章、第二章撰写与全书审稿定稿，文丽负责第三章、第八章初稿撰写和第四章、第七章审稿，张欢欢负责第四章初稿撰写，莫瑶负责第五章初稿撰写，周涛负责第六章初稿撰写，谭予涵负责第七章初稿撰写。为了使本书具有较强的理论研究意义和现实参考价值，本书编者除了参阅大量的文献书籍以外，还深入一些企事业单位，做了大量实际调查研究，收集了非常丰富翔实的一手材料，为本书的编撰花费了大量的时间和心血。在此对所有编者和给予调研工作支持的企事业单位一并表示衷心感谢。

我国基层工会工作任重而道远，实践探索永远在路上，我们对基层工会的关注和探索也将不断前行！

作者

2018 年春